Wolf-Dieter Storl

Wanderung zur Quelle

Wolf-Dieter Storl

Wanderung zur Quelle

Geschichten von Shiva und Parvati

Mit nepalesischem Märchengut, gesammelt und übersetzt von Wolf-Dieter Storl und Eugen Jung

KOHA

Die im Buch veröffentlichten Empfehlungen wurden von Verfasser und Verlag sorgfältig erarbeitet und geprüft. Eine Garantie kann dennoch nicht übernommen werden. Ebenso ist die Haftung des Verfassers bzw. des Verlages und seiner Beauftragten für Personen-, Sach- und Vermögensschäden ausgeschlossen.

Begriffe, die im Glossar erläutert werden, sind bei ihrem ersten Vorkommen im Text z.B. durch Kursivsetzung hervorgehoben.

Cover: Karin Schnellbach
Lektorat und Layout: Birgit-Inga Weber
Gesamtherstellung: Karin Schnellbach
Druck: CPI Books, Leck
ISBN 978-3-86728-214-7

Krishna und Radha als Liebende;
indische Miniatur auf Papier aus dem 19. Jh., Udaipur/Indien

Rameshwar Puja – rituelle Gottesverehrung

ANRUFUNG

OM, möge der Gott mit dem Dritten Auge,
dessen Kehle sich dunkelblau färbte,
als er das tödliche Gift zur Errettung der Welt trank,
mich gnädig bewahren!
Möge der Elefantengesichtige mit seinem Rüssel
alle Behinderungen meines Geistes hinwegfegen!
Möge Sarasvati mir für jeden Gedanken
das richtige Wort eingeben!

Inhalt

Vorwort 12

I. Die Leere Gottes **15**
Glück und Unglück 24
• Das Märchen von der Glücksgöttin 27
• Das Märchen vom sprechenden Strick 30

II. Shivas Glut und der coole Wissenschaftler **37**
Auch die Götter vergehen 47
• Indras Größenwahn 48

III. Die Leere des Menschendaseins **51**
Shiva verliert seine geliebte Uma 56
Bhakti – wahre Hingabe an das Göttliche 67
• Die Tempelschändung 69

IV. Die Götter wandeln auf Erden **73**
Erscheinungen Mahadevas 82
• Shiva als Kuli 83

- Der Holzverkäufer 84
- Shivas Licht-Linga 87

V. Die leuchtende Stadt **91**
Vom Bettelwesen 105
- Vom Segen und Fluch Mahadevas 106

VI. Burning is Learning **111**
Werden, was man ist 122
- Shivas Mutter 123

VII. Nach dem Feuer: Asche **127**
Shivas feuriger Zorn 131
Blumendiebe 138
- Pushpadanta 139
- Durdhara 140

VIII. Mataji und ihre Kinder **143**
Die göttliche Mutter, die die Welt ernährt 151
- Die volle Reisschüssel 151
- Materielle Nahrung ist Illusion 152
- Vyasa vergisst seinen Fluch 154
Alle Götter leben in Kashi 156
- Die Herrschaft Divodasis 156

IX. Ganga und Shankar **165**
Shivas und Parvatis Hochzeit 173

X. Die große Nacht Shivas **183**
Shiva ist kein Tugendbold 190
- Shiva erfüllt einen Wunsch 192

XI. Das Dorf der Harijan **199**
Asketische Hitze und Harshanas heiliges Kraut 208
- Der junge Bettelmönch 210

XII. Rudras Freudentränen **215**
Ursprüngliches 224
- Wie Arjuna seine Zauberpfeile erlangte 225
- Warum es Schamanen gibt 227

Die Götter gestalten die Landschaft 230
- Die Legende vom Rohtang -Pass 233

XIII. Der magische Urmensch **237**
Siddhas und Bhaktas 252
- Der diamantene und der geistige Leib 253

XIV. Das Erwachen der Schlange **259**
Wünsche dir etwas 268
- Der Töpfer 269

Der Gott, der nicht Nein sagen kann 271
- Der Dämon Bhasmaka 271
- Froschhochzeit 273
- Das Ohr der Kuh 274

XV. Der Flug der Wildschwäne **277**
- Der Zauberer will den Kailash-Berg versetzen 287

XVI. Sieg der Göttin **289**
Ein Mädchen rettet die Welt 292
- Sumbha und Nisumbha 293

XVII. Alle Wege führen nach Hause **301**

Bildmotive aus der hinduistischen Götterwelt 307
Glossar 333
Anmerkungen 346
Bildnachweis 348
Über den Autor 349

Vorwort

(Fast) nichts Menschliches ist mir fremd.

Paul Bohannen, Ethnologe,
in Anlehnung an den römischen Dichter Terentius

In unserer globalisierten, vernetzten One-World-Welt vergessen wir leicht, dass es viele Arten und Weisen gibt, die Welt zu erleben und zu sehen. Jede Kultur sieht und konstruiert ihre Welt anders. Jede ist ein anderes Fenster zur Wirklichkeit. Jede ist wertvoll, und keine ist die einzig richtige Sichtweise. Es verhält sich so wie in der bekannten Geschichte von einer Gruppe Blinder, die einen Elefanten beschreiben wollten: Einer ertastet ein Elefantenbein und verkündet, das Tier gleiche einem Baumstamm. Ein anderer fühlt den Rüssel und sagt, nein, es sei einer Schlange ähnlich; ein dritter, der den Schwanz erwischt, sagt, es sei eher wie ein Besen; einem vierten erscheinen die Ohren wie Getreideworfeln. Alle streiten sich über die Eigenschaften des Elefanten; alle sind sich sicher aufgrund ihrer sinnlichen Erfahrung, dass sie die wahre Natur des Elefanten – die Wirklichkeit – erkannt haben.

Eine meiner ersten Feldforschungen als Kulturanthropologe führte mich in eine Siedlung von Geisterbeschwörern. Die Gruppe, die in einem abgelegenen Waldgebiet in Ohio siedelte und sich »Spiritualisten« nannte, gab es schon seit Ende des amerikanischen Bürgerkrieges. Fast jeden Tag veranstalteten sie Sitzungen und beschworen die Geister der Verstorbenen. Sie ließen sich von den Aussagen der Jenseitigen durchs Leben führen. Ab und zu berichtete ich in Fakultätstreffen im Institut für Soziologie und Anthropologie (Kent State University) von meiner teilnehmenden Beobachtung. Immer wieder wurde von besorgten Kollegen die Frage geäußert, ob ich das, was ich da schilderte, auch glaubte. Nein, beruhigte ich sie, ich berichte nur. Ich bin lediglich Ethnologe, der das Fenster zu einer anderen Sichtweise der Dinge öffnet, nicht jemand, der eine Botschaft zu predigen hat.

Auch in diesem Buch wollen wir – anhand eines Ethnologen-Paares, das in Indien eine geistig-seelische Metamorphose erfährt – ein Fenster zu einer anderen Sichtweise öffnen: zur Sichtweise der *Shaivas,* der Anhänger *Shivas.* Diese Geschichte sowie die Sagen, Märchen und Legenden sollen nicht belehrend oder normativ sein, sondern nur aufzeigen, wie die Welt aus einer anderen Perspektive sich anfühlt und zu erleben ist. Einiges, was wir »hören« werden, lässt sich nicht gut mit unserem kulturell sanktionierten Weltbild in Einklang bringen, und manches verstößt gegen unsere Normen. Es soll eben nur aufgezeigt werden, was menschlich möglich ist, und nicht unbedingt dazu auffordern, es »gut« oder »schlecht« zu nennen.

I. Die Leere Gottes

Gott ist ein lauter Nichts,
ihn rührt kein Nun noch Hier:
Je mehr du nach ihm greifst,
je mehr entwird er dir.

Angelus Silesius,
»Der Cherubinische Wandersmann«

Im Frühjahr 1963 bekam John Post von seinem alten Schulfreund Jeremy, der in Harvard einem damals wenig bekannten Psychologieprofessor namens Timothy Leary assistierte. Der Brief enthielt ein weißes Pülverchen von verschwindend geringer Menge, dazu eine Begleitnotiz, es bitte einzunehmen, und falls sich daraufhin irgendwelche psychischen Veränderungen einstellen sollten, ihm davon zu berichten. Es handele sich um ein Forschungsprojekt.

John hatte es eilig. Ohne einen weiteren Gedanken daran zu verschwenden, rührte er das Pülverchen in den Kaffee, rauchte die Pall Mall fertig und machte sich auf den Weg zum Campus. Beim Gehen versuchte er wie gewohnt, sich sein Vorlesungsthema noch einmal durch den Kopf gehen zu lassen. Aber irgendwie konnte er sich für das sudanesische Verwandtschaftssystem und den afrikanischen Brautpreiskomplex nicht begeistern.

Die Studenten rutschten schon ungeduldig auf ihren Sitzen hin und her, kicherten, kauten, bohrten in der Nase, lasen Comics und klickten nervös mit den Kugelschreibern, als er den Hörsaal betrat. Grußformeln, belanglose Wortfetzen purzelten wie achtlos weggeworfene Hamburger-Schachteln oder Cola-Büchsen bezugslos durch den Raum. Die Heizkörper verdunsteten grobe chemische Düfte, und die Neonröhren beleidigten Johns Augen. Das eigenartige Pülverchen schien doch etwas zu bewirken, denn so hatte er die Dinge noch nie bemerkt.

»Die Vorlesung fällt heute aus!«, war alles, was er von sich zu geben vermochte – eine Mitteilung, die mit Yippie- und Yeah-Rufen quittiert wurde.

Unten an der Straße stand plötzlich Cindy vor ihm. »Hey«, strahlte sie ihn an, »heute läuft ein Sonderprogramm. Französische Filme. Alain Delon und so!« Sie hakte sich bei ihm ein und zog ihn ins gegenüberliegende Campus-Kino.

In der Dunkelheit des Saals spürte er ihre Körperwärme, wie er sie noch nie zuvor gespürt hatte, wie Signale von einem anderen Planeten. Das rastlose Geflüster und Geplauder, das Rascheln und Räuspern, welches ihm wie eine meisterhafte Komposition vorkam, wich schlagartig dem Summen und flackernden Lichtstrahl des Projektors. Die im Saal zerstreuten Energien einten sich und flossen Richtung Leinwand. Mit gekonntem charismatischem Blick und der Hilfe musikalischer Untermalung verzauberte der Star – in der Rolle des leidgeprüften Vagabunden – die Zuschauer. Noch vorm Kinoeingang hätten die Filmfans einen derartig verwahrlosten Typen mit gleichgültiger Verachtung gestraft, hier aber flogen ihm die Herzen zu. Für ihn schluchzten, seufzten und atmeten sie tief durch. Hier und da lachten sie wie aus einem Mund. Ein Regisseur programmiert eben nicht nur die Schauspieler, sondern vor allem das Publikum.

Auch Cindy und John waren Teil der kollektiven Zuschauerseele, die wie ein Schwarm Fische im fein geknüpften Netz der wechselnden Szenen gefangen war. John jedoch sah sich plötzlich durch die Maschen schwimmen. Hinter dem Zaubernetz entdeckte er schwitzende, leicht alkoholisierte, blasierte Schauspieler, die krampfhaft oder auch gelassen ihre Verstellungs- und Nachahmungskünste ausübten. Zugleich schwamm er durch den Kopf des Spielleiters, schaute durch seine Brille, zog an seiner Zigarette, stolperte durch das Filmskript, spürte die versteckten Absichten und verbrämten Botschaften, den emotionalen Gleitstoff, die ideologischen Widerhaken. Ebenso sonnenklar, aber auf völlig anderer Ebene erlebte er das tanzende Licht- und Schattenspiel auf der Leinwand und genoss es, als würde eine Brise über die Oberfläche eines Teiches streichen und ein Wellengekräusel malen. Zugleich flüsterte der muffige Geruch des Saales ihm noch nie wahrgenommene Geheimnisse zu, sprach von den Menschen, die hier täglich ein und aus gingen, als hätten sich ihre Ausstrahlungen in die Wände eingraviert.

Draußen wehte der Märzwind, wie er schon seit Jahrtausenden geweht hatte, als es noch keine Indiana State University gab, als hier noch mächtige Laubwälder wuchsen und die Shawnee-Indianer den Rehen nachpirschten. Obgleich die Backsteinmauern ihn abschirmten, wehte der Wind dennoch geisterhaft durch den Saal, ließ vor Johns innerem Auge die Urwälder wieder entstehen, ließ die Balken des Gebäudes morsch, das Gemäuer brüchig werden und im Strom der Zeit zur Ruine verfallen. Der ganze Campus bestand aus moos- und efeubewachsenen Trümmern, in dessen Nischen dieselben Waldvögel ihre Nester bauten, die man soeben da draußen im Märzwind zwitschern hörte.

Jählings wurde die Leinwand still und hell. Strom schoss in die Deckenbeleuchtung. Die Zuschauer standen auf, als hätte ein unsichtbarer Feldwebel sein Kommando herausgebellt: »Aufstehen! Realitätswechsel!« Wie ein gut gedrillter Soldatentrupp defilierten sie hinaus in einen anderen Film – den dreidimensionalen amerikanischen Traum.

Auch Cindy war aufgesprungen und zog ihn am Ärmel des Cordsamtjacketts. John blieb sitzen. Er fand die leere Leinwand, still und weiß wie frischer Schnee, eigentlich noch schöner als das nervös flackernde Licht- und Schattenspiel. Und Zeitdruck war eine Peitsche, vor der er nicht kuschen wollte.

Cindy holte tief Luft: »Was ist heute bloß mit dir los?«, fragte sie verärgert.

»Zeit ist Illusion«, antwortete er gelassen und ließ sie gehen. Das Zauberpülverchen, von dem er nicht die geringste Ahnung hatte, was es sein könnte, hatte ihm eine simultane Vielschichtigkeit der »Wirklichkeit« offenbart, hatte seinem Hirn einen Riss gegeben, durch den ein Wesen höheren Bewusstseins hindurchlächelte. Noch kannte er den Namen Shivas, des stillen Zeugen, in dem alle »Realitäten« münden, nicht. Noch wusste er nicht, dass einer seiner vielen Namen Aushadhishvara, »Herr der bewusstseinserweiternden Heilkräuter und Substanzen«, ist, dass er Sharva, der wilde Jäger, ist, dessen Lust es ist, unseren flüchtigen Seelen im Dschungel der Illusionen nachzujagen und das gepanzerte Ego zu zerlegen. Noch kannte John den kosmischen Trickster nicht, den Prinzen der Diebe (Sthenanam Pathaye), der sich unerkannt in unser Leben hineinschleicht und der wir selber sind.

Ist die geschätzte Biografie, die wir uns immer neu zurechtrücken, die angeblich unteilbare Individualität, von der wir allen Ernstes meinen, wir seien es, nicht ein ebenso illusionäres Spiel von Licht und Schatten wie der Film im Kino? Der Film unseres Lebens, in dem unser »Ich« die Starrolle spielt – meistens als der missverstandene »good guy«: Ist er nicht ein flüchtiges Wolkengespinst?

Mit allen zur Verfügung stehenden Mitteln und Raffinessen wehrt sich das Ego – auch das hochgerüstete Kollektiv-Ego, das sich in Staat, Bekenntnis oder Partei verkörpert – gegen das unabwendbare Schicksal, welches alle flackernden Erscheinungen auf der Leinwand des zeitlich-materiellen Daseins ereilt. Als mittelalterlicher Alchemist träumte Ego vom Jungbrunnen, puffte und siedete am Elixier des ewigen Lebens. Nun baut es sich Computer, Atomzertrümmerer, Elektronenmikroskope, spaltet Gene und feiert schwarze Messen auf den Labortischen, die den Tod von Abermillionen von Versuchstieren bedeuten – alles in der Hoffnung, das Altern, Siechen und das *Karma*-bedingte Leiden zurückzudrängen und dem Sensenmann sein Grinsen zu nehmen. Ego erkämpft sich Lebensräume und Kolonien, schluckt Viagra, lässt sein Sperma in Samenbanken einfrieren oder – wie in Kalifornien – seine Leiche auf Trockeneis lagern, in der Erwartung, dass eine fortgeschrittenere Wissenschaft der Zukunft die leibliche Wiederauferstehung des »Ich« zelebrieren kann. Über Letzteres mag ein eher spirituell-esoterisch orientiertes Ego herablassend schmunzeln, weiß es doch, weil es gut ist, Weißmagier, Eingeweihter, wiedergeborener Christ, dass es in Ewigkeiten im Himmel, in »höheren Regionen« weiterexistieren wird. Und wenn nicht das, dann versichert mir eine Shirley MacLaine, dass ich reinkarniert werde. Oder falls ich etwas bescheidener bin, tröstet mich eine Elisabeth Kübler-Ross, dass es wenigstens nicht das Ende ist. Und dann kommt Shiva, der Jigagumsadbyo (»der Dieb, der mit Genuss mordet«), und knipst das Licht aus!

Die Illusion der Persönlichkeit, der Wahn des Ego, welches die Mitte des Universums einnehmen und sich ewige Denkmäler setzen will, haben die Hindus schon lange durchschaut. Das ach so teure private »Ich« – so erklären die *Gurus* – ist gar nicht unser wahres Selbst! Es ist ein Phantom, eine echte Verrücktheit, die uns von unserer eigentlichen Mitte ablenkt. Es ist ein kosmischer Witz, an dem sich Shiva, der Schelm, ergötzt.

Leitmotiv indischer Spiritualität war schon immer das Auffinden des wahren Selbst. Nicht die paranoide Absicherung und krampfhafte Erhaltung der Ego-Persönlichkeit, sondern dessen Aufgabe und Entledigung ist Sinn und Zweck des Lebens. Die lange, steinige Pilgerschaft zum Berg *Kailash,* zur allumfassenden Mitte, sollte Ziel unserer Kräfte und Begabungen sein. Im Augenblick der Erlösung, der Loslösung vom Wahn, erschallt das Donnergelächter des *Soma*-berauschten Gottes. Wie ein Blitz durchfährt es den Pilger und er begreift den wundersamen Scherz. Er hört Attahatta, den kosmischen Lacher, den Freudentänzer Shiva, lachen; er hört sich selbst lachen!

Dieses unnennbare göttliche Selbst aller Wesen, das nie Gegenstand werden kann – wie soll es beim Namen genannt werden? Es hat keinen Namen und dennoch sind seine Benennungen zahlreicher als Wassertropfen im Meer, als Sandkörner am

Kailash, der heilige Berg

Strand, als Sterne im Himmel. In der rituellen Anrufung dieses universellen Selbst benutzen die orthodoxen Hindus neun mal zwölf (108 – oder auch 1008) Namen. Dabei handelt es sich um eine mystische Zahl: Am Anfang steht die unteilbare Eins – Zeichen der einen Wirklichkeit, die alle Universen in sich vereint. Die Acht ist die Zahl aller Himmelsrichtungen, und die Null in der Mitte deutet an, dass das Mysterium »leer«, ohne fassbare Eigenschaften, ist. Zusammengezählt ergibt sich die Zahl Neun (1+0+8=9), also drei mal drei, die Zahl höchster Vollkommenheit in indogermanischer Esoterik. Es ist dreimal die Trinität: *Brahma* (Abb. S. 310), *Vishnu* (Abb. S. 331), *Rudra*-Shiva – der Schöpfer, der Erhalter und der Zerstörer); es ist Vergangenheit, Gegenwart, Zukunft; es ist das dreifache Wesen Gottes: Wahrheit (Sat), Weisheit (Chit), Wonne *(Ananda)*; es sind die drei Zinken des Dreizacks Shivas. Unter den unendlich vielen Benennungen des Unbenennbaren ist jedoch »Shiva« (»der Gütige, der

Wohlwollende«) die beliebteste Anrede. Diesen Shiva kann der Mensch nur begreifen, indem er selber Shiva wird!

Der Mensch wird Shiva, indem er einsieht, dass allein Shiva ist. Eierköpfe, die sich vermessen, diesen Satz verstanden zu haben, irren gewaltig. Der Satz ist nicht zu verstehen – er ist zu realisieren. Realisiert wird er nur, wenn der Panzer unseres abgekapselten Ego, wie das in die Erde gesäte Samenkorn, seine Schale sprengt und sich dem All öffnet. Die Blumenkinder und Hippies (vom amerikanischen »hip«, d.h. »wissend um Verborgenes«) sprachen in dieser Hinsicht von »blown minds«, wenn der kosmische Wind der Einsicht das Hirn wegbläst und die Sichtweise allumfassend »far out« wird.

Beim Betreten eines südindischen Tempels heißt es noch immer: »Leave your mind at the door (Lass deinen Kopf – vorübergehend – draußen vor der Tür).« Wer das Heiligtum betritt, bringt als Opfergabe – neben Blumen, duftendem Rauch, Kampfer, Früchten, Milch und Ganges-Wasser – auch eine Kokosnuss mit. Vor dem Stier *Nandi* (Abb. S. 323), der Shivas Reittier und treuer Torhüter ist, zerschellt der *Puja*-Priester die hartschalige Nuss auf der Steinkante. Die Milch rinnt aus und versickert in der Erde. Es ist, als trinke die Gottheit den Schädel aus und vertilge dabei die Illusion der abgekapselten Einzelexistenz. Diese liegt zertrümmert vor den Füßen des Götterbildes.

Da unser Intellekt das Mysterium weder fassen noch definieren, abgrenzen, erklären oder objektivieren kann, nennen es die Weisen »leer«, »jenseits der Eigenschaften, Formen und Namen«. Siddhartha, der arische Königssohn aus dem Stamm der Sakya, dem wegen seiner hohen Geburt und seines tadellosen Karmas alle Macht und sämtliche Genüsse der Welt offenstanden, wurde auf der Suche nach diesem Mysterium ein shivaitischer *Sadhu* und Asket. Als solcher saß er unter dem Feigenbaum (Bodhi-Baum), wurde der »Leere« gewahr und erlangte die Erleuchtung. Sein Mitleid mit den leidenden Wesen hielt ihn im Dasein und er deutete ihnen den Weg zur Wahnlosigkeit (Nirwana). Über das Mysterium selbst jedoch wollte er keine Worte verschwenden. Jedes Wort ist Entstellung, jedes Bild Verhüllung, ja selbst jeder Gedanke ein Irrweg.

Dennoch, was soll der einfache Sterbliche, zappelnd wie eine Fliege im Spinnengewebe seiner Sorgen und Freuden, verstrickt im selbst gesponnenen Schicksal, mit dieser Leere, die sein wahres Wesen ausmacht, anfangen? Er braucht Bilder und Symbole – je bunter, lauter, greller und aufdringlicher, umso besser –, um wenigstens die Ahnung vom Selbst zu wecken. Er braucht den Film, denn die leere Leinwand erschreckt ihn; nur sollte es ein guter Film sein – einer, der ihm durch die Fata Morgana der Welt einige Schritte weiter zur Selbst-Verwirklichung verhilft, einer, der Transparenz schafft, der Wegweiser enthält. Altüberlieferte Märchen, Sagen und Legenden sind von dieser Art. Sie weisen über sich selbst hinaus, definieren nicht, wirken befreiend.

Von derartigen Zusammenhängen wusste John noch wenig. Wissen bedeutete für ihn lediglich das sorgfältige Anhäufen von Tatsachen und die Herstellung logischer, objektiv nachvollziehbarer Verbindungen zwischen den Fakten. Wie eine intelligente Laborratte hatte er die korrekten Tasten im Labyrinth des Hochschulbetriebs erlernt und sich jene vertretbaren Anschauungen angeeignet, die ihm den Weg einer erfolgreichen Karriere als Ethnologe ebneten. Er ahnte nicht einmal, dass seine brillanten Thesen und das akkumulierte Datenmaterial die Bausteine des Rattenlabyrinths waren, in dem er sich bewegte. Aber an jenem Vorfrühlingsmorgen kam Shiva-Rudra im kalten Märzwind dahergefegt. Der Herr der Winde, der Diabolos Rudra, würde ihn bald in neue Dimensionen wirbeln und sein Weltbild ins Chaos stürzen lassen.

Glück und Unglück

Shiva ist »leer«. Wie die Gottheit uns erscheint, ist allein von unserem Bewusstsein und unserer kulturellen Prägung abhängig. Dennoch ist diese Erscheinung keine willkürliche, keine blasse mentale Projektion, wie Psychologen behaupten, sondern ein Spiegel unseres alten Karmas, also derjenigen Kräfte, die wir mit unseren Gedanken, Worten und Taten selber in Gang gesetzt haben.

Im südasiatischen Märchenschatz zeigt sich *Mahadeva,* »der Gott der Götter«, dem reinherzigen Gottessucher in seiner Doppelgestalt als Shiva (der Wohlwollende) und *Parvati* (die Bergfrau). Wo immer das göttliche Paar vor das Seelenauge tritt, da wird auf die bevorstehende Vereinigung der Gegensätze, auf das wonnevolle Verschmelzen des männlichen mit dem weiblichen Prinzip – kurz, auf die Erleuchtung – hingedeutet. Derjenigen Seele, die noch unbewusst in den Folgen arger, unbesonnener Taten verstrickt ist, erscheint der Große Gott in seiner schrecklichen (Ghora) Gestalt. Er verbirgt sich hinter den dämonischen Fratzen eines unheilverkündenden *Bhairava* (nepalesisch *Bhairab;* Abb. S. 309), eines wütenden Rudra oder einer rasenden, nach Blut lechzenden *Kali* (Abb. S. 316).

Das nepalesische Märchen von der Glücksgöttin (S. 27) erzählt von einem bettelarmen Jungen, dem Sohn einer Witwe. Eigentlich ist es die Geschichte eines *Bhakta,* eines Liebhabers Gottes, der unbeirrt von aller Skepsis sich in den Dschungel des Lebens hinauswagt, um das Göttliche aufzusuchen. Ihm wird die Begegnung (Darshan) mit Shiva und Parvati zuteil, und er wird von den Göttern mit Schätzen überhäuft.

Das andere nepalesische Märchen vom sprechenden Henkerstrick (S. 30) erzählt dagegen von einem reichen Kaufmannssohn. Auch er begibt sich auf Wanderschaft, doch nicht um

Gott zu suchen, sondern um seine Neugierde zu befriedigen. Zuletzt wird der unvorsichtige, obgleich so ordentliche und hilfsbereite junge Mann unschuldig hingerichtet, wie es ihm der unberechenbare Gott verheißen hatte. Unser abendländisches Gefühl für Fairness ist empört! Wer aber kennt schon den schwarzen, brodelnden Boden der eigenen Seele, aus dem unverhofft das Unheil aufsteigen kann? Wer vermag zu ahnen, welche verderbliche Tatensaat im früheren Dasein in diesen finsteren Grund hineingesät wurde, die nun in diesem Leben ihre bitteren Früchte hervorbringt? Auch wenn es uns schwerfällt, es einzugestehen - diese Geschichte hat ein Happy End: Der junge Mann wird weiser, indem er sein Schicksal gelassen hinnimmt.

Der Schädelgott Bhairava, der bluttriefende Waffen schwingend einen schwarzen Hund reitet, nimmt in Nepal eine wichtige Stelle ein. In dem wilden Bergland, wo bis in die jüngste Zeit Räubereien und Stammesfehden sowie die Gefahren des Dschungels - wie Tiger, Schlangen und riesige Blutegel - das Leben verunsicherten und wo noch immer in den Monsunfluten ganze Dörfer samt Mensch und Vieh in die Schluchten gerissen werden können, da ist es notwendig, den grausamen Gott zu imaginieren, ihn mit Andacht zu besänftigen und mit Opfern zu beschwichtigen. Er hütet schließlich das Geheimnis des großen Lebensmandalas.

Shiva und Parvati

Das Märchen von der Glücksgöttin

(Aufgezeichnet von Eugen Jung)

Vor langer Zeit lebten in einem Dorf eine alte Frau und ihr einziger Sohn. Sie waren sehr arm und lebten von der Hand in den Mund. Manchmal konnten sie für andere kleine Arbeiten verrichten. Oft aber sahen sie sich gezwungen zu betteln. Als der Knabe heranwuchs, litt er immer mehr unter diesen Lebensumständen. Als er es nicht mehr länger ertragen konnte, wandte er sich mit seinen Sorgen an die Mutter: »Ach, Mutter, sag mir nur, warum sind wir so arm?«

Die Mutter erwiderte: »Dies ist der Wille des Allmächtigen und eine Fügung des Schicksals.«

Mit dieser Antwort ließ sich jedoch der Knabe nicht zufriedenstellen und er erklärte seiner Mutter, er wolle sich auf die Suche nach dem Allmächtigen begeben und ihn um eine Antwort bitten. Mit diesen Worten verließ der Knabe sein Heim und schlug den Weg Richtung Osten ein.

Nach langer, beschwerlicher Wanderung erreichte der Knabe den Rand eines riesigen Dschungels. Unter einem mächtigen Baum ließ er sich nieder, um auszuruhen. Der Zufall wollte es, dass gerade Shiva und Parvati des Weges kamen. Mahadeva erkundigte sich beim Knaben, was er in diesem wilden, gefährlichen Dschungel suche. Der Knabe vertraute ihm seine ganze Geschichte an und erklärte ihm sein Anliegen – er sei auf der Suche nach dem Allmächtigen, um seiner Armut zu entfliehen.

Shiva und Parvati waren glücklich über die Entschlossenheit des Knaben. Parvati fühlte Mitleid mit ihm und bat Mahadeva, ihm etwas zu geben. Mahadeva jedoch entgegnete, der Knabe könne nur erhalten, was das Schicksal ihm zugeteilt habe. Falls ihm doch etwas gegeben werde, bleibe dies nicht bei ihm.

Parvati aber bestand auf ihrem Wunsch. Daraufhin überreichte Mahadeva dem Knaben eine goldene Halskette.
Hocherfreut über dieses Geschenk machte sich der Knabe ungesäumt auf den Heimweg. Unterwegs übermannten ihn plötzlich heftige Bauchschmerzen. Er legte die goldene Halskette auf den Boden und begab sich hinter das nächste Gebüsch, um sich zu erleichtern. In diesem Augenblick stürzte ein Adler vom Himmel, packte die goldene Halskette und entschwand damit.
Weinend kehrte der Knabe nach Hause zurück und erzählte seiner Mutter die ganze Geschichte. Seine Mutter schenkte ihm jedoch keinen Glauben.
Am folgenden Tag begab sich der Knabe wiederum an jenen Ort, wo er die freundlichen Leute getroffen hatte. Mahadeva wiederholte, was er Parvati schon vorher erklärt hatte: Weil der Knabe die Halskette verloren habe, kehre er zurück, um eine andere zu erhalten – aber er werde auch diese nicht behalten können, bevor es nicht von seinem Schicksal so bestimmt sei. Trotzdem trat Parvati für den Knaben ein und bat Mahadeva um eine Geste, die den Knaben von seiner Armut befreien möge. Mahadeva wandte sich nun an Brahma mit der Bitte, dem Knaben zu helfen. Brahma schenkte ihm einen Diamantring.
Freudestrahlend macht sich der Knabe auf den Heimweg. Unterwegs fühlte er sich plötzlich sehr durstig. Er suchte nach Wasser und gelangte schließlich zu einem kleinen See. Als er sich niederkniete, um Wasser zu schöpfen, glitt der Ring aus seiner Tasche und fiel ins Wasser. Ein Fisch schnappte sogleich nach dem Ring und verschluckte ihn. Weinend kehrte er zurück und berichtete seiner Mutter, was ihm diesmal widerfahren war.
Am anderen Morgen eilte er zur Stelle zurück, wo er das himmlische Paar getroffen hatte. Die Entschlossenheit des Knaben erstaunte Mahadeva. Er besprach sich mit Brahma, und gemeinsam begaben sie sich zu Vishnu. Vishnu schenkte dem Knaben einige Diamanten. Um einige Erfahrungen klüger, ging der

Knabe geradewegs nach Hause. Seine Mutter hatte jedoch das Haus verlassen, um von Tür zu Tür zu betteln. Deshalb legte er die Diamanten in ein Versteck und machte sich auf die Suche nach seiner Mutter. Während seiner Abwesenheit drang aber ein Dieb ins Haus und bemächtigte sich seines Reichtums. Als der Knabe gemeinsam mit seiner Mutter heimkehrte, musste er entdecken, dass die Diamanten verschwunden waren. Diesmal verlor seine Mutter die Geduld. Sie warf ihm vor, seine Zeit unnütz mit ziellosem Herumstreifen zu verschwenden. Da der Knabe aber ehrlich war, trafen ihn die Worte seiner Mutter schwer und er vergoss bittere Tränen.

Der Knabe hatte aber trotzdem seine Hoffnung noch nicht aufgegeben. Schon am nächsten Tag kehrte er zum gleichen Ort zurück. Mahadeva wunderte sich, dass der Knabe trotz all seiner Rückschläge seine Entschlossenheit nicht verloren hatte. Deshalb wandte er sich an die Glücksgöttin und bat sie, dem Knaben etwas zu geben. Die Glücksgöttin reichte ihm eine Kupfermünze, mit der das Kind strahlend nach Hause kam und sie seiner Mutter zeigte. Endlich schien ihnen ein Fünkchen Glück zu leuchten.

Einige Tage später bot ein Fischer vor ihrem Haus frischen Fisch feil. Der Knabe trat mit seiner Münze vors Haus und begann, um einen Fisch zu feilschen. Nach langem Hin und Her kaufte er einen Fisch und nahm ihn aus. Dabei entdeckte er im Bauch des Fisches Brahmas Ring, der ihm damals aus der Tasche geglitten war, als er Wasser trinken wollte. Diesen Diamantring schenkte er nun seiner Mutter. Danach kletterte er auf einen Baum, um abgestorbene Äste herunterzuschlagen, damit er seinen Fisch auf einem Feuer rösten könne. Auf diesem Baum entdeckte er den Horst eines Adlers. In diesem Horst fand der Knabe Shivas goldene Halskette. Dies sollte aber noch nicht alles sein. Der Zufall wollte es, dass jenem Dieb, der seine Diamanten gestohlen hatte, ein Unglück zustieß. Im Traum erschienen

diesem die Götter und rieten ihm, um weitere Gefahren für Leib und Seele abzuwenden, die gestohlenen Diamanten zurückzugeben. Noch am gleichen Tag brachte der Dieb dem Knaben die Diamanten zurück.
Dies ist die Geschichte, wie eine Witwe und ihr Sohn zu großem Reichtum kamen.

Das Märchen vom sprechenden Strick

(Aufgezeichnet von Eugen Jung)

Es lebte einst ein reicher Kaufmann, der hatte einen einzigen Sohn als Nachkommen. Da seine Schatzkammer bis zum Rande gefüllt war, lebte er mit seiner Familie in ungeschmälertem Glück und großem Wohlstand. Sein Sohn vergnügte sich mit allem, was das Herz begehrte. Eines Tages, des Genusses überdrüssig, äußerte der Jüngling den Wunsch, ferne Länder zu sehen. Er verabschiedete sich also von seinem Vater und seinen Verwandten und begab sich auf Wanderschaft.
Auf seiner Wanderschaft gelangte er ans Ufer eines Flusses. Er folgte diesem Wasserlauf flussabwärts. Auf einmal entdeckte er einen auf gleicher Höhe im Wasser treibenden Stock. Etwas zwang ihn dazu, immer wieder einen flüchtigen Blick auf den von den Fluten mitgetragenen Stock zu werfen. Dabei beschlich ihn nach und nach ein leises Grauen. Etwas später kam er zu den Treppen eines Ghats, *die in den Fluss hinunterführten. Dort sah er eine schöne junge Frau beim Baden. In diesem Augenblick trug sich etwas Schreckliches zu: Der dahintreibende Stock verwandelte sich plötzlich in eine riesige Schlange. Die*

Schlange schoss auf die junge Frau zu, wand sich um ihren Körper und tötete sie mit einem einzigen Biss. Daraufhin glitt sie blitzschnell zurück ins Wasser, verwandelte sich wieder in einen Stock und trieb weiter flussabwärts.

Den anderen Leuten, die sich ebenfalls auf den Treppenstufen am Fluss aufhielten, entging dieser Vorfall. Überrascht versammelten sie sich um die jäh Verstorbene und wunderten sich über deren unverhofften Tod.

Als einziger Zeuge dieses schrecklichen Zwischenfalls wollte der Kaufmannssohn das Geheimnis jenes auf dem Fluss dahintreibenden unheimlichen Stockes enträtseln. Neugierig beschloss er, dem Stock zu folgen und ihn zu beobachten.

So setzte er die Reise fort. Bald darauf wanderte er über eine ausgedehnte Weide. Eine große Herde Wasserbüffel graste dort friedlich am Ufer. Da! Jäher Schrecken durchzuckte den Kaufmannssohn: Mit einem Schlag verwandelte sich der Stock in einen gewaltigen Riesen, der mit einem einzigen mächtigen Sprung über die Büffel herfiel und die vier kräftigsten auf der Stelle erschlug. Darauf sprang der Riese wieder in den Fluss, tauchte unter und trieb dahin in der Form des Stockes. Niemand außer dem Kaufmannssohn wurde Zeuge dieses grässlichen Vorfalls. Als die Hirten die vier prächtigen Tiere leblos auf der Weide liegen sahen, erschraken sie sehr. Sie konnten sich den plötzlichen Tod ihrer Büffel nicht erklären.

Die Neugier des jungen Mannes wuchs stetig. Er ließ den dahintreibenden Stock nicht mehr aus den Augen. Auf seiner weiteren Wanderung das Ufer entlang begegnete er einer Herde Schafe und Ziegen. Sein Blick fixierte den Stock und er musste mitansehen, wie sich der Stock unvermittelt in die Gestalt eines bösen Geistes verwandelte, der sich aus dem Wasser erhob und die friedlich grasenden Tiere anfiel. Er riss vier Schafe, stopfte sie in seinen Schlund und kehrte in den Fluss zurück. Als Stock trieb er wieder dahin wie zuvor. Keinem der Hirten war etwas aufgefallen, als sie aber auf die Überreste ihrer Schafe stießen, jammerten sie und beklagten den Verlust. Angeekelt starrte der Kaufmannssohn auf den Stock und folgte ihm mit großen Schritten.

Der Weg führte ihn geraume Zeit später zu einer gewaltigen Schlucht. Dort stützten die Fluten mit ohrenbetäubendem Getöse in die Tiefe. An dieser Stelle verwandelte sich der Stock auf einmal in einen wandernden Bettelmönch, welcher aus dem Wasser stieg und auf dem Uferpfad wandelte. Der junge Mann konnte nun seine Neugier nicht länger bezähmen. Er fasste sich ein Herz, trat vor den Wanderasketen und sprach ihn an: »Darf ich wissen, wer du wirklich bist? Auf meinem Weg wurde ich Zeuge all dieser schrecklichen Vorfälle. Verrate mir dein wahres Wesen.«

»Nun gut, falls du wirklich so begierig drauf bist, meiner wahren Persönlichkeit zu begegnen, so schließe für eine kurze Weile deine Augen«, erwiderte der Asket.

Der Kaufmann befolgte den Hinweis und schloss seine Augen. Als er die Augen wieder öffnete, bot sich ihm ein furchterregender Anblick: Vor ihm erhob sich die mächtige Gestalt Bhairabs.

»Oh Gott, vergib mir meine Kühnheit. Ich befinde mich auf dem Weg in ein fremdes Land, meine Zukunft ist ungewiss, ich weiß nicht, welches Schicksal mich erwartet. Sei so gütig und erzähle mir, wie meine Reise ausgehen wird«, bat der Jüngling.

»Nun also«, prophezeite Bhairab, »vernimm meine Worte. Du wirst dich mit einem Strick erhängen und dadurch deinem Leben selbst ein Ende setzen!« Dann entzog er sich seiner Sicht.

Die seltsame Weissagung des göttlichen Bhairab ängstigte und verwirrte den Kaufmannssohn. Er grübelte über dessen Worte nach und blieb doch im Ungewissen, ob alles, was er gesehen und gehört hatte, nicht nur ein Trugbild war. Der junge Wanderer fand, dass er die sittlichen Gebote nie übertreten hatte. Auch vermochte er sich keines einzigen Verbrechens zu erinnern, das er begangen haben konnte, und gelobte, weiterhin den Gesetzen des Landes treu zu bleiben. Warum sollte er also sein Leben mit einem Strick beenden? Er fand keine Erklärung für die rätselhafte Prophezeiung, doch zog er es nun vor, den Ort unverzüglich zu verlassen und weiterzuziehen.

Die Wanderschaft führte ihn durch verschiedene fremde Länder. Bald zählte er fünf Jahre seit seinem Abschied vom Elternhaus. Im Laufe der Zeit verblasste die Erinnerung an die göttliche Weissagung.

Auf seiner langen Reise gelangte der junge Mann eines Tages zu einem einsamen, dunklen Wald. Als er einem Weg durch das dichte Gehölz folgte, vernahm er plötzlich die schwermütigen Klagelaute einer Frau, die in bedrängter Lage schien. Er war überrascht, die jammernde Stimme einer Frau aus der Tiefe des einsamen Waldes zu hören. Entschlossen, die Ursache ihres Kummers zu erfahren, verließ er den Weg und begab sich in jene Richtung, aus der er die Stimme zu hören glaubte. Endlich drang er zu einer Lichtung vor. Dort entdeckte er einen aus Stein gehauenen Wasserspeier, aus dem kristallklares Wasser sprudelte. Neben dem Wasserspeier saß ein bezauberndes junges Mädchen und weinte bitterlich. Er begab sich zu ihr und erkundigte sich: »Was fehlt dir? Sag mir, ob ich etwas tun kann, um dich von deinem Kummer zu befreien.« In der Tat berührte ihn der Anblick des Mädchens zutiefst und er wünschte ihr zu helfen.

»Ich habe niemanden in der weiten Welt, der sich meiner annimmt. Ich bin mittellos und ohne jede Hilfe. Alles was ich besitze, ist ein einfacher Diamant. Hier ist er«, beklagte das Mädchen sein Schicksal und fuhr fort: »Würdest du deshalb diesen Diamanten verkaufen und mir damit Essen besorgen?«

»Oh, ist das alles, was dich bedrückt?«, begehrte der Jüngling zu wissen. »Nun gut, warte hier auf mich. Ich werde mich in die nächste Stadt begeben und dir Geld bringen.« Mit diesen

Worten nahm er den Diamanten an sich und machte sich auf den Weg. Das Mädchen ließ er im Wald zurück.

Auf dem Marktplatz der Stadt besuchte der Kaufmannssohn einen Laden nach dem anderen und bot den Diamanten zum Kauf an. Plötzlich tauchten die Häscher des Königs auf, packten ihn und zerrten ihn mit roher Gewalt vor den Thron. Damit brach das Verhängnis über den Jüngling herein. Er konnte nicht wissen, dass nur wenige Tage zuvor der Verlust eines großen Diamanten aus dem Schatz des Königs entdeckt wurde. Der König hatte daraufhin die großen Trommeln schlagen und verkünden lassen, dass jeder unrechtmäßige Besitzer des Diamanten auf der Stelle festgenommen werde.

»Du hast also meinen Diamanten gestohlen!«, zürnte der König.

Der Kaufmannssohn verteidigte sich und erklärte, er habe den Edelstein nicht gestohlen, sondern von einem verzweifelten Mädchen erhalten, und berichtete die Vorkommnisse der Reihe nach.

»Nun gut, falls was du gesagt hast zutrifft, kannst du mich wohl zu jenem Mädchen führen!«, verlangte der König.

»Gewiss, Majestät, ich kann dir das Mädchen zeigen«, antwortete der Kaufmannssohn.

Der König ließ sich vom Jüngling in den Wald führen, doch merkwürdigerweise befand sich an jenem Ort keine Menschenseele. Der Jüngling blieb sprachlos stehen, unfähig, eine Erklärung zu finden, und senkte voller Scham den Kopf. Seine Schuld schien erwiesen, deshalb wurde der junge Mann für den Diebstahl des Diamanten zum Tode durch den Strick verurteilt. Er wurde zum Galgen geführt, wo der Strick für seine Hinrichtung aufgezogen war. Als er vor der Schlinge stand, begann der Strick zu sprechen: »Erinnerst du dich nicht an meine Prophezeiung, dass du deinen Tod durch den Strick erleiden wirst? Die Weissagung wird sich nun erfüllen.«

Plötzlich erinnerte sich der Kaufmannssohn an die seltsamen Geschehnisse, deren Zeuge er auf seiner Wanderschaft gewesen war, und an die göttliche Prophezeiung, und er erkannte, dass es für kein Lebewesen einen Ausweg gibt, seinem vorgezeichneten Schicksal zu entrinnen. Er legte also seinen Hals in die Schlinge und starb mit Gleichmut.

II. Shivas Glut

und der coole Wissenschaftler

*Inmitten des Nichtwissens lebend,
sich selbst für Weise, Gelehrte haltend,
ziellos laufen die Toren hin und her,
wie von einem Blinden geführte Blinde.*

Maitrayani Upanishad, VII, 9

Kein Ort auf Erden, der nicht irgendwie seinen Zauber ausstrahlt und die Menschen, die sich in seinem Bannkreis befinden, gefangen nimmt, sie einlullt und unweigerlich prägt und formt. Der Europäer, der längere Zeit in Amerika verweilt, fängt früher oder später an, den amerikanischen Traum zu träumen. Zieht es ihn dennoch einmal in die alte Heimat zurück, muss er entdecken, dass er ein anderer geworden ist.

Derjenige, den die indische *Maya* geküsst hat, erfährt eine wahrhafte alchemistische Transformation. Falls er sich überhaupt von ihrem Zauber lösen kann, wird er seelisch verwandelt und mit reichen Schätzen beladen zurückkehren. Es wird nicht, wie es beim amerikanischen Onkel oder der Tante der Fall ist, eine dicke Brieftasche mit Am-Ex-Reiseschecks sein; es werden auch nicht unbedingt farbenprächtige Seidenstoffe oder Elfenbeinschnitzereien sein, sondern geistige Kostbarkeiten, Schätze einer Märchenwelt, die er mitbringt.

Vor allem Benares, Kathmandu, Tiruvannamalai und andere Stätten Shivas vermögen wie mächtige Strudel, die Seele in archetypische Tiefen hinabzuziehen, hinunter in Bereiche, wo Unterscheidungen zwischen Märchen, Legenden und Wirklichkeit keinen Sinn mehr ergeben.

An solchen shivaitischen »Orten der Kraft« begegnet man nicht wenigen Abendländern – gestrandeten Reisenden, die längst keine Visa mehr haben, ehemaligen Austauschstudenten, ausgebrannten Missionaren, Freaks, Junkies und Möchte-gern-Erleuchteten –, die den Sprung zurück in unsere kulturelle »Wirklichkeit« kaum mehr schaffen. *Hara* Shiva, der »Ergreifer«, hat sie ergriffen. Sie leben fortan im »Shiva-Bewusstsein«. Abgehoben, als Zeugen der Wunder Gottes leben sie das Märchen dieser – ihrer – gegenwärtigen Existenz. Normalen Charterflug-Touristen sind sie ein Schrecken, indischen Behörden ein Ärgernis, den Shiva-Sadhus, mit denen sie gelegentlich ein *Chillum* teilen, sind sie Weggefährten. Psychiater mögen ihre analytischen Klauen wetzen und von Depersonalisation, Schizophrenie oder dergleichen daherreden: Es rührt sie nicht – sie bewegen sich auf höheren Bahnen und wandeln in einer Landschaft bevölkert von Göttern und Dämonen. Ja, sie erleben ihr eigenes Tun, Denken und Wollen als Ausdruck Mahadevas, Parvatis, *Krishnas* (Abb. S. 318/319) oder – falls es sich um abgesprungene Missionare handelt – als das innere Wirken des *Adi-Guru* Jesus selber. Sie erfahren sich als Heilige, als Erleuchtete, als Bhaktas; sie segnen die Erde, die ihr Fuß berührt; sie verleihen dem, was sie wahrnehmen, Ewigkeit; sie erkennen sich als Brahma, als Schöpfer ihrer eigenen Wirklichkeit, ihres Universums (auch eine Mutter Theresa wird wohl kaum mehr gewusst haben, ob sie eine katholische Heilige oder doch vielleicht eine Verkörperung Kalis war).

Einem Ethnologen wie John sollte eine solche Kapitulation vor den Urbildern kaum passieren. Er hatte eine Einladung als Visiting Scholar an der Benares Hindu University (BHU) angenommen. Cindy, seine Gefährtin, saß auf dem zermürbend langen Flug neben ihm im schicken Tropenkleid und blätterte in Murray's »Handbook for Travellers to India«. Die *Maithunas* (Abb. S. 40), die erotischen Skulpturen in Khajuraho und anderswo, wollte sie sich nicht entgehen lassen. Schließlich hatte sie Kunst studiert.

Vor der Reise hatten sie sich gegen alle möglichen Tropenkrankheiten impfen und die Zähne mit frischen Amalgam-Plomben gründlich sanieren lassen. Das gehörte mit zu den üblichen Vorbereitungen für Ethnologen, die sich »hinaus ins Feld« begaben. Im Gepäck hatten sie Chloroquin-Pillen zur Malariavorbeugung, Antibiotika und jede Menge saubere Einwegspritzen. Man wusste ja nie – war doch ein Kollege letztes Jahr an Leberversagen gestorben, nachdem er sich in Delhi vorbeugend impfen ließ; die Nadel war nicht ordentlich sterilisiert worden.

Maithuna, erotische Relief-Szenen in Khajuraho

Völkerkundler sind Grenzwächter des abendländisch-rationellen, realistischen Weltbildes. Wie den Psychiatern im innerpsychischen Grenzbereich obliegt es ihnen, das Fremdartige zu analysieren, verständlich zu machen und zugleich zu neutralisieren, indem sie es, durch den Neocortex gefiltert, in fassbaren Kategorien unterbringen. In zahlreichen Feldforschungsmethodik-Seminaren hatte auch John durchexerziert, wie man sich gegen Traumzeit-Träumereien abschottet, wie man sich im Panzer der Objektivität »da draußen« zu verhalten hat. Der Feldforscher wird dabei gegen die Versuchung einer übermäßigen Sympathie mit den Eingeborenen ebenso abgehärtet wie der Laborwissenschaftler gegen das Mitleid mit schreienden Versuchstieren. Nachdem in den frühen Sechzigerjahren allzu viele junge Völkerkundler und Peace-Corps-Freiwillige von der rechten Bahn abgekommen waren, sah man sich gezwungen, die Sache gründlich anzugehen. Seitdem gilt der Grundsatz: Ein Feldforschungsjahr ist optimal, davon ein halbes Jahr, um den Kulturschock zu meistern, und weitere sechs Monate zur genaueren Datenerhebung. Wer sich – abgesehen von Stippvisiten – dennoch länger hinauswagt, läuft Gefahr, seine teuer errungene Sachlichkeit gegen eine – für die Karriere – fatale Identifikation einzutauschen.

Wie es unsere Intellektuellen zu tun pflegen, fuhr John nach Indien, den Kopf vollgestopft mit Theorien über Drittweltproblematik. Auch war er in seinen Vorlesungen nie vor langatmigen Erläuterungen der indischen Dorfökonomie, Verwandtschaftsregeln oder des Kastensystems zurückgeschreckt. Zwar hatte ihn früher einmal sein Großvater, ein alter Schmied, gewarnt: »Du magst tausend Bücher über das Schmieden lesen, aber ehe du nicht ein glühendes Eisen dem Ross verpasst hast, weißt du keinen Scheißdreck darüber!« Dennoch glaubte der belesene Ethnologe mehr über Indien zu wissen – objektiv gesehen – als mancher Inder.

Selbstverständlich hatte er sich mit dem »ideellen Überbau« der indischen Gesellschaft vertraut gemacht – dies nicht nur in Vorbereitung auf seine Aufgabe, sondern auch aus persönlichem Interesse. Er hatte gelesen, dass es jedem Hindu gestattet ist, sich diejenige Gottheit auszuwählen, die ihm sympathisch erscheint, um diese dann zeitlebens zu verehren. Als Schlüssel zur Mentalität der Hindus nahm sich John vor, sich ebenfalls mit wenigstens einer der großen indischen Divinitäten zu befassen. Keiner der angeblich Drittelmilliarde Götter im hinduistischen Pantheon schien ihm anziehender als der sanftäugige Hirtengott Krishna, der jede Nacht mit den süßen Klängen seiner Zauberflöte die Frauen der Hirten zum heimlichen Liebesrendezvous lockt. Die reizende Geschichte vom schwarzen Krishna und seinen Gopis ist nicht nur voll prickelnder Sensualität, sondern befriedigt auch ästhetisch wie etwa die Arien Bachs, die vom Verlangen der menschlichen Seele nach den Liebkosungen des göttlichen Bräutigams erzählen.

Auf jeden Fall schien Krishna, der *Avatar* Vishnus, sympathischer als der eher dämonische Shiva. Für einen westlichen Humanisten ist es eben schwer, sich von einem Gott angezogen zu fühlen, der wild, ungezähmt, unverschämt nackt und total verlottert durch die Welt zieht, sein pralles Glied zur Schau stellt und dessen Bogen die Pfeile der Krankheit, des Todes, Wahnsinns, Fiebers und Giftes ausschickt.

John konnte ohne Weiteres dem Urteil des Oxforder Indologen R.C. Zaehner zustimmen, dass Shiva die »beunruhigendste Gestaltwerdung des Göttlichen« abgibt.[1] Zaehner führt die schlimmsten Entgleisungen des Hippietums, von der Drogensucht bis hin zum Mörderkult Charlie Mansons, auf die Einwirkung des Shivaismus zurück. Mag auch Professorin Wendy O'Flaherty, die »sexy lady« der Indologie, eine gewisse Zuneigung zu diesem »erotischen Asketen« empfinden, so bleibt Shiva für sie dennoch hauptsächlich ein kosmischer Satyr.[2] Und wenn der französische Indologe Alain Daniélou Shiva als Gott der ekstatischen Kommunion, als den Dionysos des Ostens preist, so schwimmt er im Kielwasser der gesellschaftskritischen Tradition Rousseaus. In Shiva entdeckt er den »sauvage noble«, den edlen Wilden, der den heimlichen Wunschtraum der verklemmten Bourgeoisie erfüllt, indem er die Konventionen besudelt und den Keuschheitsgürtel der allzu eng geschnürten kartesianischen Vernunft sprengt.[3]

Bei der Zwischenlandung im Moskauer Scheremetjewo-Flughafen wohnten John und Cindy einer Unterhaltung zwischen zwei französischen Indienreisenden bei. Der eine war ein flott gekleideter junger Geschäftsmann mit elegantem, flachem Businesskoffer und der andere ein bunt aufgemachter, mit Nussperlenschnur behangener, Struwwelpeter-haariger »edler Wilder«, der sich in Lobpreisungen über Shiva ergoss und dessen Gepäck einzig und allein aus einem bunten Shiva-Poster bestand.

»Le Bouddha, oui, ça je comprends. Mais celui-là, c'est le diable! (Buddha, klar, den kann ich verstehen, aber dieser, das ist der Teufel!)«, entgegnete der Yuppie abweisend, indem er das Poster betrachtete.

»Klar ist das der Teufel«, strahlte der Hippie, »mais, n'est-il pas beau (aber, ist er nicht schön)?« Er schaute John und Cindy an, drückte dabei ein Auge zu und lachte schelmisch. Tatsächlich, man braucht kein überzeugter Christ zu sein, um beim hier Gebotenen das Eigenschaftswort »teuflisch« anzuwenden. Schon die alte Yajur *Veda* pries diesen Gott als »Räuber, Schwindler und Herr der Diebe.«[4]

Kurz nach Mitternacht landete die Boeing in Delhi. Der Hitzeschwall, der den Fluggästen beim Verlassen der Kabine entgegenschlug, konnte nur vom Triebwerk des Flugzeugs kommen. Aber nein, es war wirklich so heiß! Eine Karikatur eines schnurbärtigen, britischen Beamten aus der Epoche Queen Victorias drückte teilnahmslos einen Stempel in ihre Pässe und überantwortete sie einer Meute fuchtelnder, schreiender, rot gekleideter Gepäckträger. Einer hatte schon ihre Koffer fest im Griff. »Come to my taxi. I show you a good hotel (Kommt zu meinem Taxi, ich zeige euch ein gutes Hotel)«, forderte er sie grinsend auf, wobei seine Zähne aussahen, als blute er aus dem Gaumen.

John, zu müde, irgendwelche Ansprüche durchzusetzen, nickte. »Das ist kein Blut, er kaut nur Betelnuss«, beruhigte er die erschrockene Cindy.

Gegen zwei Uhr wurden sie vor irgendeinem nicht besonders einladenden Hotel abgeladen. Ein Boy sprang leichtfüßig von seinem Nachtlager auf dem Boden der Eingangshalle auf und führte sie in ein geräumiges Zimmer, schaltete die Klimaanlage an und setzte einen zerbeulten Blechkrug mit Wasser auf den Nachttisch. Cindy, verschwitzt und durstig, warf eine Desinfektionspille in den Krug. Die Klimaanlage ratterte fürchterlich, aber abstellen wollten sie sie auch nicht, wegen der erdrückenden Luft.

Nervöses Geraschel und Geknister schreckte sie aus ihrem unruhigen Halbschlaf. Cindy schrie auf, als John das Licht anknipste. Eine riesige Ratte huschte über die Bettdecke. Eigentlich hätten sie das als gutes Zeichen deuten sollen, denn die Ratte ist das Reittier *Ganeshas* (Abb. S. 313), des elefantenköpfigen Sohnes Shivas und Schirmherr aller dickschaligen Scholaren und Bücherschreiber. Der Dickbauch ist Torhüter aller Weistümer, und kein echter *Pandit* (Gelehrter) würde es je wagen, ein Werk zu beginnen, ohne ihm zu huldigen. Ganesha verursacht alle Widerstände, aber wenn er sich als gnädig erweist, dann vermag er ebenso gut alle Hindernisse zu beseitigen. Er schiebt diese zur Seite wie ein mächtiger Elefantenbulle, und dort, wo schiere Kraft nichts bewirkt, da vermag seine Ratte sich durch das Hindernis hindurchzunagen. Aber weder John noch Cindy wussten das. Sonst hätten sie dieser göttlichen Erscheinung ein Räucherstäbchen angezündet oder wenigstens »Om Sri Ganeshaya Namah« zugerufen.

Es hielt das Paar nicht lange in der Hauptstadt. Cindy hatte Verwandte in Jaipur. Ihre Cousine war mit einem aus jener Stadt stammenden Inder verheiratet, der in den Staaten Bergbautechnik studiert hatte und dann dort geblieben war, wo das große Geld ist.

Geschundene, ihrer Zweige beraubte Bäume, weiß gekleidete Bauern, die die gelblich-braune, gelegentlich rötliche Erde mit Kamelen pflügten, bunt gekleidete Frauen mit großen Nasenringen und Tonkrügen auf dem Kopf, würdevolle weiße Zebus, Ochsenkarren, umgekippte Busse und Lastfahrzeuge, Felsen, Tempelruinen, Teiche, Dörfer – Rajasthan flog an ihnen vorbei wie ein Traum. Oder wie ein Albtraum, als wieder einmal ein schwerer Tata-Truck direkt auf sie zufuhr und ihr Taxi um eine

Haaresbreite verfehlte. Falls es Verkehrsregeln gab, John konnte sie nicht ausmachen. Der Fahrer, ein kräftiger *Sikh* mit Bart und Turban, drehte sich zu ihnen um, als ob ihn der Verkehr nichts anginge. »God protects this car (Gott beschützt das Auto)«, sagte er, indem er auf das mit gelben Samtblumengirlanden behängte Bild von Guru Nanak wies. Auch eine tigerreitende *Durga* (Abb. S. 312), die kriegerische *Shakti* Shivas, war am Armaturenbrett des alten Ambassadors angebracht. Sicher ist sicher!

Die Verwandten nahmen sie mit dem berühmten, nicht zu übertreffenden indischen Edelmut auf. Ein Apartment in der Villa und ein Bediensteter, der sich um jeden Wunsch kümmerte, wurden ihnen zur Verfügung gestellt. Ravi, der Bruder des Bergbauingenieurs, war Rechtsanwalt und Politiker der Congress-Partei. Täglich formierte sich erneut die lange Schlange der Bittsteller und Bakschisch-Zahler vor seiner Tür. Seine Frau Usha, die amerikanische Literatur studiert hatte, vertrug sich glänzend mit dem amerikanischen Besuch. Sie war Mäzenin lokaler Tanz- und Theatergruppen und führte eine Art Salon für die jungen Intelligenzler der Stadt.

Ravis Mutter war die typische beleibte indische Matriarchin, die das Gesinde ebenso wie ihre Schwiegertochter mit eiserner Hand regierte. Wie eine Glucke nahm sie John und Cindy in ihre Obhut und erklärte: »Nun seid ihr auch meine Kinder!« Sie beteuerte zwar: »Der Gatte ist Gott« – so verlangen es die »Veden« –, aber der Vater, ein hauchdünnes Männlein, hatte kaum etwas zu melden. Sicherlich würde er demnächst *Sannyas* nehmen, also Familien-, Kasten- und persönliche Identität dem Shiva opfern, sich Napf, Bettelstab und ein rotes Gewand zulegen und heimatlos wandernd die endgültige Erlösung suchen.

Man traf sich im Speisezimmer, das nach britischer Manier mit Esstafel, Clubsesseln und anderem europäischem Mobiliar ausgestattet war, um die Mahlzeiten zu sich zu nehmen. Als Cindy und John am dritten Tag um die gewohnte Zeit zum Abendessen erschienen, war das Speisezimmer leer. Die Matriarchin saß auf ihrem *Palang,* jenem »Tischbett«, auf dem die Inder den Großteil ihres Lebens verbringen, und war schon beim Essen.

»Wir sind das Sitzen auf Stühlen und die blöden Messer und Gabeln nicht gewöhnt. Ich kann das Theater nicht länger aushalten!«, erklärte die Hausherrin. Von nun an aßen auch John und Cindy nach indischem Brauch auf dem Tischbett.

»Wie kleinen Kindern muss man euch Schritt für Schritt beibringen, wie man sich wie ein Mensch benimmt«, neckte sie die verdutzten Abendländer und zeigte ihnen, wie man mit einer Hand, der rechten, isst und die *Chapati* (Brotfladen) teilt. Die linke Hand wird ausgespart, sie gilt als unrein und wird zum Spülen nach dem Toilettengang benutzt.

Zur Feier des fünften Geburtstages des ältesten Enkels wurden mehrere Hundert Gäste, größtenteils Congress-Partei-Mitglieder, eingeladen. Usha ließ Cindy wissen, dass die knappen, tief ausgeschnittenen westlichen Kleider in indischen Augen eher den Unterröcken glichen, die man unter dem *Sari* trägt. Also wickelte sie die neue Freundin in einen feinen Sari aus roter Seide, mit einem Saum aus Goldbrokat. Sie sah aus wie ein Elfenwesen. John hatte sich inzwischen mit den weißen Khadi-Baumwollpyjamas angefreundet. Man klopfte ihm auf die Schultern und wiegte anerkennend den Kopf. Ja, nun sehe er auch wie ein typischer Pandit (»Gelehrter«) aus Benares aus.

So machten sie die ersten Schritte in dem riesigen Verdauungsapparat, der Indien heißt. Die indische Kultur schottet sich nicht gegen fremde Einflüsse ab. Wie eine Riesenschlange absorbiert sie das Fremde und verdaut es langsam. Bei John und Cindy hatte der Verdauungsprozess schon begonnen.

Auch die Götter vergehen

Für den fundamentalistischen Christen, Juden oder Muslim ist es klar: Die Schöpfung hat einen zeitlichen Anfang und ein gesetztes Ende. Aus dem Nichts erschaffen, besteht sie eine Spanne von mehreren Jahrtausenden, um dann am Jüngsten Tage wieder zu vergehen. Die moderne Astrophysik hat zwar die Raum-Zeit-Dimension dieses Alls nahezu ins Unendliche ausgedehnt, doch was ist das im Vergleich zur shivaitischen Imagination, in welcher unzählige Schöpfungen als Träumereien, als Meditation aus der Illusionskraft Mahadevas in jedem Augenblick neu entstehen und vergehen? Aus dem Meer der göttlichen Fülle erscheinen die Götter wie ein Schwarm Eintagsfliegen und vergehen wieder. Ja selbst der Schöpfergott (Brahma), der dieses Universum erschuf, ist davon betroffen. Wie Schaumblasen auf dem Meer sind die unzähligen Schöpfungen der Schöpfer. Allein Shiva, dessen Lust es ist, diese Welten in allen möglichen Formen, Gestalten und Schicksalen zu durchwandern und zu genießen, ist der ewige und grenzenlose Zeuge. In den nimmer endenden Schöpfungen offenbart sich seine tanzende *Shakti* (Abb. S. 329), seine Geliebte. Sie ist Maya, der Weltenzauber, selber. Sie umschlingt sein allgegenwärtiges *Linga* und er verbindet sich mit ihr in vollkommener Wonne.

In der folgenden Geschichte, die Heinrich Zimmer das erste Mal im Abendland erzählte, erlangt der Götterkönig *Indra* (Abb. S. 316) – der indoeuropäische Donnergott, den wir als Zeus, Jupiter, Taranis, Perkun oder Donar kennen – die Selbsterkenntnis.[5] In der Gestalt eines jungen Asketen klärt Shiva den Himmelsgott, den Blitzträger, Menschheitsbeschützer, Säufer und Prahler über sein wahres Wesen auf.

Indras Größenwahn

Mit seinem Zepter, dem Blitz, spaltete der Himmelskönig Indra den prall aufgequollenen Bauch des grauen Wolkenmonstrums Vritra. Gierig hatte dieser alles Wasser in sich aufgesogen. Nun aber strömte erfrischender Regen auf die verdorrten Auen, Wälder und Felder. Die Erde erwachte zu neuem Leben. Alle Geschöpfe, groß und klein, lobpreisten Indra, ihren Retter. Berauschend wie süßer Wein, stieg dem Gott die Verehrung in den Kopf. Auf einmal entsprach sein himmlischer Palast nicht mehr seiner neu empfundenen Würde. Er beauftragte den Weltenbaumeister Vishvakarman, *ihm das prächtigste aller Schlösser zu bauen.*

Der unübertreffliche Architekt machte sich sofort ans Werk. Ständig jedoch verlangte Indra Vergrößerungen und Verbesserungen, höhere Türme, kühnere Bogen oder mehr Gold und Glitzersteine zur Zierde der Kuppeln. Verzweifelt wandte sich Vishvakarman schließlich an Mahadeva. Da erschien Shiva in der Gestalt eines jungen Asketen am Tor zu Indras Burg und wurde, wie es die »Veden« vorschreiben, als Gast eingeladen.

»Kein Indra vor dir hat je einen solchen Palast gebaut, wie du ihn erbauen willst. Keinem Vishvakarman ist es je gelungen, ihn zu errichten«, bemerkte der filzhaarige Asket mit einem ironischen Lächeln.

Der Götterkönig hielt erstaunt inne. Soweit er sich entsinnen konnte, hatte nur er, und immer nur er, als Götterkönig gethront und die Drachen bekämpft. »Soll das ein Scherz sein?«, fragte er ergrimmt. »Was sprichst du da von anderen Indras und Vishvakarmans?«

»Ach, mein Söhnchen«, entgegnete der seltsame Jüngling, dem kaum Flaum auf den Wangen wuchs, »viele Weltenalter habe ich gesehen. Ich habe den großen Vishnu erwachen und wieder einschlafen sehen und mit ihm unzählige Male das Universum

kommen und gehen sehen. Hundert Weltenjahre lebt ein Vishnu, und jeden Morgen bringt er von Neuem eine Lotosblume aus seinem Nabel hervor. Dieser Lotos wächst und entfaltet eine Blüte, in deren Mitte man den Weltenschöpfer Brahma gewahrt, dessen Wort die Welt erschafft. Jeden Abend im Leben Vishnus stirbt ein Brahma und mit ihm verschwindet die Schöpfung. Jedes Mal aber, wenn der Schöpfergott Brahma mit den Augen zwinkert, entsteht und vergeht ein Indra, ein Götterkönig. Ich kann sie nicht zählen, alle die Indras, die ich gesehen habe.«

Gerade in diesem Augenblick zog eine schier endlose Kolonne Ameisen über die blanken Marmorfliesen der riesigen Halle. Der junge Wandermönch deutete auf den Zug und fuhr fort: »Jede dieser Ameisen war einst ein Indra. Von Eitelkeit und Ruhmsucht verblendet sanken sie alle, nachdem die Früchte ihrer guten Taten aufgebraucht waren, auf immer tiefere Ebenen. So werden sie im Kreislauf der Geburten immer weiter sinken – es sei denn, dass Gottes Gnade ihnen eines Tages wieder Auftrieb gibt.«

Indra war erschüttert. Sofort wollte er den Bettelstab ergreifen, sich dem Sadhu anschließen und nur noch die endgültige Wahrheit suchen. Da erschrak seine schöne Gattin, ebenso wie die Hofbeamten. Wer sollte den Himmel führen und das Wetter regeln? Wer sollte für Recht und Ordnung sorgen, wenn der Götterkönig seine Pflichten niederlegen würde?

Da ließ die Königin die Hofmusikanten aufspielen, wiegte sanft ihre runden Hüften dazu und lächelte ihrem Gatten verführerisch zu. Der Minister goss ihm derweil süßen Met in den Becher, sodass er sich erneut mit Lebenslust berauschte und auf seinem Herrscherthron blieb. Eines Tages jedoch wird auch für ihn die Zeit kommen, dem filzhaarigen Asketen nachzueifern und die Erlösung zu suchen.

III. Die Leere des Menschendaseins

Der Tonkrug ist ein Gott. Die Worfschaufel, ein Gott.
Der Stein auf der Straße, ein Gott.
Der Kamm, ein Gott.
Die Bogensehne, die Scheffel, die Kanne, Götter!
Götter, Götter, so viele Götter!
Nirgends Platz, auch nur einen Fuß zu stellen!
Nur einen Gott gibt es – es ist unser Herr,
der Herr der zusammenströmenden Flüsse!

Basavanna,
südindischer Dichter und Shaivite, 12. Jh.

Osten bleibt Ost und Westen bleibt West,
sich einen, das werden sie nicht,
bis Himmel und Erde am Jüngsten Tag einst stehen
vor Gottes Gericht.[6]

So fließt es von der Feder Rudyard Kiplings, Barde des britischen Kolonialreichs. In der Tat, trotz gemeinsamer indogermanischer Wurzeln, welche die Völker Europas mit denen *Bharats* (Indiens) verbinden, sind die jeweiligen Volksseelen im Laufe der Geschichte in entgegengesetzte Richtungen gewandert, sodass das gegenseitige Verständnis meist recht schwer fällt. Der Besucher aus dem Westen ist oft entweder dermaßen geschockt, dass er sofort den nächsten Rückflug bucht, oder er ist ebenso stark fasziniert, dass ihm die Begegnung mit dem Subkontinent wie eine Heimkehr nach langer Irrwanderung vorkommt. (Beim letzteren Typus vermuten die Inder, es handle sich um Ausgeflippte oder eventuell um »Hindu-Seelen«, die sich wegen schwerer Vergehen in vorhergehenden Leben, in den Ländern der *Mlecchas,* der Unreinen, inkarnieren mussten.) Wie immer es auch sein mag, Indien hält dem Besucher einen Zauberspiegel vor. Ohne dass er es merkt oder sich darin erkennt, nimmt er zuallererst seine eigenen ethnozentrischen Vorurteile, Ängste, Vorstellungen oder Wünsche wahr.

Indien ist ganz Maya, ganz weiblich. Die Schönheit oder Hässlichkeit des Landes liegt im Auge des Betrachters. Kolonialbeamte, Händler und Missionare, die ihr halbes Leben in Indien verbrachten und dabei ebenso stur an ihrem objektiven Seinsverständnis wie an ihrem »four o'clock tea« festhielten, mögen zwar viele ethnologische Abhandlungen oder Reiseberichte geschrieben haben, aber in Bharat waren sie nie! Man kann das Zauberland nur verstehen, wenn man als Europäer stirbt und als Inder wiedergeboren wird.

Andersherum ist es für den Inder genauso schwierig, das Abendland zu verstehen. Darüber kann sich auch der anglisierte Wog, der »western oriented gentleman«, nicht hinwegtäuschen.

Die jungen indischen Intellektuellen aus Johns und Cindys neuem Freundeskreis in Jaipur waren in dieser Hinsicht äußerst wissbegierig. Sie lenkten die Gespräche immer wieder auf westliche Themen, auf Marxismus, Existentialismus, auf Sartre, Heidegger oder Camus. In der Schauspielertruppe wurde mit Vorliebe Brecht gespielt. Doch keiner verstand die eigentliche Thematik. Wie sollten sie auch »Entfremdung« und Einsamkeit erfahren, wenn jeder Inder von früh bis spät, vom Säuglingsalter bis zum Sterbemoment in einen kunterbunten Beziehungsteppich von lärmenden Verwandten, Nachbarn, Freunden, Ahnen, Geistern und Göttern hineinverwoben ist? Wie sollten sie da das Absurde, die Daseinsangst, die »schreckliche Freiheit«, die »Existenz als Sein zum Tode« mitten in diesem übersprudelnden Leben kennenlernen, wo selbst der Himmel mit über dreihundert Millionen Göttern überquillt und wo jeder seinen Platz zugewiesen bekommt? Selbst die Allerärmsten, die Unberührbaren, die Straßenfeger, die Kulis und Abfallsammler strahlen eine Geborgenheit und Lebensfülle aus, an der jeder Missionar oder Weltverbesserer verzweifeln kann. Da muss man sich schon eine superdicke ideologische Brille aufsetzen, um das anders zu sehen.

Wer bin ich? Diese Frage, die den typischen, chronisch entwurzelten Kalifornier von Ort zu Ort, von Ehe zu Ehe, von Job zu Job und von Sekte zu Sekte treibt, kann sich der traditionelle Inder eigentlich gar nicht stellen. Er ist in seine Kaste, in seinen Beruf und in seine Lebensumstände hineingeboren. Sein *Dharma* ist vorgezeichnet. Der von den Eltern und Verwandten ausgesuchte Ehepartner, dem man erstmals bei dem uralten vedischen Heiratsritual begegnet, ist kein Fremder. Es wird angenommen, dass man sich schon im vorhergehenden Leben nahestand und nun infolge der Tatenverkettung erneut in Beziehung tritt. Nicht einmal die Todesangst, der Köder, mit dem sich die Pfaffen und Philosophen des Abendlandes ihre Fische fangen, ist ihnen absolut. Sagen doch alle Gurus und Swamis, die dank ihrer geistigen Lauterkeit selber auf vergangene Existenzen zurückblicken können, dass der Tod eine Illusion ist. Man legt den alten Leib ab wie ein fadenscheiniges Kleidungsstück, um sich einen neuen, funktionstüchtigeren anzulegen, den man sich durch die Wirkung vergangener Worte, Taten und Gedanken selber gewoben und zurechtgeschneidert hat.

Was soll da die Empörung wegen des *Suttee (Sati),* der Witwenverbrennung? Warum soll die Witwe ohne ihre männliche Hälfte, warum Parvati ohne ihren Shiva sich auf der Erde herumplagen, wenn sie ihn durch die Ahnenwelt (Pitriloka) hindurch bis zur neuen Geburt begleiten kann?

»Als der Vater starb«, gab ein Zahnarzt aus dem Jaipurer Freundeskreis verstohlen zu, »nahm meine Mutter Abschied von uns Geschwistern und setzte sich im Schneidersitz neben ihn auf den Scheiterhaufen. Was sollten wir auch tun? Es war ihr Wunsch! Sie gab uns Anweisungen, sie mit Stöcken zu stützen, um aufrecht zu bleiben, bis ihre Seele verreist war. Vereinzelt gibt es so etwas heute noch. Es wird stillschweigend akzeptiert. Als ältester Sohn musste ich den Holzstoß anzünden!«

Was soll die Aufregung der Missionare und westlichen Besserwisser wegen der Kinderhochzeiten? Sie gehören ja schon seit der Zeit vor ihrer Geburt zusammen! In ländlichen Gegenden zeigen noch immer die acht-, neun- oder zehnjährigen Mädchen voller Stolz auf ihr Halsband (Mangalasutra), dessen zwei Edelsteine die Vermählung von Mann und Frau, Gott und Göttin, Shiva und Parvati darstellen. Sie wohnen bis zu ihrer vollen Reife bei ihren Eltern, wo sie wie *Kumari,* die göttliche Jungfrau, darauf warten, von Shiva, ihrem Bräutigam, abgeholt zu werden. Die Verwirrung, die über viele westliche Jugendliche nach der

Geschlechtsreife hereinbricht – Dating, Single-Frust und gebrochene Herzen –, bleibt ihnen meistens erspart.

Derartige Bräuche geben den Erben der alten Kultur ein absolutes Gefühl der Geborgenheit. Aber immer stärker weht der Westwind ins Land und erfasst vor allem die junge Elite mit neuen Ideen und einem neuen Lebensgefühl.

Auch Johns und Cindys neuen Freunden wehte der Humanismus, die individuelle Emanzipation und die Vorstellung einer historischen, linear sich abspulenden Zeit in einem entmythologisierten Kosmos gehörig durch den Kopf. Diese Ideen fanden sie jedoch genauso schwer zu verdauen wie ihre abendländischen Gegenüber den Karma-Begriff, die Seelenwanderung oder das »Verlöschen«. Von der modernen Technologie verspricht sich die junge indische Bourgeoisie den Fortschritt und von der »Wissenschaft« die Befreiung von der Last der Tradition. Allzu leicht erschöpft sich dabei der Begriff »individuelle Freiheit« im Verlangen nach Luxusgütern und im Wunsch, eine »love marriage« einzugehen, in der man sich den geeigneten Partner selber aussucht, ohne Rücksicht auf Eltern, Kaste und Tradition. Ein Motorroller, Disco und westliche Rockmusik, wie sie etwa von einer heißen Beat-Band nachgespielt wird, gehört auch mit dazu. »Shiva«, so nannte sich eine solche Band aus Kalkutta, deren Open-Air-Konzert John und Cindy damals mit ihren Freunden besuchten. »Shiva« – eine passende Bezeichnung, denn der unkonventionelle Gott verkörpert die Rebellion gegen alle verkrusteten Konventionen und überholten Autoritäten.

Shiva verliert seine geliebte Uma

Die *Puranas,* »die alten Geschichten«, wissen ein Lied von diesem Rebellen gegen die herkömmliche Ordnung zu singen. Von *Daksha* (Abb. S. 310) wird da erzählt, der als ältester Sohn des Schöpfers die Weltenordnung etabliert, Gesetze und Brauchtum einführt und als Oberhaupt der Patriarchen seines Amtes waltet. Mit Shiva, der ständig aus der Rolle fällt, hatte dieser *Brahmanen*fürst natürlich ernsthafte Schwierigkeiten. Per Dekret schloss er den phallischen Gott aus der Gemeinschaft ehrbarer Götter aus. Die Ablehnung beruhte auf Gegenseitigkeit, denn Shiva mochte die emsige Schöpfertätigkeit, die seine meditative Ruhe störte, ebenfalls nicht. Am schlimmsten traf es Daksha, als sich *Uma* (»Licht«; Abb. S. 330), seine jüngste Tochter, hoffnungslos in den dreiäugigen, ungekämmten, von Hanfrauch umnebelten Wilden verliebte. Um zu verhindern, dass sie mit ihm durchbrannte, lud er sämtliche ledige Fürsten der Welt in seine Halle. Uma wurde es gestattet, einen von ihnen zu wählen, indem sie ihm ein Blumengewinde um den Hals legte. Da aber die liebliche Jungfrau unter den Geladenen ihren Auserkorenen nicht entdeckte, seufzte sie nur und warf lustlos den Kranz in die Luft. Dabei traf sie Shiva, der sich just in dem Augenblick materialisierte. Die »love marriage« kam also doch noch zustande! Aber nicht lange währte das Glück.

Daksha leitete die mächtigen Opferfeste, von denen die Erhaltung des Weltalls abhängt. Wenn er den Opferkreis betrat, erhoben sich sämtliche Götter und Seher - selbst Vishnu und Brahma verneigten sich vor ihm. Allein Shiva verweigerte dem würdigen Erzpriester die gebührende Ehre. Da verbannte der in seinem Stolz verletzte Daksha den unfügsamen Schwiegersohn zusammen mit der Tochter aus dem Kreis der Zivilisation. In Zukunft würden weder dieser anstandslose Flegel noch seine heruntergekommene Tochter einen Teil der Opfergaben erhalten. Wie es die vedische Sitte verlangte, schenkte Daksha den beiden noch einen kräftigen, milchweißen Stier, auf dessen Rücken sie nach Norden in die schneebedeckten Berge zogen. Als sie sich dem Berg Kailash näherten, wurden sie vom Heulen der Wölfe, vom Fauchen der Gespenster, vom irren Gelächter und Gegröle der Waldteufel und Unholde enthusiastisch empfangen. Von nun an lebten sie in der einsamen Wildnis ohne Dach über dem Kopf. Hier gefiel es dem mondgekrönten Gott, denn er konnte ungestört Einkehr üben und Uma lieben. Die Schmähung ihres Vaters trieb jedoch die stolze Tochter in den Selbstmord.

Seiner Liebsten beraubt, fand Shivas Zorn keine Grenzen. Er wurde zu Rudra, dem schrecklich Heulenden, zu Sharva, dem gnadenlosen Jäger. Im rasenden Zerstörungsrausch stürzte er mit seinem wilden Gefolge auf den heiligen Opferplatz, riss die Opferpfähle heraus, warf Priester, Sänger und Opferpferde in den Ganges und schlug seinem Schwiegervater mit dem Dreizack den Kopf vom Rumpf.

Die um ihr Leben bangenden, vollends entsetzten Götter sahen sich gezwungen, Shiva als Gott der Götter, als Mahadeva, anzuerkennen. Er gab sich zufrieden: Er verließ seine zornige Gestalt als Rudra und wurde wieder zum freundlichen *Shankar*, zum Heil- und Friedenbringenden.

Da Shiva wie ein Kind leicht umzustimmen und nicht nachtragend ist, ließ er sich von Brahma dazu überreden, dem geköpften Erzbrahmanen erneut das Leben zu schenken. Dazu war Shiva bereit: »Bringt mir Dakshas Kopf und ich werde ihn mit *Mantras* besingen und wieder auf den Rumpf setzen!« Leider aber war der Kopf verschwunden, war entweder verbrannt oder von einem der hungrigen Dämonen gefressen worden. Da nahm Shiva den Kopf eines Ziegenbocks – ein treffendes Sinnbild kopflastiger, sklerotischer Gesinnung – und pfropfte ihn wieder auf die Schultern des Priesters. Sogleich schlug der Ziegenköpfige die Augen auf, lobpreiste Shiva und dankt ihm, indem er nach Ziegenart ständig *»Bom, bom«* meckerte, ihn von der Illusion befreit zu haben. Nun erkannte er, dass Shiva der Urgrund ist, aus dem jede Schöpfung entsteht und in dem sie wieder vergeht.

Noch immer verehren Shivas Anhänger den großen Gott, indem sie ihn mit einem *»Bom Shiva«* oder »Bom Shankar« anrufen.

»Come, celebrate the spirit of freedom! (Kommt, feiert den Geist der Freiheit!)«, hieß es auf den Werbepostern. Ein Shiva, mondgekrönt und mit dem Gesicht eines Jim Morrison, lud zum Shiva-Konzert unter freiem Himmel. Sie kamen in Scharen, die jungen, gut situierten, mittelständigen Inder, um aus den elektronisch verzerrten Klängen der Gitarren und aus den plärrenden Lauten der Leadsängerin Cecilia ein neues Lebensgefühl zu schöpfen. Für John und Cindy war es nur ein aufgewärmtes Woodstock. »Nur schade«, dachte John, »dass der übliche Stromausfall von so kurzer Dauer war.« Viel lieber wäre der Ethnologe in einen der lauten, grellen, kitschigen Bollywood-Filme gegangen.

Auch Shiva erscheint des Öfteren in den Produktionen der indischen Filmindustrie, der größten Traumfabrik der Welt. Dabei unterscheiden die Millionen einfachen Inder kaum zwischen dem meist leicht übergewichtigen Star mittleren Alters und dem von ihnen dargestellten Gott. Hauptsache ist, dass er die korrupten Bösewichte bestraft, den Armen hilft und die Feinde mit dem feurigen Strahl seines Dritten Auges verglühen lässt. Götterdarsteller, die sich im Anschluss an ihre Filmkarriere der Politik zuwenden, sind sich ihrer Wahl zum Parteiabgeordneten, wenn nicht gar zum Ministerpräsidenten einer der Unionsstaaten, gewiss.

John sann darüber nach und musste beim Gedanken mitleidig lächeln; doch dann fiel ihm Ronald Reagan, der Cowboy-Darsteller, ein, der es zum Präsidenten brachte – auch ein Zelluloidgott! Da passt die Zeile, die die tamilische Dichterin Mahadevaiyakka im 12. Jahrhundert dem von ihr innig geliebten Gott Shiva zusang:

Mit erhobenem Stock treibt der Wahn
ganze Welten wie Herden vor sich her!
Ach, Herr, weiß wie Jasmin,
niemand vermag deine Illusionsmacht zu überwinden!

Hat sich wirklich seit der Zeit diesbezüglich viel geändert?

Viele Gespräche, die John und Cindy in jenen Tagen führten, drehten sich um den »Humanismus«, der so etwas wie eine heilige Kuh des abendländischen Weltbildes ist. Das mit der »Krone der Schöpfung« leuchtete den Gesprächspartnern nicht unbedingt ein. Wieso soll alles auf den Menschen ausgerichtet sein? Was ist überhaupt der Mensch? Sind die Kasten nicht wie verschiedene Gattungen? Ein »zweimal geborener« Brahmane, der die Weihen erhalten hat, sich vegetarisch ernährt und die uralten vedischen Mantras im Herzen trägt – was hat er gemeinsam mit einem dunklen *Adivasi* (Stammesangehöriger) oder einem Unberührbaren, der am Stadtrand in einer Lehmhütte haust, Alkohol trinkt und allmorgendlich seine Schweine austreibt, um sie mit dem Kot der anderen zu mästen? Nicht einmal vom selben Brunnen darf er mit ihm trinken und es genügt der bloße Schatten oder das Anhauchen, um den Brahmanen zu verunreinigen. Darüber hinaus gibt es Götter, Halbgötter, Naturgeister *(Yaksha)*, Dämonen *(Rakshasas)*, Leichenfresser *(Pisachas)*, Vampire *(Vetalas)*, himmlische Sänger *(Gandharvas)*, verführerische Nymphen *(Apsarasas)* und viele andere Wesen, die sich eines menschlichen Körpers bemächtigen und von einem Mutterschoß geboren werden.

Über allen stehen die Heiligen, die Sadhus, Sadhvis und *Sannyasi*, die keiner Kaste mehr angehören und die das Menschliche schon abgestreift und hinter sich gelassen haben. Ihre Gottähnlichkeit beweisen sie, indem sie ihre menschlich-tierischen Triebe überwunden haben und derart mit magischen Kräften überfließen, dass selbst die Götter sie fürchten. Sie haben nur noch eine äußere Erscheinung als Mensch; in Wirklichkeit sind sie weit darüber hinaus entwickelt.

Menschsein – wurde John und Cindy nahegelegt – sei nur eine Stufe des Bewusstseins Shivas, der in den Tieren träumt und spielt, der in den Pflanzen das ständig von der Sonne herströmende *OM* meditiert und der zugleich in den Steinen im

Samadhi verharrt. Alle die unzähligen Wesen, von der Spirochäte bis zum Elefanten, haben die Fähigkeit, sich durch alle Stadien hindurch bis hin zur vollkommenen Gottesverwirklichung zu entwickeln, auch wenn das unvorstellbare Zeitenkreise dauert. Letztlich sind sie alle Ausdruck der Gottheit, identisch mit Shiva, Aspekte seines ewigen Spiels *(Lila)*, seiner spontanen Aktivität *(Kriya)*, regenbogenfarbig schillernde Tröpfchen der Fontäne, die seinem Haarknoten entspringt.

Das Selbst liegt verborgen in der unendlichen Vielfalt der Schöpfung. Deswegen behandelt der wahre Hindu alle Wesen mit Achtung. Mit zusammengelegten Händen und einem *Namaste* – »Ich verneige mich vor dem Göttlichen in dir« – vermag er sie alle anzubeten. Deswegen läuft er leichtfüßig über die Haut der Mutter Erde, zertrampelt weder Käfer noch Kräutlein mutwillig, noch hindert er die Schoßgeborenen (Yoniyam = Menschen, Säugetiere), die Eigeborenen (Andayam = Vögel, Echsen, Lurche),

Sadhu an den Ghats von Varanasi

die Schweißgeborenen (Svedhayam = Kerbtiere, Würmer) oder die Stängelgeborenen (Udhbiddhayam = Pflanzen) an dem bisschen Karma, welches sie im kurzen Dasein auszuleben vermögen. *Ahimsa* – leben und leben lassen, aber auch sterben und sterben lassen – nennt man diese Einstellung. Was und wo soll man da unnötigerweise eingreifen? Da ist kaum Platz für den Gedanken: »Macht euch die Erde untertan! Nutzt sie aus zum Wohle des höchstorganisierten, intelligentesten Lebewesen – nämlich uns selbst!«

Was es mit dieser Einstellung auf sich hatte, erfuhren John und Cindy des Öfteren und zum ersten Mal besonders eindringlich an einem Strand in Kerala, wo sie erst mal entspannen wollten, ehe ihre Aufgaben an der Benares Hindu University sie voll in Anspruch nehmen würden. Kovalam, ein von Palmen gesäumter Sandstrand, wurde Anfang der Siebzigerjahre von John Galbraith, Kennedys Botschafter in Indien, entdeckt, als dieser dort im Palast vom Maharadscha von Travancore zu Gast weilte. Inzwischen ist der Palast zum Ashoka Hotel geworden und der Strand zum Insider-Tipp für Body-Surfer von Australien bis Kalifornien. Die sanft rollenden, blaugrünen, vier Meter hohen Wellen gelten Kennern als Fahrkarte in die Ekstase. Den Kasten-Hindus jedoch gilt die schäumende Brandung als tosender Rachen der Shakti Shivas, in den sich kein vernünftiges Wesen hineinwagen würde. Immer wieder erleben sie, wie die Göttin allzu kühne Wellenreiter oder auch arme moslemische Fischer verschluckt und ihre leblosen Leiber wie ausgetrunkene Kokosnüsse am Strand ausspeit.

Eines Morgens beobachtete John zwei Inder, die sich von den verwegenen Surfern nichts vormachen lassen wollten. Mit einer Flasche Whiskey, welche sie in einem Zug ausleerten, vertrieben sie ihre Angst und sprangen in die Wellen. Sogleich ergriff sie der Sog und sie gerieten in Panik. Alarmierte Surfer zogen sie sofort ans Land, aber die Lungen waren schon voll Salzwasser.

Mit einem Eifer, den man nur als »heldenhaft« bezeichnen kann, rangen die abendländischen Retter um ihr abebbendes Leben. Empört stellte John fest, dass es keinen Rettungsdienst gab, nicht einmal eine ordentliche Zufahrtsstraße für einen Rettungswagen. Junge Keralesen, die sonst ungeniert die wenig bedeckte Haut der Surfer-Bräute beäugten, sammelten sich am Unglücksort. Verblüfft standen sie da, die Arme verschränkt, und konnten es nicht fassen, warum man der Göttin ihr Opfer verweigern wollte. Es war doch offensichtlich, dass die beiden schon in den Schlingen des Totengottes *Yama* (Abb. S. 331) hingen, mochten sie auch noch wie frisch geangelte Fische ein wenig zappeln. Ihr Karma war in diesem Leben abgelaufen. Warum ihnen die Erlösung von den leiblichen Fesseln so schwer machen? Der Begriff einer einmaligen, individuellen Existenz war den Beistehenden eher fremd. Im ewigen Spiel der Götter ist eben nichts so einmalig und so absolut, wie es der Abendländer glaubt.

Für viele Ostasiaten, seien es nun Hindus, Jainas oder Buddhisten, ist der nimmer endende Kreislauf von Geburt und Tod ein Folterrad des Leidens und flüchtiger Freuden. Ihr Ziel ist es, diesem Kreislauf *(Samsara)* endgültig zu entrinnen und das Rad zum Stillstand zu bringen. Auch den jungen Intellektuellen in Jaipur ist dieses Bild tief in die Seele geprägt worden. Sie versuchen, der grausigen Vorstellung einer ewigen Seelenwanderung zu entrinnen, indem sie hoffnungsvoll nach dem Individualismus, Existenzialismus und Historizismus des Westens greifen.

Für den Abendländler ist dagegen die Begegnung mit indischem Gedankengut oft ein berauschendes Erlebnis – das heißt, solange er nicht das Räuspern seines kritischen Über-Ichs wahrnimmt, das ihn mahnend über den Brillenrand anstarrt und mit erhobenem Zeigefinger auf den objektiven, wissenschaftlich gefestigten, historischen Boden der Realität zurückverweist. Hinduismus ist ein Schmaus der Fantasie: »Einfach toll! Immer wiederkommen zu können, alle Genüsse des Lebens von Neuem auskosten! Super!« Es wird zum interessanten Ratespiel, in dem sich das Ego feiert: »Wer war ich im letzten Leben? Ein König? Kleopatra? Der heilige Johannes? Oder vielleicht eine verbrannte Hexe?« Auch wenn John sich dagegen sträubte, Cindy fand derartige Gedanken verlockend.

Ein Wandermönch, der diesbezüglich mit Cindy ins Gespräch kam und der gut Englisch sprechen konnte, schüttelte den Kopf. »Die separaten Persönlichkeiten sind Täuschungen, sind Teilaspekte des Selbst«, sagte er und erzählte eine Geschichte vom Götterkönig Indra:

»Wieder einmal war Indra der schweren Bürde des Regierens überdrüssig und legte sein Blitzzepter beiseite. Da er wusste, dass kein Tier das Schwein an Lebensfreude übertrifft, inkarnierte er sich auf Erden als Eber. Glücklich wühlte er im Boden, schmatzte schmackhafte Wurzeln und Trüffel und zeugte vor lauter Lust schnaufend viele niedliche Ferkel mit den Wildsauen des Waldes. Das genüssliche Schweineleben ließ ihn schnell sein eigentliches Dharma vergessen.

Inzwischen geriet der Himmel in große Unordnung. Die Dämonen nahmen ihre Chance wahr, den führungslosen *Devas* schwere Verluste zuzufügen. Da wandten sich die gebeutelten Himmlischen an den Gott der Götter. Shiva versprach, ihnen zu helfen. In der Gestalt des blutrünstigen Jägers Sharva tötete er viele von Indras Sauen und Ferkelkindern. Dem Eber brach das Herz. Sein glückseliges Grunzen verstummte. Er heulte und lamentierte, aber zur Einsicht kam er nicht.

Nun nahm Shiva, um Indras Wahn zu brechen, eine Dämonengestalt an und erlegte ihn mit dem Dreizack. Da erkannte der verblendete Götterkönig sein wahres Dharma und kehrte auf seinen Himmelsthron zurück.«

Das Töten der Scheinpersönlichkeit wird in Indien immer wieder von Neuem vor Augen geführt. Bei jedem südindischen Puja (Andacht) wird eine Kokosnuss, ein Ebenbild des Schädels, vor dem Götterbild zerschellt. Nachdem die heiße Milch oder der gezuckerte Tee *(Chai)* ausgetrunken oder der Joghurt ausgelöffelt ist, zerschlägt man die ausgediente Tonschale und gibt sie der Erde zurück. Bei vielen Festen wird das gesamte Hausgeschirr zertrümmert und erneuert. Zum Abschluss der großen Feste wie *Dussera* werden die kunstvollen, sorgsam geschmückten Götterstatuen – als Zeichen ihrer Einschmelzung in den formlosen Urgrund – in Teichen oder Flüssen versenkt, wo sie sich auflösen. Im Westen, wo man allzu sehr an den materiellen Erscheinungen hängt, würden derartige Kunstwerke wahrscheinlich in Museen landen. Die Körper, die gebrechlichen Gefäße der Seelen, werden ebenfalls in aller Öffentlichkeit ihrer Auflösung im Feuer oder Wasser anheimgegeben. So wird tagtäglich die Vergänglichkeit, die Schalen- und Hüllenhaftigkeit der Daseinsformen demonstriert. Das Universum: ein Opfergefäß aus Ton, gefüllt mit geweihtem Wasser!

Puja: Ganesha streut Blüten auf das Lingam und das Yoni;
dahinter erscheint das Bildnis Shivas

Bhakti - wahre Hingabe an das Göttliche

Die Nayanars, die dreiundsechzig tamilischen Heiligen, waren vor allem einfache Analphabeten - Fischer, Wäscher, Palmweinverkäufer, Weber -, die vom 7. bis zum 10. Jh. in schwärmerischer Gottesliebe entflammten. Mit dem vedischen Ritualismus und den heiligen Schriften (Shastras), die ihnen die brahmanische Orthodoxie des arischen Indiens aufzwingen wollte, konnten sie wenig anfangen. Ein intimes, emotionales Verhältnis zu Ishvara, zu Shiva als persönlichen Gott, bewegte sie. Ihr Gottesdienst war vor allem Liebesdienst. Sie kehrten Tempel, banden Kränze, pflanzten Blumen, versorgten die Pilger mit Nahrung und sangen und tanzten für ihren Herrn.

Den orthodoxen Brahmanen - Erben des indoeuropäischen Wertsystems - dünkte die bedingungslose Gottesliebe, die sich oft jenseits geläufiger Moralvorstellungen bewegte, ebenso befremdlich, wie sie uns erscheint. Ein Nayanar schnitt zum Beispiel einer Königin die Nase ab, da sie an einer dem Shiva geweihten Blume gerochen hatte. Der König - ebenfalls ein Nayanar - trennte ihr zusätzlich den Kopf ab, worauf es vom Himmel Blüten regnete. Ein anderer Nayanar tötete und kochte den eigenen Sohn, da er meinte, Shiva habe Hunger. (Wie im Falle Abrahams und Isaaks belebte Gott den Sohn wieder.) Ein weiterer Heiliger schnitt sich die Gurgel durch, um den Reis, den er opferte, schön rot zu färben. Ein anderer erschlug einen Elefanten und fünf Männer, weil sie sich erdreistet hatten, auf eine dem Shiva geweihte Blume zu treten. Einer Nayanar-Wäscherin erschien Shiva als Bettler, der sie bat, ihm den Lumpen zu waschen. Sie tat es bereitwillig. Da es aber regnete, konnte der Lumpen nicht trocknen. Reuig schlug sie sich den Kopf am Waschstein blutig und erlangte Erleuchtung. Wiederum ein Heiliger, der kein Gras für das heilige Feuer hatte, legte seinen Haarschopf in die Flammen. Und Kannappar, von dem hier erzählt wird, riss sich zu Ehren Gottes die eigenen Augen aus dem Kopf.

Die Legende Kannappars wie die anderer südindischer Bhaktas will besagen, dass es Shiva weniger auf das Was (korrektes Ritual, reine Geburt, hohe Kaste) als auf das Wie ankommt.

Ohne dass die Haare sich sträuben,
ohne dass der Verstand dahinschmilzt,
ohne Freudentränen, die den Hals zuschnüren,
ohne Bhakti,
wie kann da das Herz rein werden?
Derjenige, durch Bhakti an mich (Shiva) gebunden,
dessen Gedanken zerrinnen,
der schamlos Tanzende,
hin und her gerüttelt zwischen Lachen und Weinen,
allein der läutert die Welt.

Aus der Bhagavata Purana

Die Tempelschändung

Kannappar, der Häuptling eines unzivilisierten Jägerstammes, pirschte mit einigen Genossen einem Wildschwein nach. Nachdem es mehrere Male ihren sorgfältig gestellten Netzen entging, jagten sie es immer tiefer in den Wald hinein. Schließlich konnten sie das borstige Biest erlegen. Da sie erschöpft waren und der Heimweg weit war, wollten sie das Tier gleich zerlegen und rösten, um ihren Hunger zu stillen.
Wie es die Stammessitte verlangte, nahm Kannappar das beste Stück des noch rohen Fleisches, um es auf dem nächstliegenden Hügel dem Stammesidol zu opfern.
*Auf halbem Weg schien es ihm, als laste ein Bleigewicht auf seinen Schultern. Als er nicht mehr weitersteigen konnte und sich gezwungen sah, umzukehren, da erblickte er einen winzigen Waldtempel. Freudig nahm er es als Fingerzeig eines Gottes auf, und ohne sich zu waschen oder auch nur die Sandalen auszuziehen, wie es sich gehört, stürzte er in den Tempel, den Bogen in der einen, das tropfende Fleisch in der anderen Hand. Betroffen starrte er in das Dämmerlicht, wo er ein Shiva-Linga und dahinter ein Shiva-*Murti *(Bildnis) gewahrte. Ihm standen die Haare zu Berge, als plötzlich ein langhaariger, kreideweißer Gott mit einer Mondsichel im Schopf vor ihm stand. Augenblicklich stürzte der Gott den Jäger in ein Meer der Glückseligkeit. Freudentränen quollen aus Kannappars Augen und er lachte und sang wie ein Irrsinniger.*
Der überwältigte Adivasi (Ureinwohner) vergaß seine Jagdgenossen ebenso wie seinen eigenen knurrenden Magen. Die ganze Nacht verharrte er in vollkommener Entzückung. Die lauernden Gefahren des nächtlichen Dschungels, die Tiger und bösen Geister kamen ihm nicht einmal in den Sinn.
Am nächsten Morgen schien es ihm, als habe der Gott Hunger.

Da nahm er das Schweinefleisch, biss die weniger guten Stücke weg, spuckte sie in die Ecke und röstete, was übrig war, gerade vor dem Lingam. Um dem Gott etwas zu trinken zu geben, trug er Wasser im Mund vom Bach herauf und versprühte es über dem Lingam. Dann legte er frische Blüten, die er sich ins Haar gesteckt hatte, auf den Steinpfeiler, nachdem er die welken Kränze, die der abwesende Tempelpriester hingelegt hatte, einfach mit dem Fuß wegstieß. Nun ergriff er seinen Bogen und Köcher und verschwand im Dickicht, um für den neu gefundenen Gott noch besseres Wildbret zu erjagen.

Inzwischen kehrte der alte Brahmanenpriester zum Waldtempel zurück. Als er die Schweineknochen, die verstreuten Blumen, ja sogar Fußabdrücke auf dem Lingam sah, erschrak er bis ins Mark! Oh weh, ein Wilder hatte den Tempel entweiht! Sorgfältig säuberte er alles mit Ganges-Wasser, murmelte ununterbrochen die notwendigen Mantras und legte frische, reine Blüten auf das Glied Gottes. Er bat Shiva um Verzeihung und riegelte den Tempel sorgfältig zu.

Am Abend – der Priester war gerade gegangen – kam Kannappar zurück. Er brach das Tor auf, stieß erneut die gelben und roten Blumen weg, legte das Wildbret vor das Lingam und durchwachte die Nacht singend und tanzend. Als die anderen Jäger ihn am folgenden Tag fanden, baten sie ihn, von dem Irrsinn abzulassen und mit ins Dorf zurückzukommen. Er aber wollte nichts anders, als bei dem Gott, der ihm erschienen war, zu verweilen.

Jeden Tag jagte er und jede Nacht verbrachte er in Verzückung. Jeden Tag kam auch der strenge alte Brahmane, der sich immer mehr entsetzte, dass die Heiligtumsschändungen nicht aufhörten. Täglich reinigte er den Tempel und weihte ihn erneut. Jeden Abend, ehe der Jäger zurückkam, trieb es den Priester jedoch wieder in die Sicherheit der kleinen Stadt, aus der er gekommen war, denn er fürchtet sich zu sehr, des Nachts allein im Wald zu bleiben. Ununterbrochen betete er, dass der gütige, mondgekrönte Gott dem bösen Treiben ein Ende bereite.

Nach fünf Tagen erschien ihm Shiva im Traum und sagte: »Werter Brahmane! Das Wasser, welches der Jäger mir in seinem Mund bringt, ist mir mehr wert als Ganges-Wasser, denn es sprudelt aus der Quelle der reinen Liebe. Sein Prashad *(Weihegabe) aus unreinem Fleisch bringt mehr Verdienste als viele ehrwürdige Rituale, denn es ist mit reinem Herzen geboten! Du aber, Zweimalgeborener, bleibe heute Nacht hier im Tempel. Verbirg dich hinter dem Murti und du wirst verstehen!«*

Erstaunt nahm der im Schatten verborgene Priester wahr, wie ein Unberührbarer, ein Adivasi, einen höchst merkwürdigen Gottesdienst vollzog. Während der Jäger das frisch erlegte Wild darbot, tropfte plötzlich Blut aus dem rechten Auge des Götterbildes. Der Wilde erschrak, rannte aus dem Tempel, um blutstillende Heilkräuter zu sammeln, die er dann dem Shiva-Murti ungeniert ins Auge drückte. Doch dieses blutete umso mehr. Verzweifelt seufzte er auf und machte sich Vorwürfe, dass er das Bluten nicht aufhalten konnte. Doch dann ergriff er kurzentschlossen eine Pfeilspitze und pflückte damit den eigenen rechten Augapfel aus.

»Liebster Gott, hier nimm mein Auge!«, sagte er, indem er es in das Götterbild einpflanzte. Da hörte das Bluten auf und Kannappar klatschte die Hände und tanzte vor Freude. Aber nun fing plötzlich das linke Auge des steinernen Bildes an zu bluten. Ohne zu zögern, war er bereit, auch seinen linken Augapfel zu opfern. Doch da erschien der Dreizackträger, der seine Bhaktis ungern lange leiden lässt, und gab ihm das volle Augenlicht zurück. Kannappar erhielt Shivas Segen, und der orthodoxe Brahmane musste erkennen, dass es weniger auf die Form als auf den Inhalt der Gottesliebe ankommt.

IV. Die Götter wandeln auf Erden

Da sprach die Schlange zum Weibe:
Ihr werdet mitnichten des Todes sterben.
Sondern Gott weiß,
dass, welchen Tages ihr davon esset,
so werden eure Augen aufgetan,
und ihr werdet sein wie Gott.

1. Mose 3,4–5

Cindy genoss die lange Bahnreise nach Benares. So schön, das Schnaufen der Dampflokomotive, die allmählich sich wandelnde Landschaft und vor allem die höfliche, aufmerksame Bedienung, die ihnen im privaten First-Class-Abteil des Indian-Railway-Waggons zuteil wurde. Sie fühlte sich plötzlich wie eine britische Lady von anno dazumal, als *Memsahib,* vor der sich die Eingeborenen wie vor einer Göttin tief verbeugen. Wenn sie John etwas sagen wollte, tat sie es des Spaßes halber im steifen Queens English.

»John, die Kolonialzeit muss ja toll gewesen sein – natürlich abgesehen von den Ungerechtigkeiten«, sagte sie.

John antwortete nicht, denn er war, wie üblich, beim Grübeln. Wie sollte er die künftigen Vorlesungen gestalten? Wie den Indern Malinowskis Funktionalismus, wie den Strukturalismus des Levi-Strauß erklären? Inzwischen war ihm aufgegangen, dass die gleichen Worte innerhalb eines anderen kulturellen Bezugsrahmens möglicherweise gänzlich andere Bedeutungen erlangen könnten. Es ist ebenso schwierig, sie in andere kulturelle Kontexte zu übersetzen, wie es ist, Tiere oder Pflanzen von einem Ökotop in ein anderes zu verpflanzen. Wenn schon fassbare, konkrete Dinge wie Wasser, Brot oder Luft von allerlei kulturellen Nebenbedeutungen und Assoziationen umhüllt sind – Wasser ist für uns H_2O, für den traditionellen Hindu aber vor allem flüssiges Shakti –, wie soll man da abstrakte Begriffe übertragen? Am schwierigsten erweist sich wohl der Bedeutungskomplex »Gott«.

Damals in der Hochblüte des viktorianischen Zeitalters, als bornierte Völkerkundler die »braunhäutigen Barbaren«, die Inder, auf eine Stufe zwischen den »schwarzen Wilden« und den »weißen Zivilisierten« stellten, da war alles viel einfacher als im heutigen Zeitalter der Massenkommunikation und der Ökumene. Da sah man die Wilden, die »Buschneger« und australischen Aborigines, noch als nackte, primitive, promiskuitive »Animisten«, die keinen Gottesbegriff hatten, sondern wie Kinder glaubten, alles sei belebt und beseelt. Die Massen der halb bekleideten, polygamen Barbaren waren dagegen Polytheisten, deren Götter man getrost als Götzen abstempeln konnte. Nur die gesitteten, vernünftigen, voll bekleideten, monogamen Träger der technologischen Hochkultur hatten den einzig wahren Gott, den biblischen Schöpfergott, anerkannt.

Doch da öffnete Mahadeva, der Zerstörer der Illusionen, sein feuerspeiendes Stirnauge einen winzigen Spalt – »Weltkrieg« nannten es die Menschen –, und der viktorianische Hochmut brach zusammen. Das »exakte, wissenschaftliche« Schema entblößte sich bald als unhaltbarer Ethnozentrismus, als Egoismus auf kultureller Ebene, als ideologischer Freibrief für koloniale Ausbeutung. Inzwischen sind die »braunhäutigen Barbaren« zu »Entwicklungsvölkern« geworden und die Frage nach Gott und dem Sinn des Seins hat bei uns – im Gegensatz zu den Indern – zunehmend weniger Bedeutung. Falls wir »Gott« nicht als psychologische Projektion in die sinnlose Schwärze des Alls abtun, als kindliche Wunschvorstellung oder als Opium für die Massen, bleibt er im abendländischen Denken noch immer das absolute allmächtige Wesen, das am Anfang der Zeit die Weltenmaschine erschuf. Dieser Weltenkonstrukteur bleibt von seiner Schöpfung gesondert, so wie der Uhrmacher von seiner Uhr. Er ist Herr; die Geschöpfe sein Gegenstand. Er ist heilig, die Schöpfung dagegen profan. Das ebenfalls absolute Böse, welches ihm widerstrebt, wird er am Ende der Zeit auf ewig in die tiefsten Abgründe verbannen.

In Südasien weiß man mit einer derartigen strengen Zweiteilung Gott/Schöpfung ebenso wenig anzufangen wie mit dem absoluten Dualismus von Gut und Böse. Alle Bilder, die sich der Mensch von der kosmischen Seele macht, die das Universum durchpulst, sind eben nichts als Bilder, Hilfsmittel und geeignete Gedächtnisstützen, die den egoverblendeten Seelen als Wegweiser zum höheren Selbst dienen. Jede Seele macht sich ihr eigenes Bild entsprechend der Erkenntnisstufe, auf der sie sich befindet.

Deswegen kann in Indien problemlos jede Gottesidee akzeptiert werden. Unter den 333.000.000 Göttern hat auch der absolutistische Gott der Christen oder der Muslime seinen Platz.

Und jeder darf die ihm beliebige Gotteserscheinung anbeten. Man darf auch zu verschiedenen Zeiten und Anlässen eine jeweils andere Gottheit auf dem Lotosthron des Herzens Platz nehmen lassen und sie als absoluten Herrn des Alls, als höchstes Selbst verehren. Darin besteht kein Widerspruch. Obwohl die Erscheinung der angebeteten Gottheit letztlich doch Illusion (Maya) ist, ist sie dennoch eine geringere Illusion als die der eigenen Einzelexistenz, als die des Ego. Indem ein Mensch sein Ego unter die Lotosfüße der Gottheit wirft, übersteigt er sich selber. Er verwandelt sich in das, was er anbetet, und kommt so dem eigentlichen undefinierbaren Selbst näher.

Warum also sollte sich jemand an den bunten Holz- oder Gipsgötzen stoßen, welche einfache Seelen wie die Adivasi (Stammesbevölkerung) oder das Landvolk niederer Kasten als »Gott« anbeten? Mögen doch die nepalesischen Bergbauern ihrem Shiva-Bhairab oder der schwarzen Kali Ziegenböcke und Hähne opfern und das Götzenbild mit Blut beschmieren. Mögen doch die Bengalen Gott als liebende oder grausame Mutter huldigen, oder wie es die Shakti-Tantriker tun, als Hure oder geheime Geliebte. Mögen die Isai (Christen) einen ans Holzkreuz genagelten und wiederauferstandenen Leichnam, die Buddhisten den leeren Spiegel, und die Rationalisten die Vernunft als höchstes Prinzip imaginieren. Mögen andere wiederum Gott als Penis in der Scheide, als Feuer und Wasser, als Schlange oder Ratte – oder was auch immer ihr Bewusstsein in Bann zu schlagen vermag – verehren. Auch als »Teufel« lässt sich Gott huldigen. Als Bhairava offenbart sich Shiva zum Beispiel als der Schwarzgliedrige (Asitanga), als Zerstörung (Samhara), Hund (Ruru), Wahnsinn (Unmatta) oder Zorn (Krodha). Wie ein guter Hirte, der seine Herde in Sicherheit bringt, droht und stachelt Shiva-*Pashupati* (Herr der

Tiere) die streunenden Seelen mit schreckenerregenden Erscheinungen, denn wie der Dichter *Basavanna* (12. Jh.) es sagt:

Wenn die Giftnatter sticht,
kannst du sie zum Sprechen bringen.
Wenn ein übler Planet ihren Tag durchquert,
löst du ihre Zunge.
Stumm, von sattem Reichtum geblendet, bleiben sie,
bis ihnen Not, der Zauberer, durch die Tür tritt,
Oh Shiva, Herr der zusammenfließenden Flüsse.

Shiva, der Unfassbare, lässt sich nicht an besondere Formen binden. Er kann in allen und jedem seiner unzähligen Geschöpfe erscheinen. Sein Lieblingsspiel ist es, in Menschengestalt als einsamer Wanderer oder, zusammen mit Parvati, als Mann und Frau durchs Land zu ziehen. Oft begleitet sie dabei Shivas milchweißer Stier Nandi in Gestalt eines Freundes, Dieners oder Hundes. Manchmal sind ihre beiden Kinder, der mutige *Skanda,* der sechsköpfige Dämonentöter, und der verschlagene Ganesha, der Elefantenköpfige, in irgendeiner Verkleidung dabei. Manchmal sind sogar die *Ganas,* die »himmlischen Heerscharen«, als Jünger, Kumpanen, Groupies, ja als ganzes Volksgetümmel mit dabei. Wem das Seelenauge geöffnet ist, der wird sie erkennen können. Zugleich verharrt Shiva-Shankar jedoch im ungeteilten Samadhi allein auf der schneeverwehten Spitze des Weltenberges. Die Welt ist seine Meditation, sein Traum. Da ihm dieser Traum gefällt, taucht er aus spontaner Lust in ihn hinein, um das Abenteuer des Daseins wieder und immer wieder in unzähligen Gestaltwerdungen auszukosten. Er ist das Linga, der in unsagbarer Wonne (Ananda) seine Shakti erfüllt.

Die einfachen Inder, die Shiva lieben und noch einen Funken seelischer Unschuld bewahrt haben, haben Zugang zu dieser Traumzeit Shivas. Ihnen zeigt sich unter der Oberfläche des alltäglichen Lebens der verborgene Glanz. Oft erkennen sie die Götter und ihre Wundertaten, wo der »Gebildete« nur noch profane Tatsachen konstatiert.

So konnte es dazu kommen, dass indische Bauern den jungen Hippie-Pärchen, die da in den späten Sechzigerjahren durch die Dörfer gezogen kamen, ehrfürchtig die Füße berührten, sie mit Räucherstäbchen beräucherten, mit Blumen schmückten und mit den besten Speisen bewirteten. Es war nicht nur das alte Gesetz der »Veden« – »Verehrt den Gast als Gott!« –, dem diese unaufgeklärten Dorfbewohner in abergläubischer, naiver Weise nachgingen. Nein, manchmal erschienen ihnen in den bekifften, glücklich strahlenden, jugendlichen Narren tatsächlich die Götter!

Die jungen Indienreisenden blieben davon nicht ungerührt. Die ersten öffentlichen Worte Jesu – »Die Zeit ist erfüllt, das Himmelreich ist nahe herbeigekommen« (Markus 1,15) – erfüllten sich ihnen mit neuem Sinn. Mag sein, die Hitze, die überwältigenden Sinneseindrücke, die Hanfdroge oder die unvermeidlichen Krankheiten trugen das ihrige dazu bei, dass der Schleier, der das sogenannte Übersinnliche verhüllt, für sie so dünn und transparent wurde. Parapsychologische Erlebnisse von Gedankenübertragungen, Hellsehen, Schwebegefühlen bis hin zur Erscheinung von Göttern und Dämonen wurden für viele Pilger in Indien zu fast normalen, alltäglichen Begebenheiten und kaum jemand kümmerte sich darum, wie diese Phänomene physikalisch oder psychologisch zu erklären sind – sie *sind* einfach! Mit Begriffen wie Halluzination, Realitätsverlust oder Anwandlungen von Schizophrenie kam man nicht weit – diese Kategorien entstammten, von dieser Warte aus gesehen, eher einer Dämonenwelt, die im Begriff war, sich aufzulösen.

Als die von Indien geküssten Blumenkinder dann in den Sechzigerjahren in bunt gestickten Gewändern mit einem sanften Lächeln auf den Lippen, Flöten und Gitarren spielend, in den Städten der spätindustriellen Gesellschaft, den gläsernen, stählernen Hochburgen der Macht, auftauchten, da schien es vielen, als seien göttliche Wesen heruntergestiegen. Der Berner Volkskundler Sergius Golowin empfand die langhaarigen Blumenkinder als Boten der Venus, dem Planeten der Liebe, als Vorboten eines neuen Goldenen Zeitalters, als Verkünder des Wassermann-Bewusstseins.[7] Für eine kurze Zeit, so schien es, verschlug es allen den Atem, auch den grauen Eminenzen, ehe der Feldzug des Geschäfts und der Massenmedien sowie der Hippie-/Drogen-/Sex-/Flower-Power-Rummel die ganze zarte Vision verblassen ließen.

In heidnischen Zeiten und sogar noch im Mittelalter hätte man sie auch bei uns erkannt: die Götter und »Andersweltlichen«, die in Menschengestalt auf Erden wandeln. Wir haben Kunde von Wodan und Baldur, Frau Holle, Rübezahl, dem »lieben Gott«, Jesus und Petrus oder von der Jungfrau Maria, die hier und da vorbeizogen, um die Menschenseelen zu prüfen. Als obdachlose Wanderer erschienen Zeus und Hermes in Phrygien. Nur Philemon und Baucis nahmen sie freundlich auf, fegten ihnen den Tisch mit Basilikumzweigen rein und schlachteten ihre letzte Gans für sie. Als später eine Flut das Land heimsuchte, war ihre armselige Hütte das einzige Gebäude im Land, welches verschont blieb. Es wurde sogar in einen schönen Tempel verwandelt.

Je mehr ein Mensch seinen vorwitzigen Intellekt und seine Begierden zügelt, umso eher wird er »sehen« können, umso eher wird das Dasein die Transparenz annehmen, in der Shiva – das Selbst – erscheinen kann. Einer, der seinen starren Eigensinn unter die tanzenden Füße des Shiva-Nataraja geworfen hat, wird dann selber zur lebendigen Verkörperung Shivas. Auch wenn er noch im sterblichen Leib weilt, befindet er sich fortan jenseits des Kreislaufs der Schöpfung, Erhaltung und Zerstörung. »Shivo ham (Ich bin Shiva)« ist für ihn keine leere Formel mehr. Er ist Gott. Wer sich ihm öffnet, wird den Guru in ihm erkennen.

Eigentlich gibt es nur einen einzigen Guru, und das ist Shiva. Kein Wunder also, dass berühmte Meister wie Muktananda, Sai Baba, Anandamurti, Ramakrishna oder Maharishi Ramana von ihren Verehrern tatsächlich als Inkarnationen Shivas gefeiert wurden und dass darin kein Widerspruch besteht. Im Mahayana-Buddhismus spielen die Bodhisattvas eine ähnliche Rolle. Auch das Christentum kennt das Wunder der Gottwerdung des Menschen und der Menschwerdung Gottes – nur ist es als historischer Einzelfall dem Jesus von Nazareth vorbehalten, wenngleich er selber alle Menschen als seine Brüder und Schwestern, als Kinder Gottes bezeichnete.

Für viele Inder ist es kaum ein Problem, einen Lehrer wie *Bhagwan* Rajneesh (Osho) als »Gott« zu verehren. Sie verehren ja nicht die sterbliche, wahnhafte Ego-Hülle dieses Menschen, sondern das höhere Selbst, das durch den Guru hindurchschimmert. Auch wenn ein solcher scheinbar im materiellen Reichtum schwelgt, besitzt er nichts, da er schon das All besitzt, da er als Privatperson im eigentlichen Sinne bereits gestorben ist. Die Rolls-Royce-Limousinen, die sündhaft teuren Uhren und die Geldüberweisungen seiner Anhänger nimmt er gleichmütig an oder er spielt mit ihnen wie ein Kind. Der Gläubige entledigt sich dabei des alten Karmas; er opfert, wie einst die alten Indoarier ihre wertvollsten Hengste und Stiere auf der Feuerplattform darbrachten. Der Segen ist ihnen gewiss. Das Opfer befreit vom krampfhaften Haften am Vergänglichen und öffnet den Weg zur eigenen Selbst-Verwirklichung, denn sie opfern es dem Selbst.

Selbstverständlich gibt es sogenannte »Gurus«, die in Wirklichkeit Gauner und Diebe sind. Es sind Narren, die ihnen folgen, Verblendete, die glauben, man könne sich die Erleuchtung erkaufen. Aber auch das ist das Spiel Shivas und der Tanz der Maya.

Der wahre Guru vermittelt die Weisheit des höheren Selbst, ohne etwas dafür zu verlangen.

Nun aber wollen wir sehen, wie John, ein seriöser amerikanischer College-Professor, und seine Gefährtin Cindy immer mehr in die indische Traumzeit eingesponnen wurden, wie ihnen die Märchen und Sagen, die ihnen vorher kaum lesenswert erschienen, zur handgreiflichen Wirklichkeit wurden und wie die Hüllen der Erziehung und gesellschaftlichen Programmierung im Liebesfeuer Shivas verglühten. Als der Zug im Morgengrauen über die lange, hohe Malaviya-Brücke rollte, welche den Ganges überspannt, und im Hauptbahnhof von Benares hielt, da hatten sie schon die Schwelle *(Tirtha)* zur Traumzeit, in welcher die Archetypen erscheinen, überquert.

Erscheinungen Mahadevas

Als Urbild des Gurus oder geistigen Lehrers erschien Shiva einst im hohen Himalaja, wo er sein Antlitz nach Süden wendete und die sieben großen Seher, die *Rishis,* unterwies. Dergestalt wird er noch immer als Dakshinamurti (Dakshina = Süden), als Weltenguru verehrt. Oft erscheint Dakshinamurti-Shiva auf Erden als ehrwürdiger, von zahlreichen Jüngern umgebener, erleuchteter Meister.

Nicht alle Erscheinungen Shivas sind jedoch derart erhaben. Eines seiner liebsten Spiele ist es, seinen Anbetern in der niederen Gestalt eines Knechts, Dieners oder Sklaven zu dienen.

In der folgenden südindischen Erzählung erscheint Shiva als unberührbarer Kuli.

Shiva als Kuli

Ein ungerechter König zwang einst einen Shiva-Bhakta, während der Mittagsglut auf dem heißen Sand eines ausgetrockneten Flussbetts zu stehen. Shiva schickte eine Sturzflut, um die Füße seines Bhaktas zu kühlen. Die Flutwelle überschwemmte aber die ganze Stadt.

Damit sich eine derartige Katastrophe nicht wiederholen könne, befahl der König, einen Deich zu bauen. Jeder Bürger, ohne Ausnahme, musste dabei helfen, Erde zum Flussufer zu tragen.

Eine alte, gebrechliche Witwe, die es kaum fertig brachte, auch nur den Tragkorb zu füllen, seufzte erschöpft Shivas Namen. Da erschien Mahadeva in der Gestalt eines mageren schwarzen Kulis. Gegen eine Handvoll Reis würde er ihr schon die Arbeit abnehmen. Die fromme Alte gab ihm den Reis und humpelte, Gott dankend, zurück in ihre Hütte.

Statt zu arbeiten aber, legte sich der Kuli gemütlich in den Schatten und aß die Körner. Ein Aufseher entdeckte den faulen Burschen und meldete es dem König. Um ein Beispiel zu statuieren, ließ dieser den Kuli öffentlich auf dem Marktplatz auspeitschen. Als aber der Büttel auf ihn eindrosch, spürte der König sowie jeder der Schaulustigen jeden Hieb am eigenen Leib. Sie wanden sich vor lauter Schmerz und heulten. Shiva ist schließlich das Selbst – was man dem anderen antut, tut man sich selber an! Dem König ging ein Licht auf. Er erkannte Shiva und berührte voller Reue und Demut die Füße des unberührbaren Kulis.

Der Holzverkäufer

Eine andere südindische Geschichte erzählt von einem Maharadscha, der in stattlicher Pracht am Hof von Madurai lebte und voller Weisheit und Güte über das Tamilenvolk herrschte. Großzügig unterstützte er Sänger und Dichter. Diese wiederum priesen ihn und verglichen seine Herrschaft mit der des Götterkönigs Indra.

Eines Tages erschien der große nordindische Sänger Yemanathan mit seiner Jüngerschar am Hof. Die Klänge, die er seiner Vina *(Laute) entlockte, und sein Gesang waren so lieblich, dass der Maharadscha wähnte, es musiziere die göttliche Muse, die Schwanenjungfrau* Sarasvati *[Abb. S. 328] selber. Der Fürst überhäufte den Musikanten mit Gold und Edelsteinen und beherbergte ihn in einer schönen Gartenvilla. Der Stolz und die Genugtuung des Yemanathan kannten daraufhin keine Grenzen mehr.*

Nachdem sich der König viele Tage und Nächte an den himmlischen Klängen ergötzt hatte, rief er seinen eigenen müßigen Hofsänger zu sich und sagte: »Nun, Bhanabhadra, wollen wir mal sehen, ob du deines Amtes würdig bist! Morgen früh werde ich einen Sängerwettstreit ausrufen lassen. Glaubst du, den edlen Yemanathan besiegen zu können?«

Der Durbar-*Musiker erblasste, antwortete aber, ohne zu zögern: »Durch Euer Durchlaucht Gnade und den Segen Shiva-Somasundaras, dessen Hand Madurai beschützt, werde ich gewiss den Siegerkranz davontragen!«*

»Wir werden sehen, ob dir morgen Gnade oder Ungnade beschieden ist«, sprach der König und entließ ihn.

Trotz seines kecken Auftretens schlotterten dem Hofmusikanten die Knie. Seit Tagen schon musste er sich anhören, wie die Jünger Yemanathans singend und spielend durch die Gassen zogen und dabei das Volk verzauberten. »Wenn schon die Schüler so meisterhaft spielen«, dachte er bei sich, »wie viel vollkommener wird es ihr Guru können?« Von diesem Gedanken getrieben, flehte er Shiva an: »Mahadeva, der du Freude hast, wenn sich deine Verehrer zu dir wenden! Hilf mir!«

Derweil er inbrünstig betete, erschien ein greiser Holzsammler vor der Gartenvilla des stolzen Yemanathan. Barfuß, einen grauen Fetzen um die Lenden gebunden, ein Bündel Reisig auf dem Kopf und eine Laute in der Hand – so kam er dahergehumpelt und setzte sich vor der Veranda nieder, in der der berühmte Sänger gerade saß. Nun begann der Weißhaarige, die Laute zu zupfen und ein Lied anzustimmen.

Yemanathan war so hingerissen von der wunderbaren Musik, die derart klang, dass er alles andere vergaß. »Sag, Holzsammler, wer bist du, dass du so herrlich spielst?«, fragte er anschließend.

»Ach, ich bin nur ein Knecht und ehemaliger Schüler des Hofsängers Bhanabhadra. Da ich alt wurde, verstieß er mich. Er meinte, ich sei unbegabt und würde es nie richtig lernen.«

Yemanathan begehrte noch einmal die schönen Klänge zu hören. Da sang der Alte das Satari Raga, ein Lied, welches den Musiker aus Nordindien vor sich hin träumen und sein Herz schmelzen ließ.

Als er die Augen wieder aufmachte, war der alte Holzsammler samt Reisigbündel und Laute verschwunden. Nun erschrak Yemanathan. »Noch nie hat die Satari Raga so schön in meinen Ohren geklungen. Wenn schon ein alter Diener so tadellos spielen kann, um wie viel besser wird es sein Meister können? Gegen diesen Bhanabhadra habe ich keine Aussicht!«

Gedemütigt und voller Furcht verließ er noch in derselben Nacht die Stadt. Zur gleichen nächtlichen Stunde aber erschien der dreiäugige Gott mit der Perlenkette und dem Dreizack seinem Anhänger im Traum. »Bhanabhadra, fürchte dich nicht«, sagte der Gott, »eben hat ein alter Holzsammler dem Sänger aus dem Norden das Satari Raga vorgesungen.«

Noch vor Sonnenaufgang eilte der vom Traum verwirrte Hofsänger in den Tempel. In der Verehrung des Shiva-Bildes schöpfte er genügend Mut für den bevorstehenden Sängerwettstreit und begab sich anschließend zum Durbar-Platz des Königs. Alle erwarteten gespannt den Yemanathan, aber er kam nicht. Schließlich befahl der König seinen Wachen, den Verspäteten zu holen. Doch diese fanden die Gartenvilla leer und verlassen. Von den Nachbarn erfuhren sie, dass ein zerlumpter Holzverkäufer vor der Veranda gesungen habe, worauf Yemanathan in aller Hast verschwunden sei.

Der König fragte nun Bhanabhadra: »Und du, was hast du gestern Abend getan?«

»Maharadscha, als ich nach Hause ging, betete ich, Shiva möge mich segnen. Da erschien mir Mahadeva im Traum und sagte, ein Holzsammler habe vor Yemanathans Gartenvilla das Satari Raga gesungen.«

Da erkannte der König das Lila (Spiel) Shivas. Er würdigte den starken Glauben seines Sängers, belohnte ihn reichlich mit Kostbarkeiten und erklärte: »Shiva, der sich alle Götter, sogar Brahma, zu seinen Dienern gemacht hat, ist als dein Diener erschienen und hat dich gesegnet. Nun sind wir alle deine Diener. Auch ich bin fortan dein Diener!«

In dem Moment tauchte Shiva das Herz des Sängers in ein Meer der Freude. Begeistert stimmte er seine Laute an und sang die Loblieder des großen Gottes in perfekter Hingabe. Nun war er wirklich der Größte unter den Musikern.

Wenn alle Welten vergehen und selbst das Nichts nicht mehr ist, bleibt dennoch alles im Linga erhalten. Als das All aus dem Weltenschlaf erwachte, blitzte mit plötzlicher Urgewalt das Linga als unermessliche Feuersäule (Jyotirlinga) in das noch ungeschaffene Universum und in die Bewusstseinstiefen des Schöpfers (Brahma) und des Weltenerhalters (Vishnu) hinein. Von dem »Urknall«, der die beiden Urgötter aufschreckte, erzählen die alten Sanskrit-Puranas Folgendes:

Shivas Licht-Linga

Vor Beginn der Zeit erwachte Vishnu, der im Weltenmeer auf der Weltenschlange ruhte. Als er seine Augen aufschlug, erhellte sich das finstere Chaos wie mit Tausenden Sonnen. Doch jählings wurde er einer anderen Lichtquelle gewahr, die ebenso hell leuchtete. Es war der Schöpfergott Brahma, der ihm, ohne dass er es bemerkt hatte, aus dem Lotos des eigenen Nabels emporgewachsen war.

Da Ahamkara, *der Eigensinn, von Anfang an in der Schöpfung mitveranlagt ist, dauerte es nicht lange, bis die beiden Urgötter zu streiten anfingen, wer unter ihnen wohl der Größte sei. Als sie immer heftiger zeterten, krachte plötzlich eine Feuersäule zwischen sie nieder. Mit Lichtgeschwindigkeit stob sie nach oben und nach unten auseinander und durchstieß dabei Himmel und Erde.*

Nachdem die verblüfften Götter ihre Sprache wiedergefunden hatten, einigten sie sich, dem unerklärten Phänomen auf den Grund zu gehen. Brahma schwang sich auf seinen Ganter, um die Höhe der Lichtsäule zu erkunden, derweil Vishnu in der

Gestalt eines Ebers in die Erdtiefen hinuntergrub, um deren Wurzel zu finden. Wer zuerst das obere oder das untere Ende erreichen würde – so ihre Abmachung –, der sollte als der Größte unter ihnen gelten.

Abertausende Äonen wühlte der Eber in die Tiefen. Dabei stieß er auf die Urschlange Ananta, »die Endlose«, und musste folgende Worte zur Kenntnis nehmen: »Die Säule ist das Shiva-Linga! Sie hat weder Anfang noch Ende.« Vishnu bedankte sich für die Auskunft und begab sich wieder an die Oberfläche.

Brahma hatte ebenfalls im Flug, über Abertausende Äonen hinweg, den Himmel durchmessen. Da begegnete ihm die kosmische Kuh Kamadhenu, »die Wunscherfüllerin«, deren Milch alle Götter ernährt. Von ihr musste Brahma erfahren, dass das Shiva-Linga ohne Anfang und ohne Ende sei. Da er sich auf keinen Fall geschlagen geben wollte, bemühte er die Macht seiner Schöpferworte, um der Kuh die Sinne zu verdrehen. Er überredete sie, mit ihm mitzukommen und mit falschem Zeugnis seiner Behauptung, er habe die Spitze erreicht, beizupflichten.. Auch drei unglückliche Pflanzen, die da oben wuchsen – der weißblühende, duftende Schraubenbaum, der rote Hibiskus und ein Eisenkrautgewächs –, zwang er, für ihn zu lügen.

Kaum war der Ganter gelandet, da begann Brahma, sich Vishnu gegenüber zu brüsten, und verlangte von ihm, angebetet zu werden. Die Pflanzen leisteten wie erwünscht den Meineid, die Kuh wackelte bejahend den Kopf, verneinte jedoch gleichzeitig, indem sie den Schwanz hin und her bewegte.

Doch wieder erschallte ein Donnerschlag, und ein unbekannter, aschebeschmierter, nackter Gott mit wirr verflochtenem Haar, mit einer Nussperlenschnur in der einen und einem Dreizack in der anderen Hand trat aus der strahlenden Feuersäule hervor und sprach: »Weil du ehrlich bist, Vishnu, wird man dich ebenso anbeten wie mich! Weil deine Eigensucht dich verblendete, Brahma, wird man dir weder Tempel bauen noch dir opfern!«

Und so ist es bis heute geblieben – Vishnu wird, neben Shiva, als alleiniger Gott der Götter verehrt, derweil man Brahma kaum Beachtung schenkt. Wegen dieses Vorfalls darf man das Shiva-Linga nicht mit den drei Blumenarten schmücken oder sie beim Shiva-Puja verwenden. Und die arme Kuh? Shiva hat ihr längst vergeben.

V. Die leuchtende Stadt

Dein Licht suchend, ging ich hinaus:
Es war ein plötzlicher Aufgang von
Millionen, Abermillionen Sonnen,
der mich überwältigte,
die Vernetzung der Blitze,
Oh, Herr der Höhlen,
Du bist Licht,
für das es keine Metapher geben kann.

Allama Prabhu,
südindischer Dichter und Mystiker, 12. Jh.

»VARANASI U.P.«, verkündete ein rauchverrußtes Schild. »Chai, Chai, garam Chai!« Barfüßige Teeverkäufer überschrien das sich dahinziehende Quietschen und Stöhnen des bremsenden Zuges, derweil sie wie Akrobaten Klappständer mit Teekannen und Gläsern auf ihren locker gewickelten Turbanen balancierten. »*Idli, Samosa* ..., Idli, Samosa ...« Zierliche braune Hände boten gegarte Reispasteten und in Fett gebackene Teigtaschen zum Frühstücksverzehr durch die offenen Zugfenster.

»Benares, eine der ältesten Städte der Welt«, sagte John, ohne dass Cindy ihm zuhörte. In gespannter Erwartung starrten sie auf das in Rembrandt'sches Licht getauchte Szenarium. Hier und da zwischen den Menschenmassen lagen Pilger und ganze Sippen dicht aneinandergedrückter Bauern mit ihren Bündeln und ihrem Blechkochgeschirr im ungestörten Schlaf auf dem nackten Fußboden.

»Welcome to Benares, the holy city of Lord Shiva!«, sagte freundlich lächelnd ein abenteuerlich aussehender, rot gekleideter Sadhu, der ihnen beim Aussteigen einen roten Tupfer auf die Stirn pressen wollte – eine Aufdringlichkeit, gegen die sie sich entschieden wehrten.

Für Shivaiten (Shaivas) ist Benares keine bloß irdische Stadt. Hier, wie nirgendwo anders in der phänomenalen Welt, ist Mahadeva gegenwärtig. Hier im Zentrum des Welten-Mandalas erschien das Urlinga Shivas, aus welchem alle Welten entspringen und in dem sie sogleich ewig enthalten sind. Hier leuchtet – für sehende Augen – das Feuerlinga noch immer unvermindert. Wer *Kashi*, »die Leuchtende« – so nennen die Hindus liebevoll ihre Stadt –, auch nur einmal zu Gesicht bekommt, der erlangt sofortige Erlösung, denn sie ist reines geistiges Feuer, das im Nu alle Sünden aufzehrt. Millionen wallfahren alljährlich zu diesem Ort, wo sich der Ganges-Strom anmutig biegt wie die junge Mondsichel, die als Silbergeschmeide Shivas Lockenhaupt ziert. Abertausende Alte lassen sich hier am rechten Ufer des Flusses nieder.

Wenn sie ihr Leben aushauchen mit dem Namen Gottes auf den Lippen, wird ihnen der Dreizackträger im Sterbemoment erscheinen und sie von den Qualen neuer Geburten befreien.

Tag und Nacht glühen die Scheiterhaufen am Ufer. Wie in Silber gesetzte, blutrote Rubine funkeln sie hell in die schwarze Nacht. Die tänzelnden Flammen sind selber Shiva, der mit seinem Gefolge von Guhls, Unholden, Vampiren, *Pretas,* Pisachas und anderen Totengespenstern und leichenfressenden Dämonen im berauschten Tanz das Gemäuer (die fünf elementaren Hüllen – Erde, Wasser, Feuer, Luft und Äther) des leiblichen Kerkers niederreißt und die Seelen befreit.[8]

Das Leichenfeuer wird niemals neu angefacht. Es brennt schon seit dem Urfeuer, dem Licht-Linga, welches zuerst Brahma und Vishnu erschienen war. Nur einmal, als die Söhne der arabischen Wüste die Schätze Indiens plünderten und alle heidnischen Heiligtümer im Namen Allahs tilgen wollten, war es in Gefahr, gelöscht zu werden. Aber einige Leichenverbrenner aus der Unberührbaren-Kaste der *Dom* retteten ein paar glimmende Kohlen vor dem frevelhaften Zugriff und hüteten die Glut heimlich – als Kochfeuer getarnt – in ihren armseligen Lehmhütten. Seither steht den Dom das Privileg zu, bei jeder Bestattung den Trauernden einige *Paise* (Pfennige) für das Feuer abzuverlangen. Neuerdings, im Zuge der von Delhi verordneten Modernisierung, wurde dieses Recht jedoch durch den Bau eines elektrischen Krematoriums geschmälert. Das Oberhaupt der Dom warnt vor bösen Folgen für die so veraschten Toten, insbesondere wenn der Verbrennungsprozess durch den öfters stattfindenden Stromausfall verzögert wird.

Shiva ist den Dom, die mit der wandernden Gaukler-Kaste der Rom (Zigeuner) eng verwandt sind, besonders hold. Wie die anderen Parias, die Unreinen und Untersten der Kastengesellschaft, deren Aufgabe es ist, allen Unrat, alles Verbrauchte und Verweste zu beseitigen, die Straßen zu fegen, Latrinen zu reinigen, Wäsche zu waschen, Kadaver zu beseitigen, Knochen und Leder zu verarbeiten und die Haare zu schneiden, sind die Dom »Kinder Gottes« (*Harijan,* wie Gandhi sie nannte) – Kinder des Gottes der Zerstörung, des Wandels, des Übergangs.

In der mystischen Geografie des Erdorganismus ist die Stadt Benares das magische Dritte Auge, das Scheitelauge Shivas. Eine Sage berichtet Folgendes darüber:

> *Einst tollten Shiva und seine Braut Parvati, von Liebe berauscht, auf ihrem Blumenlager. Neckisch hielt ihm die Schöne beide Augen – welche als Sonne und Mond das Firmament erhellen – mit ihren Händen zu. Da stürzte das Weltall in totale Schwärze. Zugleich wuchs ein Drittes Auge auf seiner Stirn. Als er es öffnete, schoss ein Feuerstrahl heraus, der die gesamte Schöpfung verglühte.*
>
> *Als Parvati ihren Schreck gemeistert hatte, fing sie an zu tanzen, denn sie wusste, der liebestrunkene Gott würde sofort seine Trommel ergreifen, um ihr den Takt zu schlagen. Aus der Trommel aber erklingt der Urton, das OM, die Schwingung, die alles in Bewegung setzt und den Äther vibrieren lässt, sodass alle Formen und Namen von Neuem entstehen. Also trommelte er, und die Welt entstand frisch und neu in einem neuen Goldenen Zeitalter.*

Das Dritte Auge ist also das Auge der Zerstörung. Es ist das yogische Feuer, welches die Vorstellungen und die Gestalten, die in der Meditation auftauchen, verbrennt und wieder in den Urgrund einverleibt; es ist der Friedhof (Shamshana) der Illusionen, des Wahns und der Unwahrheiten; es ist das Flammentor zum Kronen-*Chakra,* die Schwelle von der Gotteserkenntnis zur Gottesverwirklichung. (Die abendländische Mythologie kennt diesen Brennpunkt geistiger Konzentration ebenfalls. Alchemisten stellten ihn als das Horn des weißen Einhorns dar, mit welchem sich die universelle Weisheit anbohren lässt. Kein Jäger vermag das flinke Tier zu bezwingen, es sei denn, er hat eine reine jungfräuliche Seele, in dessen Schoß es dann freiwillig sein Haupt niederlegt.)

Es ist also absolut folgerichtig, wenn Benares nicht nur als der größte Leichenverbrennungsort, sondern ebenfalls als »Leuchte der Weisheit« gepriesen wird. Die Stadt gilt als »Wald der Weisen« – in Urzeiten war es tatsächlich ein heiliger Hain, in dem sich Weisheitssucher aufhielten –, in dessen zahlreichen Schulen, *Ashrams* und Colleges Pandits (Gelehrte), Vyasas (Geschichtenerzähler), Heilige und Brahmanen Schutz und Würde unter Ganeshas Rüssel finden. Hier, im nahe gelegenen Rehpark von Sarnath, brachte der »Erleuchtete« (Buddha) vor 2500 Jahren das Rad (Chakra) des edlen Weges (*Arya* Dharma) wieder ins Rollen. Sein Zeitgenosse Mahavira, der Neubegründer der Jaina-Religion, lehrte hier die »Weisheit des anderen Ufers«. Der gelehrte Patanjali (2. Jh. v. Chr.) schrieb hier *Yoga*-Sutren und Sanskrit-Grammatiken, die heute noch vorbildlich sind. In Kashi lehrte der als Sohn Shivas und einer brahmanischen Witwe übernatürlich gezeugte Erzmönch Shankarcharya, gründete den Sannyasi-Mönchsorden und reformierte den Hinduismus. Hier lebte Vallabha, Gründer der Krishna-Bhakta, der Ahn der Hare-Krishna-Sekte. Hier sang der gottestrunkene Weber Kabir seine mystischen Verse. Hier übertrug – zur selben Zeit, als Luther seine Bibel übersetzte – Tulsidas, der Shakespeare oder Dante Indiens, das Sanskrit-Epos *Ramayana* in die Sprache des einfachen Volkes. Neben Sanskrit- und Religionsschulen blühen hier auch die Musikschulen. Auch Ravi Shankar, dessen Sitar-Klänge die westliche Welt bezauberten, ein Freund des ehemaligen Beatles George Harrison, stammt aus Benares. Zu Beginn des Jahrhunderts wurde die heilige Stadt ein Hauptzentrum der weltweiten theosophischen Bewegung. Die Anstrengung der Theosophin Annie Besant und des Gelehrten Madan Mohan Malaviya führte zur Gründung der größten Universität Asiens, der Benares Hindu University (BHU). Der waldige, weitläufige Campus, aus dessen Mitte der alabasterne Turm eines Shiva-Tempels herausragt wie ein Linga aus dem *Yoni,* wurde 1916 am Südrand der Stadt im ehemaligen Jagdreservat des Maharadschas errichtet.

Dem übernächtigten Ethnologen-Paar zeigte sich die Stadt Shivas aber als alles andere denn eine strahlende Leuchte der Weisheit. In ihren Augen erschien sie eher wie ein dreckiger, übel riechender, überdimensionierter Slum. Nachdem sie beim Verlassen des Bahnhofs den Spießrutenlauf der in grauen Lumpen gehüllten Bettler und Aussätzigen überstanden hatten, sahen sie sich gezwungen, sich mit den Rikscha-Fahrern herumzustreiten. Diese ausgemergelten Gauner wollten sie unbedingt zu anderen statt zum von ihnen reservierten Hotel schleppen.

Quälend zwang sich die Rikscha durch eine Szenerie, die nur ein Hieronymus Bosch hätte malen können. Ausgemergelte Kühe, räudige Hunde, stur-unbewegliche Bullen, die man zu Ehren Shivas beim Tod einer Respektsperson als Kälbchen aussetzt, hier und da ein überladenes Kamel, eine märchenhaft bunte, laute Hochzeitsprozession, aufdringlich hupende Lastkraftwagen, deren Fahrerkabinen wie Tempel herausgeputzt waren, uralte Ambassador-Limousinen, knatternde Enfield-Motorräder und überall ein unvorstellbares Menschengedrängel verstopften sämtliche Straßen.

Erschöpft und trotz der modischen Tropenbekleidung schweißdurchtränkt, erreichten sie ihr Hotel. Ein mit orangenen Blumen-Malas (Girlanden) umhangenes Foto eines Halbnackten mit dem Gesichtsausdruck eines Halbidioten blickte auf die Rezeption herab.

»Ein Heiliger, der das Göttliche in sich verwirklicht hat, Sir!«, versicherte der überfreundliche Empfangschef, dem Johns entgeisterter Blick nicht entgangen war. »Sri Ramakrishna!«

Es war stickig schwül. Automatisch schob Cindy beim Betreten des Zimmers den Fenstervorhang beiseite. Ihr Atem stockte: Direkt vor ihr auf der Terrasse saß ein völlig entblößter Meditierender im Yogasitz. Er war vollkommen in die Betrachtung seines eigenen erigierten Gliedes versunken. Schnell zog sie den Vorhang wieder zu. Attahatta-Shiva, der kosmische Schelm, den die Indianer als Coyoten, die Afrikaner als geilen Hasen kennen, hieß das Forscherpaar in seiner Stadt willkommen. Als Ethnologe wusste John selbstverständlich, dass das Zeugungsglied, das Linga, ein Zeichen Shivas ist. Auch von der *Urdhva*-Linga-Meditation hatte er schon gehört. Aber so krass, so unverblümt hatte er es sich nicht vorgestellt. Dabei betrachtete er sich gar nicht als prüde, eher im Gegenteil, wenn er an die Cocktailpartys oder diese oder jene Assistentin dachte …

Und dennoch erging es ihm fast wie jenen Rishis in der indischen Mythologie, die einst als Einsiedler in einem Tannenwald im hohen Himalaja gelebt hatten: Mit ihren keuschen Frauen übten sie stete Andacht und strenge Selbstzucht und ergaben sich dem Studium der Veden. Da erschien eines Tages Shiva als splitternackter Jüngling. Er hielt seine Rute in der Hand, tanzte, lachte und machte unanständige Gesten. Der schelmische Gott glaubte, er würde mit seinen Possen die mürrischen Weisheitssucher aufheitern. Sie aber verstanden den Spaß nicht und zürnten empört: »Es ist vulgär und verstößt gegen die Veden!«

Ihren Frauen jedoch schlug das Herz ein bisschen höher, sodass ihnen die Tonkrüge entglitten und das Essen in den Pfannen anbriet. Nun wurden die Einsiedler noch zorniger. »Möge sein Glied abfallen!«, verfluchten sie ihn, und da sie viele Jahre lang härteste Entbehrungen gelitten, geopfert und Buße geübt hatten und so magische Kraft angesammelt hatten, entlud sich der Fluch mit elementarer Gewalt und zeitigte sofortige Wirkung. Shivas Linga fiel von ihm ab und fing Feuer, als es mit zerstörerischer Wucht alle Welten durchraste. Himmel, Erde und

Unterwelten drohten in Flammen aufzugehen. Alle Geschöpfe zitterten vor einem feurigen Ende.

Brahma, der weise Großvater der Götter, wusste jedoch Rat. Er empfahl den verstörten Devas und Rishis, die Göttin Parvati, die Bergtochter, so lange mit Gesang, Sandelholzduft, bunten Blumen, Ganges-Wasser, Lobpreisungen und dem ununterbrochenen Aufrufen *(Japa)* ihres Namens zu beschwören, bis sie sich als Vulva (Yoni) offenbare. Kaum erschien sie als zarter, rosaroter, taubenetzter Lotos, da raste der Feuerlinga in sie hinein und fand kühlende Labung. Mit weiteren Kraftsprüchen (Mantras) banden sie das Linga im Yoni fest.

Solange – so heißt es – die Geschöpfe Linga und Yoni verehren, solange wird die Welt Ruhe und Frieden haben. Wenn sie es aber vergessen, dann wird die Welt ins feurige Chaos stürzen.

John kannte diese Geschichte damals noch nicht. Aber wie die ehrwürdigen arischen Einsiedler konnte er sich kaum einen Bezug zwischen den animalischen Trieben und einer wahrhaften Spiritualität vorstellen. »Phallizismus« hieß das Etikett, mit dem er diesen Aspekt der Shiva-Verehrung überklebte.

In den nächsten Tagen versuchte John öfters die Universität telefonisch zu erreichen, scheiterte jedoch jedes Mal an den berüchtigten »Indian conditions«, Zustände, über die sich die Inder selber beklagen. Die unbekannten Klänge und Gerüche, die aufdringlichen Händler, Bettler und Straßenbengel mit ihren unablässigen neugierigen Fragen machten die beiden Amerikaner derart nervös, dass sie sich wie die meisten Touristen zuerst einmal in die vermeintliche Sicherheit ihres blau getünchten Hotelzimmers verkrochen. Auch wenn der Ventilator ratterte, wenigstens war es da auch etwas kühler. Die Speisen, die man ihnen servierte, waren nicht gerade appetitanregend. Teller und Tassen waren verschmiert, die Bedienung übertrieben unterwürfig und die Mäuse spielten Fangen auf dem Fußboden des Speisesaals.

Abends, wenn es kühler wurde, wagten sie dennoch Erkundungsgänge durch die Labyrinthe uralter Gassen. Einmal beim Sonnenuntergang standen sie plötzlich vor einem verfallenen, von zwei steinernen Sphinxen bewachten Tor. Ihr Blick fiel haltlos in eine unerwartete Weite, in eine andere Dimension. In majestätischer Stille strömte da sanft silber- und lilafarben ein wahrhaft ozeanischer Fluss. Er entquoll dem abendlichen Nebel im Süden und wurde gegen Norden vom purpur-grauen Nebelmeer verschluckt. Das gegenüberliegende Ufer verschmolz mit einem immensen, leeren, wüsten Schwemmland, an dessen äußerstem Rand die schwarzen Schattenrisse entfernter Baumriesen auszumachen waren.

Welch ein Anblick! Wahrlich eine Göttin, entsprungen dem Elysium, wandelte hier in Flussgestalt über die Erde. Für die Hindus ist es die Himmelsjungfrau *Ganga*, der Strom des Lebens, der Inspiration und Vision. Entsprungen dem Haarknoten Shivas (Abb. S. 314), vom Himmel heruntergebetet durch die Büßerkraft des heiligen Bhagiratha, fließt sie durch den Haarwald der Mähne Shivas zur Erde herab und durchzieht segnend die Staubwelt der Sterblichen. Später schrieb John dazu geflügelte Worte:

Alakananda, du, »die der Locke Shivas Freude bereitet«,
jungfräuliche Braut Shivas,
Tau des Himmels:
Heilend, belebend benetzt dein Wasser
die braune, rissige Erde,
das durstende Vieh tränkst du,
die keimende Saat,
die Asche und Gebeine der Toten,
die toten Worte der Dichter belebst du,
die ungeborenen Lieder der Sänger,
die unbeseelten Ikonen der Künstler.
Mutter Ganga: Deine Milch labt alle Wesen!

Noch etwas nahmen sie im Halbdunkel des Abend wahr: Rapide flussaufwärts schwimmend, auf- und abtauchend in dem purpurschwarzen Strom, sahen sie ein gigantisches Schlangenwesen, einen zwanzig, dreißig Meter langen Wasserdrachen. Ihnen stockte der Atem. So was gibt es doch nicht in der wirklichen Welt! Was konnte das wohl sein?

Aber schon drängelte einer der vielen Schlepper der Seidenhändler: »Come, friends, see my shop; I invite you for tea«, und die Meditation verpuffte. Da saßen sie nun im engen Laden, tranken, obwohl ihnen gar nicht danach war, süßen, gewürzten Chai und sahen sich genötigt, einige Meter gewobene, überteuerte Seide zu kaufen. Seide, die sie nicht brauchten.

Erst einige Tage später löste sich das Rätsel der Wasserschlange: Es war ein Schwarm Flussdelfine gewesen, die – in der Abenddämmerung kaum erkennbar – in einer Reihe hintereinander schwimmend immer wieder aus dem Wasser sprangen und abtauchten. Was sie nicht realisierten, war, dass sie an dem Abend in die andere Dimension geschaut hatten und dass sie das *Makara,* die mystische Seeschlange, gesehen hatten, die der Göttin Ganga als Reittier dient.

Die Mahlzeiten im Hotel wurden immer unerträglicher. Ein rastalockiger Koch, nackt bis auf den *Lungi* um die Hüften, rührte schweißtriefend in den Töpfen und kommandierte barsch die etlichen Küchenjungen herum. Zuweilen gab er jählings so wilde, tierische Schreie von sich, dass es durch die Etagen hallte. Als die verstörten Gäste den Hotelmanager, einen kleinen bengalischen Napoleon, deswegen befragten, wurde ihnen die Erklärung geboten, der Koch sei lediglich ein gescheiterter tantrischer Yogi, dem es nicht gelungen sei, seinen eigenen Kot zu schlucken. Das Scheitern seiner Bemühung, den Ekel durch die Einsicht, dass alles »shiva (gut)« ist, zu bannen, habe die Göttin Kali verärgert. Nun sei er leider etwas »pakkala (verrückt)« geworden. Man solle doch dafür Verständnis haben.

Der Gedanke, dass man einen derartig Wahnsinnigen die Mahlzeiten zubereiten ließ, war dennoch zu viel verlangt. Notgedrungen suchten sich John und Cindy ein anderes Speiselokal, welches ihnen von einem europäischen Reisenden empfohlen worden war.

Aber schon bei der Suppe fing es an! Bei näherer Betrachtung war das gar kein Reis, den sie da mit den Linsen löffelten, sondern gar gekochte, madenähnliche Getreidewürmer. Der herbeibeorderte Kellner versteckte sich ängstlich hinter dem Rücken eines dicken Managers, der ohne mit der Wimper zu zucken die Behauptung wagte – die sicher auch richtig war –, es seien lediglich die Keimknospen der Linsen. Erzürnt stürmten die beiden aus dem Restaurant. Von nun an begnügten sie sich mit süßem Milch-Tee, Buttertoast und Joghurt, das sie in den vier Wänden ihres Hotelrefugiums zu sich nahmen.

Viele Tage verstrichen, ehe endlich Kontakt mit dem Soziologie-Institut der Universität hergestellt werden konnte. Irgendwelche Feiertage kamen dazwischen und dann war gerade mal wieder Studentenstreik. Weil man ihnen verboten hatte, während der Examen voneinander, aus Spickzetteln oder gar aus aufgeschlagenen Büchern abzuschreiben, hatten die Studenten *Gundas* (Schläger) angeheuert, um die Lehrkräfte einzuschüchtern. (Gundas – oder englisch: goons – gehören der Kaste der Gewalttäter an; man sieht sie oft am Ganges-Ufer beim Bodybuilding.) Um sich gegen Übergriffe zu schützen, erkauften sich die Professoren und Assistenten ebenfalls die Dienste anderer professioneller Muskelprotze. Die Lage war höchst gespannt. Seit zwei Jahren hatten überhaupt keine Prüfungen mehr stattfinden können. Während eines Aufruhrs wurde der Dekan aus seinem Auto gezerrt und ihm der Arm gebrochen. Ein andermal wurde das Campus-Postgebäude niedergebrannt. Vielleicht waren deswegen die Briefe des Ethnologen an den Soziologie-Vorstand, dessen Gast er war, nie angekommen.

Einmal, als die mit Bambusschlagstöcken *(Lathi)* ausgerüsteten Polizeihundertschaften gegen die meuternden Sprösslinge der indischen Oberschicht anrückten, um die Ordnung zu erzwingen, da gerieten John und Cindy zwischen die Fronten. Sie hatten Angst, ebenfalls verdroschen zu werden. Als die anstürmenden, stockschwingenden Ordnungshüter die beiden *Videshi* (Ausländer) erreichten, hielten sie an, salutierten und hießen sie freundlich lächelnd in Indien willkommen. Dann nahmen sie die Verfolgung wieder auf.

Erst später erfuhr unser frustrierter Völkerkundler, dass sich das Universitätsgelände – dem Volksglauben gemäß – an einem recht unheilträchtigen Ort befinde: Es liegt außerhalb der Lichtkegel des Shiva-Lingams, außerhalb der fünf elementaren Hüllen des mystischen Leibes der Stadt, und zwar am Südrand *(Lanka)*, sozusagen am Arsch der Stadt. Benares gilt als Mikrokosmos der Welt, und wie in dieser hausen die Dämonen immer »unten« am Südrand.

Im Ramayana-Epos wird Sri Lanka, die Insel an der Südspitze der bewohnbaren Welt, als Festung des schillernden, zehnköpfigen Zauberers *Ravana* (Abb. S. 327) ausgemacht. Einst raubte dieser Dämon die göttliche *Sita* (Abb. S. 325/326) und drohte sie zu fressen, falls sie sich ihm nicht hingebe und seine Frau werde. Ihrem Gemahl *Rama* (Abb. S. 325/326) gelang es nur mit der Hilfe der Affen, sie zu befreien. Als der Affenführer *Hanuman*

(Abb. S. 315, 325) – den Shiva in Windgestalt mit einer Äffin gezeugt hatte – von den sadistischen Dämonen gefangen wurde, tauchten sie seinen langen Schwanz in Pech und zündeten ihn an. Er aber sprang, lichterloh brennend, über die Dächer der Dämonenstadt Lanka und brannte alles nieder.

Es schien tatsächlich, als habe sich das Affenheer des Ramayana-Epos in den meuternden Studenten im Stadtteil Lanka in Benares wiederverkörpert.

Für das traditionelle Indien ist die Idee einer Universität ein westlicher Fremdkörper. Bis auf die westlich orientierte Elite wird bei vielen Indern das »wahre Wissen« noch immer, wie einst im Griechenland des Sokrates, vom Guru zum Schüler direkt vermittelt. Des Gurus Geist gilt als Diamant, der das Licht göttlicher Weisheit hindurchstrahlen lässt. Der ihm dienende und ergebene Schüler lernt nicht nur abstrakte Daten und Fakten, sondern erfährt in der Gegenwart seines Gurus einen grundlegenden Persönlichkeitswandel.

Auch ist es häufig so, dass die junge Elite nicht unbedingt zur Universität geht, um etwas zu lernen. Die Hochschule hatte – als John und Cindy dort verweilten – vor allem die Funktion, zu zeigen, dass eine Familie wohlhabend genug ist, sich die langjährige Ausbildung ihrer Töchter und Söhne zu leisten. Ein »failed B.A.« ist in diesem Zusammenhang fast ebenso viel wert wie eine bestanden Abschlussprüfung. In den Heiratsanzeigen und -verhandlungen sagt das eine wie das andere alles Notwendige über den finanziellen Status der Familie aus.

Shiva und Parvati

Vom Bettelwesen

In der folgenden nepalesischen Erzählung begegnet uns das Götterpaar abermals bei seiner liebsten Beschäftigung (Lila): Als Bettler, die durch die Landschaft streunen, prüfen sie die Menschenseelen. Bettlervolk gehört ebenso zum Bild des Subkontinents wie Fakire, Brillenschlangen, Maharadschas und Elefanten. Schon lange ehe »Drittwelt-Armut« zum Begriff wurde, bildeten Almosenempfänger einen festen Bestandteil des indischen sozio-ökonomischen Systems.

Im Gegensatz zum Abendland, wo feste, weitgehend einheitliche Preise gelten, oder zu den islamischen Ländern, wo zähes, aber oft genüssliches Feilschen den Kern eines Wertaustausches ausmacht, werden in hinduistischen Gemeinschaften die Preise dem Vermögen und Aussehen des Kunden angepasst. Ein mit Seide und Goldringen ausstaffierter Wohlhabender demonstriert seinen gehobenen Status, indem er etwas mehr für den Scheffel Reis bezahlt als ein einfacher Bauer. Der hungrige Obdachlose, der Sannyasi oder die arme Witwe brauchen nur schweigend die Hand auszustrecken, um eine Handvoll Reis zu bekommen. Es wird nicht einmal ein Dankeschön erwartet. Im Gegenteil: Indem die Beschenkten die Almosen entgegennehmen, verbessern sie das karmische Schuldenregister der Geber. Spirituell gesehen sind die Bettler die eigentlichen Geber. Wer dem Armen gegenüber großzügig ist, dem fließt automatisch Shivas Segen zu. Wehe aber dem Geizhals!

Nur sieht Shivas Segen oft recht eigenartig aus. Der kurzsichtige, alltägliche Verstand – in der folgenden Geschichte durch Parvatis Fragen dargestellt – sieht die langfristigen (in diesem Fall auch die ökologischen) Auswirkungen der Taten (Karma) nicht. Wie jener enttäuschte Passagier, der knapp die Abfahrt der Titanic verpasst hatte, ist mancher vom Segen Shivas verwirrt.

Vom Segen und Fluch Mahadevas

(Aufgezeichnet von Eugen Jung)

In längst vergangenen Tagen stiegen einst Mahadeva und seine Gemahlin Parvati hinab in die Gefilde der Martyaloka, der Welt der Sterblichen. Diesen Ausflug unternahmen sie aus lauter Freude am Wandern. Auf Erden wandelte das göttliche Paar in der Verkleidung von Wanderasketen, daher konnte sie niemand erkennen.

Bald führte sie ihre Reise durch die Martyaloka zu einem kleinen Dorf. Man schrieb die Monate Pausha (Dezember-Monat; Mond im Steinbock) und Magha (Januar-Monat; Mond im Wassermann), die Erntezeit des Zuckerrohrs. Alle Dorfbewohner waren damit beschäftigt, das reife Zuckerrohr zu ernten und Zuckerrohrsaft zu gewinnen. Es gefiel Mahadeva und seiner Gemahlin sehr, dem lebhaften Betrieb um die Zuckerrohrpresse zuzuschauen.

Das Zuckerrohr war zu großen Haufen aufgeschichtet. Die eingespannten Ochsen drehten Runde um Runde und trieben damit die schwere Presse an. Daneben kochten einige Männer den Zuckerrohrsaft zu Chaku, jener sirupartigen, klebrigen, dunkelbraunen Masse. Beim Betrachten dieser Arbeiten gelüstete es Mahadeva, reifes Zuckerrohr zu kosten, und mit freundlichen Worten bat er einen der Männer an der großen Pfanne, ihn etwas Zuckerrohr versuchen zu lassen.

»Wie? Ein Bettler wie du wagt es, nach Zuckerrohr zu verlangen?«, entgegnete grob der Angesprochene, der Besitzer großer Felder. »Dieses Zuckerrohr haben wir im Schweiße unseres Angesichts geerntet. Wie leicht hat es da ein Bettler, nach dem zu verlangen, wofür andere hart gearbeitet haben!«

Als sich Mahadeva enttäuscht abwandte, sprach er zu dem

Mann: »Mögen dir so viele Nachkommen folgen, dass sie einst alle Hügel und Täler dieser Gegend besiedeln werden.«

Nach dieser Begegnung zogen Mahadeva und seine Gemahlin weiter zum nächsten Dorf. Vor dem ärmlichen Haus zweier alter Leute hielten sie inne. Mahadeva gelüstete noch immer nach Zuckerrohr und obwohl er in diesem Haus bloß zwei Bündel entdeckte, ersuchte er die alte Frau um ein paar Stückchen.

»Ja, gern, nimm dir, so viel du magst«, fiel der alte Mann mit freundlichen Worten ein und schob die zwei Bündel vor Mahadeva.

»Wie viele Angehörige zählt deine Familie?«, erkundigte sich Mahadeva bei der alten Frau.

»Nun, unsere Familie besteht nur aus drei Leuten – aus mir, meinem alten Ehemann und unserem Sohn«, antwortete die Frau.

»Gut so, mögt ihr alle so bald als möglich sterben«, sprach Mahadeva, wandte sich um und verließ das Haus.

Die befremdenden Worte ihres Gemahls entsetzten Parvati. Erteilte er doch jenem Mann seinen Segen, der ihn mit groben Worten abwies, und bestrafte die freigebigen alten Leutchen. Sie konnte die Antworten ihres Gemahls nicht verstehen und zweifelte sogar an seinem klaren Verstand. Sie wagte jedoch nicht, ihn sogleich darüber zu befragen, und wollte eine günstige Gelegenheit dazu abwarten.

Als das göttliche Paar bald darauf seine Wanderungen in der Welt der Sterblichen beendete, kehrte es zu seiner Wohnstätte Baikuntha auf dem Berg Kailash zurück. Als sie ihren Sitz auf dem Berg Kailash erreichten, war Parvatis Geist noch immer aufgewühlt, da sie sich lebhaft an die Antworten ihres Gemahls erinnerte. Deshalb gab sie sich einer tiefen inneren Betrachtung hin. Die Macht ihrer inneren Schau zeigte ihr Bilder der Zukunft: Sie gewahrte, wie jenem Landbesitzer, welcher Mahadeva mit groben Worten abwies, tatsächlich so viele Söhne und Töchter geboren wurden, dass sie sich gezwungen sahen, all die umliegenden Hügel und Täler zu besiedeln. Dennoch reichte der Platz in den Häusern nicht aus, um alle unterzubringen. Der Ertrag des verkleinerten Ackerlandes vermochte sie kaum noch zu ernähren. Sie mussten weiterziehen in entlegene Täler, aber auch tiefer in die Wälder und höher in die Berge. Es half alles nichts, ihr Schicksal blieb unverändert. Viele Familienmitglieder waren entkräftet und entmutigt. Andere machte der Hunger zu Bettlern und trieb sie in ihren schmutzigen, ausgetragenen Fetzen in umliegende Dörfer. Einige endeten sogar als Diebe, welche zahlreiche Leute um ihren Besitz brachten. Diese Diebe wurden schließlich gefangen und für ihre Untaten hart bestraft. Nun erkannte Parvati den Sinn von Shivas Segenswunsch an den groben Mann.

Als sie sich in Baikuntha etwas umsah, entdeckte sie plötzlich die armen alten Leute, die einst zu Mahadeva in der Gestalt eines fremden Wanderasketen so großzügig waren. Tatsächlich starben die alten Leute bald auf Mahadevas vermeintlichen Fluch hin, doch jetzt genossen sie in Baikuntha himmlische Freuden.

Nachdem Parvatis innere Schau alle Bilder dieser Geschehnisse offenbart hatte, pries sie freudig die geheimnisvollen Kräfte ihres Gemahls Mahadeva. Seit dieser Zeit ergötzen sich Mahadeva und seine Gemahlin Parvati in Baikuntha noch viel höherer jenseitiger Glückseligkeit.

Heilige Familie: Shiva und Parvati mit Ganesha

VI. Burning is Learning

Alle erschaffenen Wesen sind am Anfang unmanifestiert,
in ihrem Zwischenzustand manifestiert
und wieder unmanifestiert, wenn sie vernichtet sind.
Warum soll man also klagen?

Bhagavad Gita

Die Erkundungsgänge der beiden Greenhorns wurden immer länger und ergiebiger. Sie entdeckten, dass es in Indien oft viel offener und improvisierter zugeht als im überregulierten antiseptischen Westen. Anstatt in einem Krankenzimmer zu vegetieren, liegen die Kranken auf ihren geflochtenen Bettgestellen *(Charpoy)* auf offener Straße, wo sie am bunten Treiben teilhaben und auch mal eine Kuh, die ihnen Heilkraft zufließen lässt, berühren können. Kinder spielen auf der Straße, putzige schwarze Schweine suhlen sich in den Pfützen, und Hunde schlafen ungestört. Wer wollte die Köter auch stören – kommen in ihren Träumen die Götter nicht der Erde näher? Auf der Straße werden mit »Folterwerkzeugen« Zähne gezogen, Nasenringe verpasst, Schädel rasiert, Körper massiert, Ohren gereinigt, Kühe gemolken, es wird gekocht, gehandelt, gestritten und gelacht. Keine übereifrigen Sozialarbeiter entfernen Krüppel, Bettler oder Asoziale. Geistesgestörte – von Shiva, Göttern oder Dämonen besessen – werden kaum in Irrenhäuser verfrachtet. Auch darf am Ganges-Ufer und anderswo umstandslos gestorben werden – sofern die Nonnen der Mutter Theresa die Ablebenden nicht vorher wie kreisende Aasgeier aufspüren, um sie dann in ihr »Heim für Sterbende und Mittellose« (Home for the Dying and Destitute) zu stecken und ihnen das Kreuz – als das Letzte, was sie in dieser Welt sehen sollten – aufzudrücken. Für viele Hindus sind diese ins Totenweiß der Witwensaris gehüllten Betschwestern ohnehin Ausdruck der leichenfressenden Göttin Kali. Wer sonst würde schon solche Umstände machen?

Selbst die privatesten, tabuträchtigsten Angelegenheiten, die wir täglich in blitzeblanken, gekachelten Räumen verrichten, sind offene, ja für die unteren Kasten sogar gesellige Ereignisse. Allmorgendlich auf freiem Felde hockend – die Frauen hinter Büschen oder Erdhügeln –, miteinander plaudernd und vielleicht dabei eine *Bidi* rauchend, nehmen sich die Leute gemütlich die Zeit, ihre Därme zu entleeren. Bald treiben die Unberührbaren ihre schwarzen, borstigen Schweine herbei, die zusammen mit verwilderten Hunden das Feld wieder säubern. Alles liegt offen vor Augen – offen auch für die Blenden feindseliger, unverschämter, unverständiger Touristenkameras, die mit ihren Ablichtungen doch nur ihre ethnozentrischen Vorurteile objektiv bestätigen und dokumentieren wollen.

Den größten Schock jedoch bereiten dem Abendländer die offenen Leichenverbrennungen und die im Ganges treibenden Kadaver, auf denen oft Raben und Geier als Passagiere an gedeckter Tafel sitzen. Unschuldige Kinder, Kühe und Heilige sowie Aussätzige, die ihre Sünden schon durch ein Leben schwerer Leiden verbüßt haben, werden mit Steinen beschwert und unmittelbar in den wässrigen Schoß der Mutter Ganga gesenkt. Die Leichenvögel und Schakale, die sich um diese angetriebenen Leckerbissen streiten, gelten als Erscheinung Shivas, der die Illusion der leiblichen Existenz zerstört. Geradezu empörend erscheint dies alles dem Besucher aus einer Gesellschaft, in der jeder Schmutz problemlos weggespült wird und in der alles Leiden, insbesondere das Sterben, versteckt, verstellt und verdrängt wird. Und wenn da immer wieder ein freundlich lächelndes Gesicht auftaucht und voller positiver Erwartungen neugierig fragt: »Welcome to India. How do you like Benares?«, da kommt der Verstand ins Stocken und schreit nach Reform, Entwicklungshilfe, nach technologischen und weltanschaulichen Missionaren, deren Analysen alles wieder ins Lot bringen sollen. Unser Ethnologen-Paar war da keine Ausnahme.

Ihre Spaziergänge führten sie selbstverständlich auch an den beiden berüchtigten Verbrennungs-Ghats vorbei, wo Tag und Nacht die Toten – oft mit flüssiger Butter übergossen – verbrannt werden. Noch ehe sie wussten, wo sie waren, drang der Geruch des schmorenden Fleisches in ihre Nasen – nanu, die Hindus sind doch keine Fleischesser? – und brachte unwillkürlich den 4. Juli, den Nationalfeiertag ihrer Heimat, in den Sinn, der mit

Barbecues auf den kurz geschorenen Rasen der Picknick-Parks und der Vorstadthaus-Gärten gefeiert wird.

Dann sahen sie, um was es sich handelte. Einige drogenbenebelte Hippies saßen an den Ghats, den Stufen, die ans Wasser führen, und starrten wie mesmerisiert auf den schaurigen Vorgang.

John wandte den Blick beiseite, irgendwie empfand er es unanständig, zu gaffen. Der Tod ist schließlich eine private Familienangelegenheit, dachte er und hob somit im geübten Schwung seine verdrängte Beklommenheit auf den Sockel moralischer Überlegenheit. Im selben Augenblick krächzte ihn ein zahnloser, weißhaariger Brahmane in kaum verständlichem Hindu-Englisch an: »Schauen Sie getrost hin! Cremation is education! Der Tod ist ein natürlicher Vorgang, die körperlichen Hüllen zerfallen wieder in ihre Bestandteile, gehen zur Mutter Erde zurück. Man soll darüber meditieren. Burning is learning!«

Im selben Moment, als er sich nun doch getraute hinzusehen, schnellte eine flammende Leiche hoch. In der Hitze hatten sich die Sehnen plötzlich zusammengezogen, sodass sich der Oberkörper in die Senkrechte krümmte. Die rechte Hand riss dabei nach oben wie zum Gruß. Das Gesichtsfleisch war schon weggebrannt, die entblößten Zähne schienen zu grinsen. Wie hypnotisiert stand unser Wissenschaftler da. Erst als ein Dom mit einer langen Bambusstange auf den Schädel eindrosch, sodass die kochende Gehirnmasse zischend explodierte – auf diese Weise wird, so heißt es, der Geist befreit –, da kam der Ethnologe wieder zu sich. Shiva Bhuteshvara, der Herr der Geister und Gespenster, ließ grüßen. Bom Shiva!

Wäre John ein New-Ager gewesen, hätte er sicherlich *Manikarnika*-Ghat (Abb. S. 120 unten), den Hauptverbrennungsplatz, wo ihm dies widerfuhr, als einen »Ort der Kraft« erkannt. Über den Ursprung des Ortes berichtet die Sage Folgendes:

Einst – noch nichts existierte außer Kashi – lagen Shiva und Parvati innig ineinander verschlungen im »Wald der Wonne«. »Was soll uns die Erschaffung und Erhaltung der Welt kümmern, warum sollten wir deswegen unsere Freuden unterbrechen?«, dachten sie sich und konzentrierten alle ihre besten Eigenschaften, alles Gute, Wahre und Schöne auf einen Punkt, welcher langsam die Gestalt Vishnus annahm.

Derweil sie unbekümmert ihren Liebesspielen nachgingen, saß Vishnu viele Äonen, ohne sich zu rühren, und pflegte tiefste, schöpferische Versenkung. Dabei entwickelte er eine solche innere Glut, dass ihm der Schweiß in Strömen vom Körper herabfloss. Der Schweiß sammelte sich in einem Meer; dieses ist nun in diesem dunklen Zeitalter zu einem Teich, dem Chakrapusharini *Kund,* geschrumpft, der sich neben dem Leichenverbrennungsplatz befindet. Die Kraft des Schweißes ist dennoch so stark, dass noch immer die Götter vom Himmel herabsteigen, um sich täglich darin zu baden.

Nach 500.000 Jahren erschien Shiva dem guten Gott in dessen Meditation und erklärte: »*Hari,* deine Hingabe ist ohne Tadel. Ich werde dir einen Wunsch freistellen.«

»Mein einziger Wunsch ist es, dich ewig zu schauen!«, erwiderte Vishnu.

Darüber freute sich Shiva so sehr, dass er wild zu tanzen anfing, wobei ihm ein Ohrring herunterfiel.

Manikarnika, »der mit dem Edelstein (Mani) besetzte Ohrring (Karnika)«, verbindet noch heute mit Shiva. Der Ort ist eine Furt (Tirtha), ein Übergang von dieser zur jenseitigen Welt. Da die Welt der Mythe jenseits der Zeit liegt und alles was war, ist und sein wird immerfort gegenwärtig ist, meditiert Vishnu nach wie vor an diesem Ort, und Shiva und sein Gefolge tanzen ebenfalls noch hier.

Hier erscheint noch immer Shiva-Bhuteshvara und weiht gegen Mitternacht seine Sadhus und Sannyasi ein. Diese legen dabei ihre weltlichen Kleider ab, und als Zeichen, dass sie in Gott eingegangen sind, reiben sie ihren ganzen Körper mit grau-weißer Leichenasche ein. Obwohl noch im Leibe, sind sie der Welt gegenüber gestorben. Die roten Gewänder, in die sie sich anschließend hüllen, symbolisieren die Flammen des Scheiterhaufens.

Eines der Meditationsmotive der Sadhus, die sich an dem Ort treffen, ist die Vorstellung, dass Kali ihnen das Fleisch von den Knochen nagt, bis sie nur noch reine Skelette sind. Ihr Leitbild dabei ist Shiva als ein durch asketische Entbehrung bis auf die Gebeine abgemagerter Knochenmann.

Auch die Buddhisten kennen die Geschichte eines Bodhisattvas, der zu einem Skelett abgemagert ist, da er aus Mitleid den hungrigen Dämonen und wilden Raubtieren sein Fleisch Stück für Stück zu fressen gab. Der Kult der Knochen hat seine Wurzeln in paläolithischen Schamanen-Initiationen. Bis heute erleben sibirische Schamanen bei ihrer Einweihung, wie sie von Dämonen gejagt, getötet und verschlungen werden, ehe eine »Tiermutter« ihnen die Knochen wieder zusammenfügt und sie im Nest auf dem Weltenbaum als ihre Jungen behütet, bis sie als flügge gewordene Schamanen in der äußeren Welt wieder erscheinen.

Der Ethnologe, der sich selbstverständlich im Schamanismus auskannte, ahnte noch nicht, dass er nicht in der Rolle als unbeteiligter Beobachter und bei bloßen theoretischen Erwägungen verharren konnte. Bhuteshvara hatte ihn erspäht und war von nun an auf seiner Fährte.

Oben: Szene an den Ghats von Varanasi
Unten: Männer bei der Wäscherei-Arbeit im Ganges, Dhobi-Ghat, Varanasi

Tägliches rituelles Reinigungsbad
im heiligen Fluss Ganges, Varanasi

Oben: Ritual für Ganga, den heiligen Fluss Ganges
Unten: Manikarnika-Ghat, der Hauptverbrennungsplatz am Ganges-Ufer in Varanasi
Rechts: Ein Brahmane meditiert am Ganges

Werden, was man ist

Das Sprengen der einengenden Ego-Kapsel gleicht einem Sterben. Die von Shiva berührte Seele nimmt den Weg der Toten; wie diese expandiert sie in den Kosmos. Es ist ein Umkehren des Lebensflusses zurück zur Quelle, eine Rückkehr in den Schoß des Alls. Gott erkennen - sagt der weise Ramana Maharshi -, das bedeutet, von ihm verschlugen zu werden, und das ist die reinste Wonne!

Du bist nur mehr ein Strohhalm und
wirst lebendig verschlungen.
Aber das ist höchste Lust,
denn dabei wirst du eben das,
was dich verschlingt.

Ramana Maharshi,
südindischer Heiliger, 1879–1950

Die Geschichte von Shivas Mutter ist Teil der Heiligenlegende der Punitavati, einer mittelalterlichen tamilischen Bhakta. Bedingungslos in Gott verliebt, gibt sie alles hin. Sie stellt keine Forderungen, sondern entledigt sich aller weltlichen Fesseln. Sogar ihr Fleisch schüttelt sie sich durch ihre Askese vom Leib. Als Skelett, den Kopf nach unten gekehrt wie der Embryo im Geburtskanal, kehrt sie zum Ursprung zurück und wird eins mit dem Selbst.
Shiva nennt sie »seine Mutter«. Er unterscheidet nicht zwischen sich und seinen Anhängern. Und da sie alle Bhaktas, Pilger und Sadhus fütterte, als wären sie ihre eigenen Kinder, hat sie damit Shiva selber gefüttert.

Shivas Mutter

(Aufgezeichnet von Eugen Jung)

Punitavati hieß die Tochter eines reichen Kaufmanns. Von ihrer Schönheit und ihren leuchtenden, klaren Augen waren alle angetan. Schon als kleines Kind trug sie die heilige Asche auf ihrer Stirn und sang mit Wonne Shivas Lieder.

Als Punitavati ins heiratsfähige Alter kam, gaben sie ihre Eltern einem frommen und fleißigen jungen Kaufmann zur Frau. Ihr Reichtum erlaubte ihnen, ein angenehmes Leben zu führen; sie galten jedoch weder als geizig noch verschwenderisch. Täglich speisten sie Pilger und wandernde Shiva-Bhaktas nach dem Gebot der Veden, das lautet: Verehrt den Gast als Gott.

Eines Morgens besuchte sie ein sonderbarer, filzhaariger Sadhu, welcher dem jungen Kaufmann zwei reife Mangos schenkte. Der Kaufmann reichte die Früchte Punitavati und begab sich bald darauf in die Stadt, um seinen Geschäften nachzugehen.

Kurz darauf trat ein Bettler vor die Tür und hielt stumm seine Schale hin. Zu dieser Tageszeit hatte Punitavati jedoch erst mit den Vorbereitungen für das Mittagessen begonnen; Reis, Gemüse und Linsen waren noch nicht fertig gekocht. Aus Verlegenheit schenkte sie ihm eine der Mangos und goss ihm noch etwas Milch in die Almosenschale.

Als der junge Kaufmann am Abend nach Hause kam, fühlte er sich müde und durstig und wünschte sehnlichst, eine der geschenkten Mangos zu kosten. Punitavati brachte ihm die verbliebene Frucht. Dem jungen Kaufmann schmeckte sie ausgezeichnet, besser noch als eingedickte Zuckermilch. Bald darauf bat er um die zweite Mango. Voller Reue über die verschenkte Mango erinnerte sich Punitavati an eine der vielen Regeln einer guten Ehefrau, nach der es sich ziemt, den Ehemann immer zu-

erst zu bedienen. Und bei sich dachte sie: »Ach, wenn ich doch nur noch eine zweite Mango hätte!« In diesem Augenblick fiel eine solche Frucht vom Himmel geradewegs in ihre Hand. Der erste Bissen dieser Mango schmeckte dem Ehemann natürlich noch viel besser als die erste Frucht.

Entzückt rief er aus: »Sag, liebe Frau, ist dies wirklich die Mango, welche mir der Sadhu schenkte?«

Sie schüttelte verneinend den Kopf und gestand, dass diese Frucht als Antwort auf ein Gebet vom Himmel gefallen sei.

»Dann bete gleich noch einmal!«, rief er verzückt, während ihm der Mund wässerte. In diesem Augenblick fiel tatsächlich wieder eine köstliche vollreife Mango vom Himmel, die er sogleich mit großem Genuss zu verspeisen begann. Plötzlich kam er wieder zu Sinnen, und erschrocken über seine eigenen Worte, sprach er: »Was tue ich da!? Ich habe schwere Schuld auf mich geladen! Eine Verehrerin Shivas habe ich dazu missbraucht, meiner Genusssucht zu frönen! Du bist eine Heilige, wie kann ich dich länger als meine Frau betrachten?«

»Ach nein, bitte mach dir keine Sorgen!«, versuchte Punitavati zu beschwichtigen.

Doch sein Entschluss stand fest: Wenn es nicht anders ging, wollte er Punitavati heimlich verlassen.

Eines Tages gab er vor, eine Geschäftsreise anzutreten. Von dieser Reise kehrte er nie zurück. Er hatte sich nämlich nach Madurai begeben und dort erneut geheiratet und eine Familie gegründet. Punitavati wartete jeden Tag auf die Rückkehr ihres Gatten. Die Tage wurden zu Wochen, die Wochen zu Monaten. Immer mehr litt Punitavati unter Gram und Kummer.

Eines Tages drang ein Gerücht an ihr Ohr, ihr Mann lebe mit einer anderen Frau in Madurai. Unverzüglich machte sie sich auf den Weg, um nach ihrem Gatten zu suchen. Nach langem Fragen wies ihr endlich jemand den Weg zu seinem Haus.

Als er sie nach all den Jahren wieder erblickte, freute er sich sehr, denn er liebte sie noch immer. Seine Freude wurde aber sogleich von Schuldgefühlen getrübt. Außer sich, fiel er ihr zu Füßen und klagte: »Oh Heilige, was willst du von mir? Geh weg, ich bin deiner unwürdig! Ich bin weltlich, falsch, unrein und geizig geworden. Wie könnte ich dein Gatte sein? Vergib mir, oh Göttin!«

Als Punitavati sich niederbeugte, um seine Füße zu berühren, rannen Tränen über ihr Gesicht. »Mein geliebter Herr«, sprach sie, »für wen, wenn nicht für dich, habe ich meine Jugend und Anmut bewahrt? Da du mich aber nicht mehr haben willst, werde ich zu Shiva gehen!«

Sie verschenkte ihren kostbaren Schmuck, ihr ganzes Hab und Gut, speiste die Brahmanen und erwies ihnen ihre Verehrung, wie es sich gehörte. Darauf entfaltete sie die in ihrer langen Einsamkeit entwickelte Kraft eines Yogi und schüttelte ihr Fleisch von den Knochen. Als bleiches Gerippe wanderte sie nordwärts dem heiligen Berg Kailash, Shivas Thron, entgegen.

Am Fuße dieses Berges angekommen, wurde sie von tiefer Ehrfurcht ergriffen und sie hätte es als Sünde empfunden, den heiligen Ort mit den Füßen zu berühren. Daher bewegte sie sich so, wie ein Kind geboren wird, kopfüber die steilen eisigen Hänge hinauf.

Parvati, Shivas Gefährtin, erstaunte dieser Anblick sehr und neugierig erkundigte sie sich: »Herr, wer ist dieses Gerippe, das sich so dem Herzen des Alls nähert?«

»Dies, Göttin, ist Punitavati«, erklärte Mahadeva, »sie ist meine Mutter, weil sie täglich meine Anhänger gespeist und mit allem Notwendigen versorgt hat. Vor vielen Jahren schenkte ich ihrem Gatten einmal zwei Mangos, denn die Andacht und Gottesfurcht der beiden freuten mich.«

VII. Nach dem Feuer: Asche

Die heilige Asche,
die das Leben zurückschenkt,
die heilige Asche,
die uns Erlösung bringt,
was fürchtet der, dessen Stirn
mit weißer Asche geschmückt ist?

Thirugnana Sambandar,
Dichter und Shiva-Bhakta aus Tamil Nadu, 7. Jh.

Versuche, einige Kollegen an der Universität anzutreffen, scheiterten mehrmals. Absolut nichts schien zu klappen. Immer dunklere Schattierungen nahmen die Gedanken der beiden an. Nicht einmal der gezuckerte Milchtee und die Buttertoasts schmeckten mehr. Es lag nahe, das Jahr als Visiting Scholar beträchtlich abzukürzen.

Eines Morgens nach einer schwülen, schlaflosen Nacht kam unser Homo Occidentalis nicht mehr vom Bett hoch. Er schlotterte vor Kälte, dass er eine Gänsehaut bekam. Dann auf einmal wurde ihm so heiß, dass der Schweiß aus ihm rann wie aus einem ausgedrückten Badeschwamm. Kopf und Knochen schmerzten, als schlüge ihm ein Dom vom Verbrennungs-Ghat die Schädeldecke ein und zerberste seine Beine. Seine Haut färbte sich abwechslungsweise mal ascheweiß und dann wieder knallrot, als brenne er. Ein masernähnlicher Ausschlag befiel Handflächen, Fußsohlen und Geschlechtsteile. Die Intensität des Fiebers trieb ihn an den Rand der Halluzinationen. Der besorgte Hotelier ordnete seinem Küchenpersonal an, von nun an ausnahmsweise die benutzten Teller und Tassen mit Geschirrspülmittel anstatt Asche und Sand zu reinigen, und wollte sofort einen Arzt bestellen. Cindy bestand darauf, dass es ein Arzt sein sollte, der sich in moderner, westlicher, klinisch geprüfter Medizin auskannte, und nicht einer, der irgendwelche unhygienische Kuhmistpillen oder fragwürdige Kräuter verschrieb. »Keine Angst, Memsahib«, beruhigte er sie, »es ist ein in westlicher Medizin geschulter Doktor. Er gibt Ihnen Western Medicine.«

Der beleibte Mediziner mit fettglänzendem Haar blieb kaum eine Minute. Er fühlte den Puls, blickte kurz in die Augen und den Rachen und brummte, während er ein Rezept ausschrieb: »Sumpffieber ist es nicht!«

Ein Hotelboy raste los und kam bald mit einem Päckchen Pillen zurück. »Chloramphenicol«, las Cindy. Ein Antibiotikum. Ihr kamen Zweifel. Es schien eher eine Virusinfektion zu sein, was sollten da Antibiotika? Aber sie legte ihre Bedenken beiseite. Der einheimische Arzt kannte sicherlich die Tücken der Krankheiten seines Landes.

John schluckte die Pillen, aber als es ihm danach noch schlechter ging, brachen sie doch die Einnahme ab. Danach überwältigte eine Superinfektion sein Immunsystem. An Spätfolgen, die seinen Körper noch jahrelang plagten, sollte er schließlich erkennen, dass die Western Medicine in diesem Fall noch schlimmer war als die Krankheit. In den Industriestaaten waren Präparate wie Chloramphenicol schon längst wegen ihrer Nebenwirkungen verboten, was Geschäftemacher jedoch nicht davon abhielt, sie weiterhin in Drittweltländern zu vertreiben. Das Landvolk schluckt derartige Zauberpillen wie das Prashad der Götter. Später, klüger geworden, griffen John und Cindy immer mehr zu den Kuhmistpillen, Wurzeln und Kräutersäften der traditionellen *ayurvedischen* Medizin und bereuten es nie.

In der Folklore von Benares heißt es, jeder Sünder, der Benares betritt, fange zu brennen an. Entweder facht er das läuternde Feuer selber an, indem er sich anstrengenden, erhitzenden Bußübungen *(Tapas)* unterwirft, oder es kommt über ihn her als fiebrige Krankheit oder gar als Feuer des Scheiterhaufens. Nachdem die Flammen die Sünden getilgt haben, empfangen die Geläuterten die kühle Taufe im Lebenswasser des Ganges – die einen, indem sie darin baden, die anderen, indem der heilige Fluss ihre Asche hinwegschwemmt. Shiva ist Herr des Feuers und der Glut der Askese (Tapas). Ganga, seine Shakti, ist Herrin der kühlen, belebenden Gewässer. Auch die Hitze der sexuellen Vereinigung, die lebenszeugende Feuersbrunst der Leidenschaften, ebenso wie das zerstörerische, lebensvernichtende Feuer des Zorns, gehören dem *Agni*-Shiva (Abb. S. 308).

Zum sexuellen Feuer wird Folgendes in den alten Puranas erzählt:

Der Schöpfer Brahma konnte nur kopfgeborene Söhne hervorbringen, die sich nicht vermehren wollten. Da erschien Shiva in den Tiefen der Meditation Brahmas und sprang dann als ein blau und rot gefärbtes Zwitterwesen aus Brahmas Stirn ins Dasein. Der Schöpfer befahl dem Doppelgeschlechtlichen, sich zu teilen. Er nannte die männliche Hälfte Rudra (der Heuler) und die weibliche Hälfte Uma (das Licht). Zusammen sollten sie, ausgestattet mit Linga und Yoni, die geschlechtliche Vermehrung erfinden. Zuerst jedoch sollte Uma als Tochter des Daksha, dem ersten Sohn Brahmas, geboren werden, damit Rudra-Shiva sie als Braut nach Sitte und Brauch werben konnte.

Shivas feuriger Zorn

Über das Zornfeuer Shivas, das Feuer der ersten Witwenverbrennung und das Fieber erzählen die Puranas folgende Geschichte:

Der erhabene Daksha zelebrierte ein gewaltiges Opferfest – von dem wir schon gehört haben und wissen, dass alle Götter, außer Shiva, dazu eingeladen waren. Shiva war das völlig gleich, aber Uma war schwer gekränkt, als sie die goldenen Götterwagen am Kailash-Berg vorbeifliegen sah.

»Liebster«, klagte sie, »du bist das All selber! Wie kannst du es zulassen, dass mein Vater dir deinen Anteil an den Brandopfern verweigert?«

Shiva nahm einen tiefen Zug vom Chillum und versuchte, die Lichtgöttin zu beruhigen: »Was kümmert mich schon das verschmorte Fleisch und das endlose Geleier eingebildeter Priester? Das wahre Opfer bringt mir derjenige, der mir Leib und Seele vollkommen anvertraut.«

Uma, in ihrem Stolz getroffen, blieb untröstlich. Obwohl ihr Shiva davon abriet, brach sie zum Pferdeopfer ihres Vaters auf. Eiskalt war der Empfang. Sie verbeugte sich ehrfürchtig vor ihren Eltern und berührte ihre Füße, wie es sich gehört, wurde aber nicht zurückgegrüßt. In Anwesenheit der anderen Gäste fragte sie, warum man sie und ihren Mann nicht eingeladen habe.

Das war zu viel für ihren Vater, er brach sein Schweigen; seine Stimme bebte: »Unverschämte Tochter! Nie werde ich Shiva bei der heiligen Handlung dulden! Er erhebt sich nicht, wenn ich den Saal betrete, noch berührt er ehrfürchtig meine Füße, wie es sich geziemt. Ich verfluche diesen abscheulichen Aschemann, mit dem du zusammen bist, diesen Fürsten des Hässlichen! Nicht Shiva, der Wohlwollende, sondern Ashiva, der, der Böses will, ist er in Wirklichkeit! Verbannt sei dieser Teufel ein für allemal von den Opfern der Rechtschaffenen!«

Uma, im innersten Kern getroffen, erhitzte sich vor lauter Zorn und verbrannte auf der Stelle. So wurde sie zur ersten Sati *(»die Ehrbare« – Bezeichnung für die freiwillige Selbstverbrennung einer Witwe). Umas erschrockene Begleiter, die Sadhus und der Stier Nandi, auf dem sie hergeritten war, wurden kurzerhand von den Priestern vertrieben, und die große Opferzeremonie wurde weitergeführt.*

Als die Kunde von dem Vorfall Shiva erreichte, verließ er seine friedliche Gestalt als Shankar und stürmte in der Gestalt des wilden Jägers Sharva vom südlichen Himmel herab. Mit einem schrecklichen Gefolge von Sturmgeistern verwüstete er das Opfergelände und hieb fürchterlich auf die Götter und Priester ein. Wie es dem Daksha dabei erging, haben wir schon erfahren *[siehe S. 56–58].*

In dem grauenhaften Getümmel fiel dem wilden Jäger ein Schweißtropfen von den Brauen. Als der glühende Tropfen zur Erde fiel, verwandelte er sich in ein geducktes, hässliches Ungeheuer mit rotglühenden Augen und gesträubten Haaren wie diejenigen eines tollwütigen Hundes. Als Jvara (Fieber) wütete es unter Mensch und Tier. Alle Geschöpfe bangten um ihr Leben. Brahma flehte den zürnenden Gott an, er solle doch endlich wieder seine wohlwollende Erscheinung als Shankar-Shiva *[Abb. S. 134]* *annehmen und dem Jvara ein Ende setzen.*

Nun ist es aber so, dass etwas, was in die Welt gesetzt wurde, zwar verwandelt, aber nie ganz vernichtet werden kann. Also teilte Shiva das große Fieber in unzählige kleinere auf. So entstand aus dem Ungeheuer der Lavafluss feuriger Vulkane, die heißen Kopfschmerzen der Elefanten, der grüne Schleim sommerlicher Tümpel, die Faulheit der Kriechtiere, die versalzenen Stellen auf den Äckern, die Verstopfung unter Pferden, der Schluckauf der Papageien, die Leberleiden der Schafe sowie die verschiedenen hitzigen Zustände der Menschen. Zu diesen kleineren Fiebern gehören aber auch die Askese – ein Asket ist ein Tapasvin, »ein Hitzebesitzer« – und die »Initiationskrankheiten« magischer Menschen. Oft werden diese von Geistwesen oder vom Schicksal auserkorenen Individuen von einer hitzigen Krankheit befallen, ehe sie »sehen« können. Im Zustand, den der Rationalist als Fieberwahn abtut, erscheinen dem Betroffenen oft die Götter, die Ahnen, sprechende Tiere oder der Hörner tragende Gott (Shiva-Pashupati) selber und geben sich als Lehrmeister und geistige Führer zu erkennen.

Zuweilen versuchen die Medizinleute der Naturvölker noch immer, mittels archaischer Techniken das Heiß-Kalt des Fiebers künstlich zu erzeugen. Die in fast allen Kulturen bekannten Schwitzhütten – auch die Saunas und türkischen Bäder – sind Nachklänge solcher alten paläolithischen Schamanenbräuche. Ehe ein Indianer zum Beispiel auf die Visionssuche oder an das Schamanisieren geht, sitzt er als »nackter Embryo« im heißen Bauch der »Erdmutter« und schwitzt alle physischen und seelischen Unreinheiten aus sich heraus. Wenn die indischen Yogis in knallender Sommerhitze zwischen vier Feuern sitzen und anschließend im Winter in eiskalten Gebirgsströmen stehen, dann tun sie dasselbe, nur im anderen Zeitrahmen.

Shiva Shankar

Während nun Jvara-Shiva unseren Ethnologen im Kessel des Denguefiebers kochte und ihm sachte das Dritte Auge öffnete, da erschien unvermittelt Professor Shrivastava, Leiter des Soziologischen Instituts, im Hotel. Er hatte sich in den eleganten Zweireiher mit Weste gezwängt, den er auf einer Tagung in Harvard getragen hatte. Um sich Mut zu machen, den amerikanischen Kollegen zu begrüßen, rauchte er eine dicke Zigarre und kaute gleichzeitig Betel. Sein dunkler Mund war vom roten Betelsaft umrändert, sodass Cindy an den Grafen Dracula nach einer Schlemmerorgie denken musste, als sie ihn empfing.

Der Professor war umsonst gekommen. Der amerikanische Kollege schwebte in einem noch unbekannten Paralleluniversum, hingerissen zwischen Nichts und Phantasmen, und konnte den Herrn Department Head leider nicht sprechen.

Inzwischen kam und ging das indische Lichterfest *Diwali*. Mit trüben Augen gewahrte der allmählich Genesende die unzähligen winzigen Öllampen, die auf jeder Mauer und Nische brannten oder in kleinen Blätterbooten den nächtlichen Ganges hinuntertrieben, sodass es aussah, als sei die Milchstraße zur Erde heruntergestiegen. Vom Hoteldach blickte er auf die dicht gedrängten Massen der Feiernden, die einander freudig mit Knallfröschen und Böllern bewarfen – übrigens Ursache für 20.000 Neuerblindungen jedes Jahr! –, und auf die aufmarschierte Bereitschaftspolizei, welche ausgelassen feiernde Hindus von grollenden Muslimen trennte.

Sobald das gebeutelte Paar wieder genügend Kräfte geschöpft hatte, begaben sie sich auf Wohnungssuche. Für einen Bungalow auf dem Campus wollten sie nicht das verlangte Bakschisch zahlen, außerdem war dort zu viel Trubel. Also suchten sie anderswo.

Aber sie kamen nicht weit, denn nun war die Frau an der Reihe. Im nächtlichen Albtraum erschien Cindy ein mit Totengespenstern beladener Lastwagen, der sie zu überrollen drohte.

Am nächsten Morgen konnte sie sich kaum vom Bett erheben. Mit Schrecken nahmen beide wahr, dass ihre Augäpfel kleinen, gelben Zitronen glichen. Ihr Stuhl war kreideweiß und der Urin trüb-braun, wie der scheußlich schmeckende Instant-Nescafé, den sie gelegentlich tranken. Auch sie hatte der Feuerstrahl aus Shivas Drittem Auge getroffen!

Die klapprige Fahrrad-Rikscha hastete Richtung Universitätsklinik. Ihrer Sinne kaum mächtig und hin und her gerüttelt wie ein Kartoffelsack, klammerte sich Cindy an den harten Sitz. In der blau getünchten Vorhalle des Krankenhauses qualmten die tragbaren Lehmöfen, die *Chulas,* auf denen Familienangehörige ihren Kranken Reis und Hülsenfrüchte kochten. Der dicke, bläuliche Rauch der schwelenden Kuhfladen, die als Brennstoff dienten, reizte Augen und Lungen.

In dem Augenblick als sie durch das Tor treten wollten, drückte sie der Ruf »Rama Nama Sattje heh!« (Gottes Name ist die Wahrheit) gegen die Wand. Vier Leichenträger trugen gerade eine Totenbahre aus den Hallen. Die Gestorbene war in ein rot-seidenes Leichentuch gehüllt, das sie als verheiratete Frau zu erkennen gab. Nur gut, dass John als Wissenschaftler im Besitz einer objektiven Wirklichkeitsauffassung war, sonst hätte er es wohlmöglich als schlechtes Vorzeichen gedeutet.

Der Pförtner, ein junger bärtiger Sikh mit Turban, erklärte ihnen, dass die Ärzte gerade Teepause machten, aber es sei ja eindeutig virale Hepatitis, Gelbsucht. Da könnten die Ärzte auch nichts machen. »Bettruhe, Muli (Rettich), Mosambi (Orangen), absolut kein Fett, Tee oder Alkohol! Milch geht, denn sie kommt ja von der heiligen Kuh. Aber keinesfalls Büffelmilch! Verstanden?«, verordnete er, als wäre er der Chefarzt persönlich, und schrieb auf einen Rezeptzettel: »Liv 52.« »Das sind ayurvedische Pillen, Himalaja-Kräuter«, erklärte er.

Sie nahmen es dankbar an, denn sie waren zu erschöpft, sich mit irgendjemandem um irgendetwas zu streiten. In einer

Bretterbude neben der Klinik gab es die Pillen auch schon zu kaufen.

Später erfuhren sie, dass die Abwesenheit der Ärzte wahrscheinlich eine Gnade war, denn die Klinik hatte einen argen Ruf. Der herrliche Campus samt Klinik lag ja schließlich in Lanka, dem Ort der Dämonen, außerhalb des Lichtkegels der leuchtenden Stadt. Einst, vor der Gründung der Universität, war das 450 Hektar große Gelände Urwald und Teil der Jagdreservate des Maharadschas, voller wilder Tiere. Nun haben sich die dort ansässigen Raubtiere und Rakshasas in Ärzte und Professoren verwandelt, denen man mit Umsicht begegnen sollte – oder noch besser: gleich aus dem Weg gehen sollte –; das wenigstens ist die Überzeugung alteingesessener Banasari (Einwohner von Benares).

Blumendiebe

Schrecklich wie der Tiger im Gazellen-Hain erscheint Shiva demjenigen, der das Dharma vernachlässigt. Glücklicherweise lässt er sich aber leicht gut stimmen. Man braucht sich nur seiner zu erinnern und seinen Namen auszurufen, und schon offenbart er sein gütiges Antlitz. Eine mit glühender Hingabe in den Tempeln von Benares täglich gesungene Hymne schildert, wie einfach es ist, Mahadevas Gunst zu erlangen.

Der Gesang erzählt von einem Gandharva, den man Pushpadanta (»Blütenzahn«) nennt, weil seine Zähne so weiß wie Jasmin-Blüten schimmern. Gandharvas sind die holden himmlischen Sänger, Elfenwesen, die gelegentlich in unseren schönsten Träumen erscheinen. Sie leben in den großen Sommerwolken, wo sie den Göttern singen und musizieren und ihnen den berauschenden Soma-Trunk bereiten.

Pushpadanta

Pushpadanta war ein glühender Verehrer des mondgekrönten Gottes. Täglich schmückte er das Linga mit den allerschönsten Blumen. Diese pflückte er heimlich im Prachtgarten des Königs von Benares. Die Gärtner wurden von Tag zu Tag verärgerter, als sie gewahrten, dass ihre prächtigsten Zöglinge auf mysteriöse Weise verschwanden, und das, obwohl die Tore des fürstlichen Gartens tagsüber bewacht und des Nachts verriegelt waren. Der älteste Gärtner meinte, es müsse sich wohl um ein fliegendes, übernatürliches Wesen handeln, denn weder Mensch noch Affe könne die hohe Mauer überwinden. Wie aber sollte ein derartiger Dieb dingfest gemacht werden?

Der weißhaarige Gärtner ersann eine List. Auf allen Gartenwegen und um jedes Beet ließ er Blütenblätter streuen, die zuvor dem großen Gott geweiht waren. Wer auch nur ein einziges Mal seinen Fuß auf solche geweihte Blätter setzte, den würde unweigerlich der Zorn des Gottes treffen. So wäre der Dieb verloren.

Als nun die Abendsonne Fluss und Hügel vergoldete und die Gärtner ihr Tageswerk vollbracht hatten, schwebte Pushpadanta unbesorgt von den Wolken herab. Freudig wandelte er von einer blühenden Staude zur anderen und pflückte sich die allerschönsten Blüten, bis seine Hände nicht mehr tragen konnten. Doch als er abheben wollte, konnte er – oh Schreck – nicht mehr fliegen! Ohne es zu wissen, hatte er Shiva beleidigt, denn das Heilige berührt man niemals mit den Füßen. Schon eilten die Gärtner herbei, banden den Dieb und zerrten ihn vor den König.

Pushpadanta kannte die Menschen und fürchtete ihre Grausamkeit. Schon einmal hatte er – als Strafe dafür, dass er das Liebesgeflüster Shivas und Parvatis belauschte und das Gehörte dann in aller Welt verplapperte – als Mensch geboren, leiden und sterben müssen.

Als er nun zitternd vor dem mächtigen Maharadscha stand und sich verantworten musste, da stimmte er eine Shiva-Hymne an, um sich Mut zu machen. Im Nu war ihm Shiva wieder gut gesonnen! Unversehens konnte sich Pushpadanta wieder in die Lüfte erheben und schwebte vor den Augen des verblüfften Königs durchs Fenster ins Freie.

Durdhara

Eine andere Geschichte, ebenfalls aus Benares, erzählt von einem gänzlich verdorbenen Gesellen namens Durdhara. Dieser Unhold verspottete die Heiligen, verachtete die »Veden« und glaubte an die Götter ebenso wenig wie an Märchen. Den einzigen Sinn im Leben sah er in der Befriedigung seiner Begierden und Gelüste. Er schlug seine Frau und verschwendete ihre Mitgift an Palmwein und lockere Weiber. Nach einem Gelage vergewaltigte er sogar die eigene Stiefmutter. Nicht einmal die heiligen Rinder entgingen seinem frevelhaften Zugriff. Im Verbund mit verruchten Muselmännern schlachtete er des Öfteren heimlich eine Kuh und schlug sich den Magen voll mit verbotenem Fleisch. In seiner Geldgier plante er schließlich den Raubmord eines harmlosen, alten Brahmanen.
Aber dazu sollte es nicht mehr kommen. Die prallen Brüste und schlanke Taille der neuen Nachbarsfrau beanspruchten seine ganze Aufmerksamkeit. Er brauchte Blumen, um sie zu verführen. Also schlich er sich in einen Blumengarten, um einen prächtigen Strauß zu stehlen. Ein wachsamer Gärtner entdeckte ihn jedoch sofort, sodass er sich mit einem Satz über die Gartenmauer rettete. Dabei schleuderte er mit einem zornigen, unbe-

dachten Ausruf »Für Shiva!« die schon gepflückten Blüten von sich.

Wie konnte er ahnen, dass schon das einfache Aussprechen des heiligen Namens Verdienste mit sich bringt! So geschah es, dass sich für einen Bruchteil eines Augenblicks das Dunkel seiner Seele lichtete und er einen Blick in den Himmel werfen konnte. Da gewahrte er eine Himmelsjungfrau, die mit solcher Liebe und mit solchem Mitleid auf ihn herabblickte, dass es ihn wie ein Blitz durchzuckte. Augenblicklich erkannte er sein verwirktes Leben. Bittere Tränen der Reue rannen ihm über die Wangen. Er schwor, nach Kashi, der Stadt Shivas, zu pilgern, hatte er doch gehört, dass dort alle Sünden getilgt werden.

Den Höllenschlund fliehend, machte er sich auf den Weg nach Benares. Als er die leuchtende Stadt auf den drei Hügeln am Ufer des Ganges betreten wollte, versperrten ihm die Torwächter den Weg.

»Entferne dich, du Scheusal!«, herrschte ihn der Wachtmeister an. »Deine Sünden stinken bis in den Himmel. Deine bloße Anwesenheit beschmutzt den heiligen Ort!«

Abermals kam ihm die barmherzige Himmelsjungfrau zu Hilfe. Von einer Wolke ließ sie reinigendes Ganges-Wasser auf ihn herabregnen, sodass er die Stadt betreten konnte. Aber kaum hatte er den ersten Schritt getan, da fing er Feuer. Wie trockener Zunder loderten seine Sünden in Flammen auf. Der Rauch stieg in den Himmel und färbte ihn blau. Ganga jedoch nahm seine Asche und trug seine Seele hinauf in den Himmel.

VIII. Mataji und ihre Kinder

Die Gedanken gebändigt, friedvoll das Herz,
lernt er die endgültige Weisheit kennen,
die ihm den wahren und unvergänglichen,
den inneren Menschen enthüllt.

Mundaka Upanishad

Endlose Stunden verbrachten sie auf dem Dach ihrer neuen Wohnstätte. Staunend, wie frisch aus dem Ei geschlüpfte Jungvögel, blickten sie auf eine friedliche, einmalig schöne Welt. Dort, gegen Osten, floss ruhig der mächtige Fluss, blitzend und glitzernd wie eine diamantene Schlange. Oft lauschten sie dem Rauschen des riesigen Banyan-Baumes und freuten sich an den jungen Rhesusäffchen, die da spielten, an den Luftwurzeln schaukelten und sich in den Zweigen wiegten. Dann wieder streifte ihr Blick die ungezählten, jeweils den Weltenberg Meru darstellenden Kuppeln und Türme der Tempel. Zuweilen glitt ihr Blick hinunter in die enge Gasse, folgte dem Ochsengespann eines Bauern, den mit Wäschebergen beladenen Eseln der Dhobi (Wäscher), der Rikscha, die gerade einen Haufen sauber geputzter Kinder in Schuluniform nach Hause brachte, den feingliedrigen Straßenfegerinnen in bunten Baumwoll-Saris, den streunenden Hunden, die im Abfall schnüffelten, oder dem gemächlichen Gang des Hornviehs auf dem abendlichen Heimweg. Auch den Büffelhirten, die hinter dem Haus kampierten, schauten John und Cindy zu – wie sie die schwerfälligen, schwarzen Biester molken, sie zum täglichen Bad im Ganges trieben oder ihnen an Festtagen die Hörner glücksverheißend rot bemalten. Manchmal schwebte ihr Blick mit den Raubvögeln bis an den Rand des Himmels, und des Nachts bewunderten sie den langen Stachel des Sternzeichens Skorpion, den man in nördlicheren Breiten gar nicht zu Gesicht bekommt.

Eine Rufweite vom Haus entfernt mündete der schmale Assi-Bach in den Ganges. Entstanden war das Rinnsal durch den Schwerthieb (Asi = Schwert) der Göttin, als diese einen Dämonen köpfte, der sich in die heilige Stadt einschleichen wollte. Aber auch ohne ihr Zutun wäre der Bösewicht nicht weit gekommen, denn unmittelbar hinter dem Bach ist der Lolarka Kund, ein tiefer Brunnen, über dem einst die Sonne stillstand, als sie die Wunder der Stadt Shivas gewahrte. Kein unreines Wesen kann an der stillstehenden Sonne vorbei, ohne dabei in Flammen aufzulodern.

Ja, sie hatten Glück gehabt! Wie ein guter Genius hatte Virendra Singh, Cindys Hindi-Lehrer, ihnen diese Wohnung im Obergeschoss eines burgähnlichen Gebäudes vermittelt. Es hatte viel Überredungskunst erfordert, den beiden Besitzerinnen klarzumachen, dass diese Videshi, diese weihelosen Ausländer, die hier herrschende spirituelle Atmosphäre nicht stören würden. Das Haus sei nämlich Durga, der löwenreitenden Shakti Shivas, geweiht.

Auf einem Charpoy (Gurt-Bett) liegend empfing *Mataji* (»die ehrwürdige Mutter«), eine ins Orange des Asketengewandes gehüllte »Heilige« von mehreren Zentnern Gewicht, das Ethnologen-Paar. Neben ihr, im weißen Witwensari, stand händeringend und mit einem verhärmten Mater-dolorosa-Gesicht die spindeldünne Mitbesitzerin. Wie es ihnen Virendra empfohlen hatte, falteten die Videshi die Hände zum ehrfürchtigen »Namaste« und nahmen anschließend jeweils eine Handvoll weißer Zuckerkugeln als Prashad, als »Vorgeschmack himmlischer Freuden«, aus der Hand der Heiligen entgegen. Es wurde ihnen unmissverständlich nahegelegt, dass sie unter keinen Umständen Fleisch oder Alkohol ins Haus bringen noch Radio spielen durften und dass die Miete – mit Aufschlag für Möblierung – rechtzeitig gezahlt werden müsse. Noch am selben Tag brachte ein Tischler Bretter, sägte, hobelte und nagelte sie zusammen. Daraus entstanden ein Stuhl und eine Platte mit wackeligen Beinen – »der Schreibtisch« –, um den Preisaufschlag zu rechtfertigen. Das übliche Tischbett (Palang), auf dem man essen, schlafen und Gäste bewirten kann, war schon da.

Glücklich zog sich das angeschlagene Paar nun hinter die kühlen Wände zurück. Bedienstete, die das Kochen, Putzen und Einkaufen erledigen würden, wollten sie vorerst nicht einstellen. Nur Ruhe wollten sie haben – Ruhe zum Überlegen, Ruhe zum

Genesen. Immer seltener ging der Ethnologe zur Universität. Allzu oft wurden die Seminare abgesagt oder der Campus war gänzlich unzugänglich. Unlängst wurde er wieder unverhofft auf unbestimmte Zeit gesperrt, nachdem aufgebrachte Studenten einige Gebäude besetzten und randalierten. Die vorgesehenen Vorlesungen des Visiting Scholars wurden deshalb auch auf einen späteren Termin verschoben. Also richtete er sich am »Schreibtisch« ein, um zu schreiben und zu studieren.

Aber mit dem Frühling kam die Hitze und legte seinen Neocortex lahm. Mehrmals reichten die Affen ihre neugierigen Hände durch die Gitterstäbe der Fensteröffnung, grapschten die frisch beschriebenen Seiten und ließen sie mit dem Wind davonflattern, ehe sie kreischend zum Schaukeln in die Baumwipfel zurückkehrten.

Da war es viel angenehmer, die langen Erkundungswanderungen durch die Stadt und das angrenzende Land fortzuführen. Immer wieder wurde der Ethnologe dabei an den Rand seines Fassungsvermögens gestoßen.

Als er einmal bei der Suche nach der in englischer Sprache erscheinenden Zeitung »The Times of India« das Bahnhofsgelände durchschritt, vernahm er ein seltsam krächzendes »*Jai Ram,* Jai Ram, Jai Jai Ram!« Die zerbrochene Gestalt, die da vor ihm auf dem Fußboden liegend bettelte, glich eher einer zertretenen Spinne als einem Menschen. Er wagte nicht hinzuschauen, sondern griff abwehrend zum Portemonnaie, als könnte er sich von der Schreckensvision loskaufen, indem er einige Aluminiummünzen hinschleuderte. Seine Neugierde war jedoch größer als seine Furcht. Zögernd wagte er einen flüchtigen Blick in die Augen des erbärmlichen Geschöpfs, und – Bom Shiva! – ein Licht durchflutete ihn. Die Fassade, die er »Wirklichkeit« nannte, hatte einen weiteren Sprung bekommen. Er blickte direkt in den Himmel. Das war kein bettelnder Krüppel, der da Gottes Lobpreis sang, sondern ein Guru, ein Bhakta, einer der unmittelbar vor Gottes Thron stand und jedem, der es hören wollte, Zeugnis davon ablegte.

Auch Cindy bekam ständig Dinge zu hören und zu sehen, die ihrem gewohnten Bild der Wirklichkeit kaum mehr entsprachen. Die aus Rajasthan stammende Nachbarsfrau, die ihr zeigte, wie man Chapatis bäckt und wo man auf dem Schwarzmarkt Kerosin für den Kocher bekommt, fragte Cindy eines Tages, warum sie, als anscheinend gesunde Frau, keine Kinder habe.

Cindy versuchte mit rational fundierten Argumenten – Überbevölkerung, Welternährungskrise, Ökologie, das Bedürfnis einer Frau nach persönlicher Entfaltung – der neuen Freundin zu erklären, dass es viele Gründe gebe – wie sie es formulierte –, keine »Kinder in die Welt zu setzen«: Wenn die staatliche soziale Fürsorge gut funktioniere, seien Kinder auch nicht nötig für die Altersversorgung. Cindy hielt den Moment für geeignet, die Inderin über Verhütungstechniken aufzuklären.

Die gutmütige Frau schüttelte aber den Kopf, sie kenne das schon. In ihrem roten Sari, mit einem nackten, pausbäckigen Knaben auf dem Arm, sah sie aus wie eine Madonna. Als ob die Erdmutter da selber spräche, sagte sie: »Schwester, was macht eine Frau stärker als ihr eigenes Kind? Eine Frau ohne Kind gleicht einem zersprungenen Wasserkrug. Sie bleibt, besonders in den Augen ihrer Schwiegermutter, eine wenig geachtete Dienstmagd. Tragen nicht alle Menschen den Funken Gottes in ihrer Seele? Wie kann es da zu viele Menschen geben? Wie kann ein Baum zu viele Blätter hervorbringen? Ein alter Baum, wie diese Erde, bringt zur rechten Jahreszeit viele, sehr viele Blätter hervor. Vor dem Monsun fallen sie alle wieder ab. Empfängnisverhütung? Nun gut, aber sollte eine Frau ihrem Mann, der ihr Guru und Gott ist, nicht wenigstens einen Sohn schenken?« Wisse Cindy denn nicht, dass für den Mann, der keinen Sohn hat, die lange Reise zu den Ahnen nach dem Tod ganz besonders beschwerlich sei? Wer solle dann das traditionelle Totenritual, das Shraddha, durchführen, wer solle ihn mit Wasser und Reiskugeln speisen? Und könnte es auch nicht möglich sein, dass sich in der Frucht des Schoßes – gezeugt zu günstiger Stunde – ein Mahatma, eine »große Seele«, auf den Weg in die Welt macht, um durch sein Dasein alle Wesen zu segnen und ihnen zu helfen?

Das war starker Tobak für Cindy, sie wusste nicht, wie sie antworten sollte. Verlegen und zugleich kritisch sagte sie: »Man kann doch nicht kinderlose Frauen verdammen!«

Die Nachbarin lachte. »Selbstverständlich nicht. Manchmal hat das Schicksal etwas anderes mit einer Frau vor, manchmal etwas ganz Besonderes. In dem Fall bleiben ihre Kinder ungeboren.«

Daraufhin erzählte sie ihre persönliche Geschichte: Nach acht Jahren kinderloser Ehe und nachdem ihr die Ärzte bestätigt hatten, dass sie zeitlebens keine Kinder gebären werde, habe sie sich das Leben nehmen wollen. In dem Augenblick, da sie diesen Entschluss fasste, tappten zwei halbblinde Alte an ihrem Haus vorbei. Sie hatten sich verlaufen und fragten nun verzweifelt nach Auskunft, wie man zum Bahnhof komme. Niemand aber konnte sie recht verstehen, denn in Benares spricht man Hindi, doch die Alten sprachen nur Rajasthani.

Als sie nun plötzlich ihre Muttersprache hörte, da verließ sie die Schwermut. Es war ihr, als hörte sie ihren Vater und ihre Mutter sprechen, die sie im fernen Rajasthan gelassen hatte. Plötzlich erkannte sie, dass es kein gewöhnliches Menschenpaar war, sondern Shiva und Parvati selber, die sich hier in der engen Gasse verirrt hatten.

Nachdem ihr Mann die Alten sicher zum Bahnhof geleitet hatte, wusste die Frau ohne den geringsten Zweifel, dass ihre langjährigen Gebete nun in Erfüllung gegangen waren. Neun Monate später kam ein hübsches Töchterlein zur Welt; im übernächsten Jahr ein zweites Töchterchen und danach noch ein Mädchen!

Trotz ihrer Freude lag ein Schatten auf ihrem Glück, denn wie schon gesagt, nur ein Sohn kann das Familien-Dharma weiterführen. Töchter verlassen bei ihrer Heirat das Elternhaus, und die Mitgift verschlingt ein beträchtliches Vermögen. Dennoch zweifelten sie nie an Mahadevas Güte. Shiva und Parvati hatten nur ihre Seelen prüfen wollen. Es dauerte nicht lange, da kam der Lausbub auf die Welt, der nun an ihrer Brust lag. Aus Dankbarkeit ließ die Familie eine kilometerlange Girlande aus goldgelben Samtblumen von den Blumenbindern knüpfen. Die Nauwallahs, die Bootsleute, spannten die Girlande von einem Ufer des Ganges zum anderen. Es sollte ein Blumenhalsband für die Flussgöttin sein, die die Kinderseelen vom Himmel herabbringt. Der Fluss fließt ja unmittelbar aus dem Haarknoten des gnädigen Gottes!

Jeden Morgen, noch ehe die Sonne das bleigraue Wasser des heiligen Stromes in flüssiges Gold verwandelte, wurden John und Cindy von den Klängen unzähliger Glocken, Zimbeln, Muscheltrompeten und singenden Stimmen aus ihrem Schlaf geschaukelt. Zum Gruß des Sonnengottes ließen Lautsprecher von den Türmen der Tempel die Luft mit uralten Mantras und Gesängen erzittern. Im Haus regte es sich schon, als es noch finster war. Durch das Gitter des breiten Lüftungsschachts, der das ganze Gebäude durchzog, vernahmen sie entsetzliche Räusper-, Würge- und Hustengeräusche; es klang, als litten ihre Mitbewohner an irgendeinem schrecklichen Lungenleiden. Erst später wurde ihnen klar, dass die beiden Matajis und das Hausgesinde hatha-yogische Reinigungsübungen vornahmen. Sie putzten sich die Zähne mit frischen Zweigen vom Neem-Baum[9], schabten sich mit einem Zungenschaber den Belag von der Zunge, spülten sich mit Klistieren den Dickdarm aus, zogen Wasser durch die Nase und würgten sogar einen langen Stoffstreifen hinunter, den sie dann langsam die Speiseröhre wieder heraufzogen. So wurden sämtliche »unreinen« Schleime entfernt.

Kaum waren die Geräusche des aufwendigen Purifikationsrituals verstummt, da klapperte schon das Blechgeschirr, während bläulicher Kuhfladenqualm das ganze Haus durchzog. Mit der feierlichen Stimme eines Messpriesters rief die dicke, orangegekleidete Mataji den Feuergott Agni an, leierte dann die Namen aller wichtigen Gottheiten herunter und bat sie, die ins Kochfeuer geopferten Prisen Mehl, Reis und geronnene Butter anzunehmen. Mit der tönenden Anrufung der Opfergöttin Svaha beendete sie die Litanei.

Es waren riesige Mengen Essen, die da nach uralten vedischen Vorschriften peinlich genau zur günstigsten Götterstunde bereitet wurden. Die Kosten dafür wurden – wie sich später herausstellte – von der Wuchermiete, die sie den Ausländern abknüpften, bestritten. Die Mahlzeiten aus Reis, Dahi (Joghurt), Chapati und Subji (Gemüse) waren für die vielen Sannyasi bestimmt, die Heim und Familie verlassen hatten, um mit der Bettelschale in der Hand die endgültige Erlösung *(Moksha)* zu suchen. Zwar hatten die Bettelmönche den weltlichen Genüssen entsagt; aber wie auch oft die recht feisten Mönche unseres europäischen Mittelalters waren sie einer guten Speise selten abgeneigt, zumal es die einzige Mahlzeit des Tages war. Also strömten sie nach ihrem morgendlichen Bad im Ganges in Scharen in das große Haus und nahmen das Essen zu sich, von dem sie wussten, dass es *sattva* (»rein und lichthaft«) ist und weder Fleisch noch aufgeilende Zwiebeln oder Knoblauch oder Möhren enthielt. Anschließend lasen sie mit konkurrierend lauten Stimmen aus den heiligen Schriften. Geduldig ließen sie die eifrig vorgetragenen Erörterungen, Hinweise und Auslegungen der großzügigen Frau, die sie wie eine wahre Mutter behandelte, über sich ergehen. In ihren verklärten Augen war sie keine andere als *Annapurna*, Shivas Gefährtin in ihrer Erscheinung als Göttin der Speisen (Abb. S. 308).

Die göttliche Mutter, die die Welt ernährt

Die bunten Geschichten, die abends in den Hütten und unter dem Banyan-Baum im Dorf erzählt werden, sind anders als die erhabenen philosophischen Kompositionen der Gelehrten. Für das einfache Volk sind Shiva, der Gott der Götter, und Parvati, die Große Göttin, nicht viel anders als die Menschen, die sie im alltäglichen Leben kennen.
Eine beliebte Geschichte erzählt von Annapurna, deren Name »Die, die reich an Nahrung (Anna) ist« bedeutet:

Die volle Reisschüssel

Wie viele seiner Getreuen lebte Shiva auf Erden am Rande der Gesellschaft. Mit Parvati und den zwei Kindern, dem dicken, elefantenköpfigen Baby Ganesha und dem strammen kleinen Skanda, hauste er am Dorfrand in einer notdürftigen Hütte. Anstatt zu arbeiten oder sich sonst nützlich zu machen, streifte er tagsüber durch den Wald. Oft saß er stundenlang unter einem Baum oder am Flussufer und gab sich seinen Träumereien hin. Seine arme Familie fütterte er durch, indem er jeden Morgen seine Bettelrunden drehte. Manchmal aber, wenn er zu viel Bhang *getrunken hatte, brachte er nicht einmal das zustande. Die wenigen Reiskörner, die kümmerlichen Brotreste, die vom Vortag übrig geblieben waren, hatten Ganeshas Ratte oder Skandas Pfau aufgefressen. Parvati und die Kinder mussten hungern.*
Eines Tages kam Narada, der schelmische Götterbote, an der Hütte vorbei. Er neckte Parvati und schüttelte den Kopf: »Ja,

ja, dein Alter ist ein Bhola, *ein einfältiger Narr. Er haut sich die Rübe voll, während seine Frau und Kinder hungern!«*
Da raffte sich die in ihrem Stolz getroffene Parvati auf, nahm Baby Ganesha auf den Arm und Skanda an die Hand und machte die Bettelrunde selbst. Die Haushalter hatten Mitleid mit der armen Frau, sodass sie bald eine volle Schüssel frisch gekochten Reis nach Hause tragen konnte.
Als Shiva wieder nüchtern war, wollte er das Versäumte nachholen, aber man knallte ihm jedes Mal die Tür vor der Nase zu. Niemand gab ihm etwas. Parvati war nämlich überall schon vor ihm gewesen.
Enttäuscht und traurig, mit knurrendem Magen und leerer Bettelschale machte er sich auf den Heimweg und erwartete die übliche Schelte. Parvati empfing ihn jedoch freundlich an der Tür mit einer vollen Schüssel Reis und fütterte ihn. Von Freude überwältigt drückte er seine Gefährtin so fest an sich, dass sie zu einer einzigen Person zusammenschmolzen und noch heute dergestalt als Ardhanarishvara *[Halb-Frau-Gottheit; Abb. S. 308] verehrt werden.*

Materielle Nahrung ist Illusion

Eine andere Geschichte erzählt, dass Shiva im Ganja*-Rausch anfing, Parvati zu belehren: »Die Welt ist Illusion. Die Materie ist eine Fata Morgana, sie erscheint in einem Moment und verschwindet wieder. Sogar Nahrung ist Maya.«*
Parvati, die eigentlich die Mutter aller materiellen Dinge – auch der Nahrung – ist, verlor ihre Geduld. »Nun gut, wenn alles Illusion ist, brauchst du mich nicht mehr«, sagte sie und

verschwand. Mit ihr verschwanden die Jahreszeiten, die Erde trocknete aus. In allen drei Welten, im Himmel, auf Erden und in der Unterwelt, gab es nichts mehr zu essen. Götter, Dämonen, Menschen und Tiere heulten wie Kinder, die ihre Mutter verloren hatten.

»Was soll Erleuchtung, wenn der Magen leer ist?« Das fragten sich selbst die weisen Rishis.

Parvati, die Mutter des Universums, hatte Mitleid und eröffnete eine Küche in Kashi (Benares). Als die hungernden Geschöpfe das hörten, gab es eine Massenwanderung zu der heiligen Stadt am Ganges.

Auch Shiva hörte, dass Parvati in Kashi eine Küche zur Speisung der Hungrigen aufgemacht hatte. Von Hunger und Einsamkeit geplagt, machte er sich auf den Weg und stellte sich mit seiner Bettelschale – diese bestand aus der Schädeldecke Brahmas – geduldig in die lange Schlange. Als er Parvati sah, sagte er: »Nun ja, die materielle Welt ist ebenso wenig eine Illusion wie die geistige Welt!«

Parvati lächelte, und ehe er weiterreden konnte, schob sie ihm einen mit Reis gehäuften Löffel in den Mund.

Seither gibt es in Benares, der Stadt der Bettler, einen berühmten Annapurna-Tempel. Wer die hellhäutige Göttin, dargestellt mit Reisschale und Löffel, anbetet, wird wie Shiva niemals hungrig gehen müssen. Weil sie dort anwesend ist, heißt es, es sei noch niemand in Benares verhungert.

Vyasa vergisst seinen Fluch

Eine weitere Geschichte erzählt, wie Annapurna den weisen Vyasa, den Schöpfer des Heldenepos »Mahabharata«, besänftigte. Einst zog der Weise mit seinen Jüngern bettelnd durch die Gassen von Kashi. Unzufrieden mit den Almosen, verfluchte er die Einwohner. Hundert Jahre lang sollte ihnen weder Reichtum, Freundschaft noch Weisheit vergönnt sein.

Natürlich war Shiva wenig erfreut, dass ein derartig harter Fluch seine Lieblingsstadt treffen sollte. Doch da erschien Annapurna als Haushälterin gerade an dem Ort, wo der mürrische Weise mit seinem Gefolge vorbeizog. Sie löffelte einen köstlich schmeckenden Schmaus in die vorgehaltenen Schalen, und zwar so reichlich, dass die Mönche in Verzückung gerieten.

Vyasa vergaß seinen Fluch und schwor, Kashi nie wieder zu verlassen. Auch Shiva und Parvati entschlossen sich, ewig in Benares zu bleiben. Er würde jedem Sterbenden den Weg zur Erlösung weisen, sie aber, als Annapurna, würde zusehen, dass niemand in der Stadt des Hungers sterben müsse.

Annapurna offenbart sich noch immer in vielen Hausfrauen von Benares, die den Armen etwas Reis, Linsen und Gemüse in die Bettelschale legen, aber sicherlich nirgendwo so vollkommen wie in der wohlbeleibten Mataji im Safrangewand, bei der Cindy und John wohnten. Mit ihrem strahlenden Mondgesicht brachte sie es fertig, selbst die strengsten Büßer zum Lachen zu bringen. Ihr ständiger Schatten, nämlich die weiß gewandete, hagere, griesgrämige Witwe, die ihr untergeben und ruhelos dienstwillig zur Seite stand, ergänzte sie wie der Neumond den Vollmond. Aber auch in diesem grübelnden, spröden alten Weib erkannten die Wandermönche Shivas Shakti in ihrer Manifestation als Dhumvati, der »Rauchbetrachterin«. Sie wissen, dass nichts in der Erscheinungswelt ohne das dazugehörige, ergänzende Gegenteil möglich ist.

Diese Dhumvati war es auch, die den Mietzins aus den unreinen Händen der beiden Videshi entgegennahm. Auf Armeslänge, nur mit den äußersten Fingerspitzen, getraute sie sich, das Geld anzufassen, ehe sie forteilte, um es mit Weihrauch, Mantra-Gesängen und Ganges-Wasser von unsauberen, fremden Einflüssen zu reinigen.

Alle Götter leben in Kashi

Benares gilt als eine einmalige Tirtha, als Furt, die über den Zeitstrom hinüber in die heilige Traumzeit der Götter führt. Wahrhaftig sind alle Götter in diesem Mikrokosmos des Universums anwesend, und wer die alten Augen gegen neue eintauscht, der wird es ebenfalls erfahren können.
Die folgende Geschichte erzählt, wie es dazu kam, dass alle Götter in Kashi ihre Wohnung nahmen.

Die Herrschaft Divodasis

Einst wurde die Erde von einer katastrophalen Dürre heimgesucht. Jahrelang hatte es keinen Tropfen mehr geregnet. Der geordnete Lebenswandel, das Dharma der Menschen sowie der ganzen Natur drohte zusammenzubrechen. Nur ein tadelloser, makelloser König – würde er sich überhaupt finden lassen – hätte die Fähigkeit, das Dharma wieder aufzurichten.
Der Weltenschöpfer Brahma, in Sorge um seine Geschöpfe, hielt Ausschau nach einem ebensolchen untadeligen Fürsten. Er fand ihn in Divodasi, einem betagten König, der sein Reich aufgegeben hatte, um nun als einsamer Waldeinsiedler seine endgültige Erlösung zu suchen. Brahma erschien vor dem inneren Auge des Alten und bat ihn dringlichst, den Thron Kashis anzunehmen.
Nur unter einer Bedingung, antwortete der alte König, würde er die Last des Regierens wieder auf sich nehmen. Damit sie ihm nicht ins Handwerk pfuschten, sollten sämtliche Götter bis auf den allerletzten Benares verlassen!
Brahma hatte keine andere Wahl, als auf die Bedingung einzu-

gehen. Er befahl den Götterscharen, sich wieder in ihre jeweiligen Himmel zurückzuziehen.
Selbst Shiva und Parvati mussten gehen. Sie waren deswegen aber keinesfalls böse. Sie planten sowieso Flitterwochen auf dem Berg Mandara. Viele Äonen hatte sich dieser Berg den strengsten Bußübungen unterworfen in der Hoffnung, dass Shiva und Parvati ihm erscheinen würden und auch ihn zum heiligen Ort, ebenbürtig mit Kedernath, Pashupathinath, ja sogar mit Benares, machen würden. Nun sollte sein Wunsch in Erfüllung gehen. Shiva hinterließ ein Linga in der Stadt. So konnte er getrost gehen und dennoch im Linga, seinem Zeichen, gleichzeitig anwesend sein.
Nun zog der tugendhafte König in den Palast des Maharadschas. Gleich fiel der ersehnte Regen und heilte die hässlich klaffenden Risse in der gelben Haut der Erde. Es ist nämlich ein uraltes Gesetz, dass sich alles in der Natur wie auch in der Gesellschaft zum Besten wendet, wenn die Regierenden rein, gütig und edel sind.
König Divodasi wurde bald in aller Munde als Dharmaraja, »König des Dharmas«, gepriesen. Wahrlich tadellos war seine Herrschaft! Die vier Kasten lebten in Eintracht miteinander; kein Tier musste leiden; die Luft erklang von heiligen Liedern und dem ständigen Hersagen vedischer Verse. Alle frohlockten über die Wiederkehr des Goldenen Zeitalters.
Die Götter waren jedoch nicht nur eifersüchtig, sondern auch arg verärgert. Da sie nicht mehr persönlich in der Stadt anwesend sein durften, entfielen ihnen auch die begehrten Opfergaben. Also schmiedeten sie Ränke, um die Natur zu stören und den König zu stürzen. Agni, der Gott des Feuers, zum Beispiel entzog dem Feuer seine Hitze; Vayu, *der Windgott, ließ die Winde verstummen, und Indra trieb alle Regenwolken weg. Sicherlich – so hofften sie – würde es unter dem Volk einen Aufstand geben, wobei sie den König verjagen würden.*

Der alte Herrscher aber hatte kraft seiner Askese die Macht über die Elemente selber erlangt, sodass das Feuer weiterbrannte, der Wind die Kornfelder weiter bestäubte und der Regen die Ackerkrume weiter befeuchtete.

Währenddessen langweilte sich Shiva auf dem Berg Mandara. Eine brennende Sehnsucht nach seiner Lieblingsstadt durchglühte ihn wie ein Fieber. Selbst die kühle Ganga, deren Fluten sein Haupt benetzten, vermochte ihn nicht zu kühlen. Auch Gangas Schwester Parvati war unglücklich – ist doch Benares das Lotosbett, auf dem sie mit Shiva weilt, wenn alte Welten vergehen und neue entstehen.

Da ersannen die beiden eine List, den tugendhaften König zu stürzen. Sie wussten, dass der fehlerlose Asket aufgrund seiner Verdienste weder durch Krankheit oder Alter noch durch den Tod zu Fall gebracht werden konnte. Also schickten sie vierundsechzig Yoginis, *Zauberinnen, geübt im tantrischen Yoga und in der Handhabung der Illusionskraft (Maya), um den Tugendbold mit magisch-erotischen Künsten zu verführen. Verkleidet als Tänzerinnen, Schauspielerinnen, Kranzbinderinnen, Wahrsagerinnen, Asketinnen, Artistinnen, Haarkämmerinnen, Gärtnerinnen und Freudenmädchen schlichen sie sich heimlich in die Stadt ein. Zuerst waren sie vom Glanz des Ortes ganz benommen, aber dann gingen sie ans Werk.*

Nach einem Jahr mussten sie ihre Niederlage eingestehen. All ihren Zauberkünsten zum Trotz verführten sie nicht einen der aufrichtigen Bürger, geschweige denn den König. Zurück nach Mandara wollten sie aber auch nicht, denn die strahlende Stadt gefiel ihnen wie kein anderer Ort. Heißt doch das Sprichwort: »Nur ein Narr würde Kashi freiwillig verlassen. Wer würde auch einen Diamanten gegen eine Glasscherbe eintauschen?«

Vergebens wartete Shiva. Als es sicher war, dass sie nicht wiederkämen, schickte er den schrecklichen Bhairava. Dieser sollte dem König das Fürchten lehren!

Als aber Bhairava die Stadt betrat, verliebte er sich in die schönen Yoginis. Er teilte sich in vierundsechzig Personen und übte fortan tantrischen Sex-Yoga mit den Zauberinnen.

Als auch Bhairava nicht wieder zurückkam, schickte Shiva den Sonnengott Surya *[Abb. S. 329] nach Kashi. Sämtliche Winkel und Gassen sollte er durchleuchten, um wenigstens einen einzigen Fehler im Reich des Königs zu entdecken, der ihm zum Verhängnis werden konnte.*

Als der strahlende Gott die Stadt erblickte, blieb er, an allen Gliedern zitternd, reglos stehen – so schön war sie! Doch dann zog er kraft seiner Verwandlungsfähigkeit an den Torwächtern vorbei und durchschritt die Gassen, mal als Heiliger, mal als Ketzer, mal als reicher Händler, mal als Brahmane und dann wieder als hagerer Asket. Überall versuchte er Unruhe und Aufruhr zu stiften und den Frieden zu untergraben, aber ohne Erfolg. Da entsagte der Sonnengott seinem bisherigen Leben und schwor den Kshetra-Sannyasa-Eid, nämlich nie und nimmer die Stadt zu verlassen, denn – so sagte er sich: »Das Dharma lebt unvermindert in Kashi, und dieses Dharma wird mich auch vor dem Zorn Rudra-Shivas schützen!« Damit spaltete sich die Sonne in zwölf Teile, entsprechend den Monaten, und seither leuchtet das Himmelsgestirn ununterbrochen in Kashi – tagsüber am Himmel, des Nachts in den Herzen der Einwohner.

Shiva wartete das ganze Jahr auf Surya. Aber ebenso wie die Zauberinnen und Bhairava kam er nie wieder zurück. Mahadeva loderte vor lauter Ungeduld, als hätte sein eigenes Drittes Auge ihn getroffen. Nun befahl er Brahma in die Stadt.

Selbstverständlich erschien der Veden-kundige Schöpfergott als würdiger, gelehrter Brahmane. Er würde König Divodasi von der Notwendigkeit überzeugen, ein Zehnpferdeopfer (Dasashvamedha) zu veranstalten. Ein solches Pferdeopfer – die Wiederholung des weltschaffenden Uropfers – ist derartig aufwendig und langwierig, dass der König dabei sicherlich irgendeinen fatalen Fehler machen würde. Würde er auch nur ein einziges Detail auslassen oder übersehen, dann wäre es um seine Tugend und um den Segen getan. Die zehn besten Hengste müssen mit größter Sorgfalt ausgewählt und geweiht werden. Ein volles Jahr sollen sie laufen dürfen, wohin es sie gelüstet. Wird während dieser Zeitspanne auch nur ein einziges Pferd verletzt, gestohlen oder in seiner freien Bewegung gehindert, dann gilt das als ein schlechtes Omen. Es würde auf einen Makel im Dharma des Königs hinweisen. Auch ein Festessen muss der Fürst veranstalten, unzählige Opferutensilien zur Verfügung stellen, Anweisungen geben und die angebrachten Mantras zur rechten Zeit aussprechen. Sicherlich würde ihn das Glück dabei im Stich lassen!

Der edle Divodasi aber vollbrachte die Opferzeremonie am Gestade des Ganges ohne einen einzigen Fehltritt. Seither ist der Dasashvamedha-Ghat (»der Badeplatz des Zehnpferdeopfers«) der Mittelpunkt von Benares. Wer hier auch nur einmal badet, dem kommt der Verdienst zehn arischer Pferdeopfer zugute.

Brahma war tief beeindruckt von dem König und seiner Stadt. Auch er nahm das Risiko des Zornes Shivas auf sich. Er baute ein Shiva-Linga und ließ sich dort für immer als Priester nieder. Vergebens wartete Mahadeva nun auch auf Brahmas Rückkehr. Verärgert schickte er »Spitzohr« und »Megatod«, zwei berüchtigte Oberbefehlshaber seiner Heerscharen (Ganas), um zu erkunden, was da geschehen war. Wie geifernde, an ihren Ketten zerrende Jagdhunde konnten sie es kaum abwarten, die widerspenstige Zitadelle einzunehmen.

Aber schon beim ersten Anblick der Stadt vergaßen sie ihr Vorhaben. »Wie können wir einen heiligen Ort verlassen, an dem ein einziges Bad alle Sünden tilgt und eine einzige Blume, die man auf ein Linga legt, mehr wiegt als ein Zentner Gold?«, sagten sie sich, bauten ein Shiva-Linga und blieben.

Als es klar wurde, dass auch die beiden Ober-Ganas nicht zurückkehren würden, schickte Shiva zwei weitere teuflische Ge-

neräle: den mächtigen »Riesenbauch« und den gefürchteten »Glockenohr«. Aber auch sie schlug der Zauber Kashis sofort in Bann. »Man muss wirklich den Verstand verloren haben«, meinten sie, »einen Ort aufzugeben, an dem die Speisung eines Heiligen einem Opferfest gleichkommt und das Errichten eines Linga der Erschaffung eines Universums!« Sie bauten ebenfalls ein Linga und blieben.

Als Shiva merkte, dass auch diese Getreuen nicht zurückkehren würden, musste er lachen. Nun schickte er den Rest seiner Diener und Begleiter. Allen Beteuerungen zum Gegenteil, wusste er, dass auch sie nicht wiederkommen würden.

Auf den Größten aller Ganas, seinen verschlagenen Sohn Ganesha, würde jedoch Verlass sein. Also schickte er den als brahmanischer Wahrsager verkleideten, feisten Elefantengott auf den Weg. Er sollte den Bewohnern von Benares die Sinne verwirren und sich bei der Königin einschmeicheln. Nachdem er in der ganzen Stadt durch seine Wahrsagekünste und Horoskopie berühmt geworden war, lud ihn die Königin höchstpersönlich in den Palast. Auch Divodasi war von der Weisheit des Fremden tief beindruckt und sagte: »Lange habe ich regiert, länger als alle Könige vor mir. Meine Untertanen habe ich wie leibliche Söhne und Töchter geehrt, habe die Brahmanen und Kühe geschützt und das Recht walten lassen. Nun frage ich dich, großer Gelehrter, was ist der Sinn all dessen? Was sind die Früchte meiner Taten?«

Geschickt drehte Ganesha die Frage zum Haken, mit dem er den großen Fisch angeln sollte. »Gewiss, deine Macht gleicht der der Sonne und des Mondes. In acht Richtungen, oh König, waltet deine Tugend, und selbst das Wasser, die Erde und das Feuer sind dir untertan. Dennoch bleibt der Sinn all dessen verborgen. In genau achtzehn Tagen jedoch wird ein kahl geschorener Asket des Weges kommen und wird dir deine Frage beantworten!«

Der angekündigte Asket war kein Geringerer als der Welten-

Erhalter Vishnu persönlich. Mit Ganesha hatte er den Plan geschmiedet, der den Fall des Königs besiegeln sollte.
Der elefantenköpfige Dickwanst spaltete sich derweil in sechsundfünfzig kleinere Ganeshas, um die Stadt, insbesondere deren berühmte Zuckerschleckereien, besser genießen zu können. Er hielt es nicht einmal für nötig, seinem Vater Shiva von seinem Erfolg zu berichten.
Wie der Wahrsager vorausgesagt hatte, erschien Vishnu als Asket. Er trug eine Bettelschale, hüllte sich in ein safranfarbiges Gewand, hatte den Schädel blank rasiert wie ein Krimineller und nannte sich »der Erleuchtete«. Mit ihm kam der Adler Garuda *[Abb. S. 314], sein Reittier, in der Gestalt eines buddhistischen Mönches. Auch seine Gefährtin* Lakshmi *[Abb. S. 320/321], die Glücksgöttin, begleitete ihn als buddhistische Nonne.*
Im Rehpark am Nordrand der Stadt hielt er seine erste Predigt. Dann, nachdem er im Ganges gebadet hatte, zog er lehrend durch die Gassen und Marktplätze. Seine Botschaft lautete: »Das All wurde von keinem Schöpfer erschaffen. Immer wieder und ewiglich erscheint und vergeht es, ohne Ursache. Götter bestehen nur in der Einbildung. Da alle Lebewesen vom selben Atem belebt sind, sind sie gleichwertig und ohne Unterschied. Deswegen darf man ihnen keine Gewalt antun. Auch wenn die »Veden« es so verlangen, man darf keine Tiere opfern. Da alle gleich sind, ist eine Unterscheidung der höheren und niederen Kasten, der Brahmanen und Unberührbaren ebenso sinnlos wie alle anderen Vorschriften der Veden!«
Als das Volk diese betörenden und dennoch so verderblichen Lehren hörte, verlor es den rechten Weg. Viele wurden von den buddhistischen Magiern bezaubert. Frauen dienten nicht mehr ihren Männern; die Männer ihrerseits blieben ihren Frauen nicht mehr treu. Zum Verderb der gesellschaftlichen Ordnung vermischten sich die Kasten, und die »Veden« wurden verspot-

tet. Auf diese Weise ging das tadellose Dharma des Reiches verloren, und damit begann die Macht des Königs endgültig zu schwinden.
Inzwischen wurde der wunderliche Asket mit allen Ehren am Hof empfangen. Der müde gewordene Herrscher fragte den Kahlgeschorenen: »Oh Mönch, lange habe ich regiert, doch von Tag zu Tag schwindet mein Vertrauen in den Sinn meiner Tätigkeit. Wie kann ich die endgültige Erlösung und Ruhe finden?«
Da gab sich Vishnu zu erkennen und sagte: »Wahrlich, du hast recht, dich von deiner Last befreien zu wollen. Dein Wunsch entspricht dem Götterwillen. Du hast das Dharma erhalten, und dennoch, indem du die Götter aus der Stadt verbanntest, hast du eine große Sünde begangen. Shiva gedachte ständig deiner, aber nur um dich zu stürzen! Errichte also ein Linga zu seinen Ehren und du wirst Erlösung finden.«
Nachdem der Asket die Hallen verlassen hatte, übergab Divodasi den Thron seinem Sohn, ließ ein Linga errichten, weihte es gebührlich mit Mantras, Weihrauch, Sandelholzpaste, Blumen, Ganges-Wasser, geronnener Butter und Milch und legte seinen Körper beiseite. Vishnu aber zog in den Jaganath-Tempel und blieb in der Stadt. Er schickte seinen Adler Garuda – der nur widerwillig davonflog –, um Shiva von der Befreiung seiner Lieblingsstadt zu berichten.
Glücklich bestiegen Shiva und Parvati ihren milchweißen Stier Nandi und ritten nach Kashi. Jubelnd empfingen die Götter und alle anderen Wesen die wahren Herrscher der heiligen Stadt. Auch sie würden Benares nie wieder verlassen.

IX. Ganga und Shankar

Jeder Kieselstein in Kashi
ist Shankara.

Jede Welle (des Ganges)
ist eine Himmelspforte.

Sprichwörter aus Benares

Mit den fremd klingenden Namen ihrer Mieter wussten die Matajis nichts anzufangen. Es kam ihnen gar nicht in den Sinn, zu versuchen, die barbarischen Laute auszusprechen. Eines Tages rief die große Mataji die beiden herbei und erklärte, den Kopf hin und her wiegend: »Ganga und Shankar seid ihr! Ha! (Ja!)« Ein mysteriöses Lächeln überflog ihre Lippen, und die tiefschwarzen Mandelaugen glühten: »Shankar ist Shiva! Friedlich, immer friedlich ist er. Shankar ist nichts als Ruhe und Frieden. Ganga ist stets bei ihm, nie weiter von ihm entfernt als sein eigenes langes Haar. Nie trennen sie sich – genauso wie ihr beide.«

Da das Eisentor zum Hof immer abgeschlossen war und der Diener zum Auf- und Zusperren gerufen werden musste, entging der Mataji weder das Kommen noch das Gehen der beiden und jedes Mal hatte sie einen Spruch oder ein Liedchen über Ganga bereit. Oft sang sie: »Jeder Kankar (Kieselstein) in Kashi ist Shankar!«, klatschte lachend in die Hände und zeigte auf den Ethnologen.

Erst allmählich wurde ihnen klar, wohin und an wen sie geraten waren. Der ungewöhnliche Ort war ein Ashram; sein Mittelpunkt war diese dicke Safrangelbe, die den ganzen Tag auf ihrem Charpoy im Hof lag, nachdem die Morgenrituale und Speisungen absolviert waren. Sie galt allgemein als eine Mahatma, eine »große Seele«. Mehr als zehntausend Anhänger (»devotees«) habe sie. Einer ihrer Anbeter, Dr. Dikshit, ein Kollege Johns, der ayurvedische Medizin an der Universität lehrte, erzählte ihnen ihre Geschichte.

Einst sei sie verheiratet gewesen und habe sich, wie jede normale Inderin, sehnlichst Kinder, vor allem einen Sohn, gewünscht. Aber trotz vieler aufwendiger Rituale und teurer Pujas bekam sie keine. Alles hatte sie versucht: Hanumans Statue umarmt, das *Naga* Panchami, das Schlangenfest, besucht und Shivas Brillenschlangen gefüttert, auch die steilen Stufen in den Lolarka Kund (dort wo die Sonne stillstand) war sie hinuntergestiegen.

Dort in den Tiefen des Brunnenschachtes hatte sie eine Melone geopfert und geschworen, zeitlebens auf diese köstliche Frucht zu verzichten; zugleich hatte sie die gläsernen Armreifen, die verheiratete Frauen tragen, zerschlagen, die alten Kleider abgelegt und in dem kalten Wasser gebadet. Nichts hatte genützt! Sie wurde nicht schwanger. Nachdem sie gefastet hatte und in sich gegangen war, fasste sie einen Entschluss: Sie würde sich ganz Gott hingeben und ihrem Ehemann, den sie liebte, eine andere Frau aussuchen, eine, die ihm Kinder gebären würde. Er protestierte, da auch er sie liebte, aber er konnte sie nicht umstimmen. Daraufhin legte sie das rote, nahtlose Gewand einer Büßerin an und begab sich in den Dschungel, fernab der Zivilisation. Mit den Tigern und wilden Tieren lebte sie unter freiem Himmel im Gebirge und ernährte sich von Blättern, Beeren und Wurzeln.

Nach einigen Jahren erschien ihr die Göttin Durga, »die Unnahbare«. Die löwenreitende Shakti Shivas schwängerte den Geist der Unfruchtbaren und machte sie zur »Mutter aller Weisheitssucher«. Die Ureinwohner (Adivasi), die im Wald jagten und sammelten, merkten, dass etwas mit der Einsiedlerin geschehen war: Es war, als ob die Göttin selber aus ihren Augen herausschaute. Blumen brachten sie ihr, ehrfurchtsvoll berührten sie ihre Füße, und Schalen gefüllt mit Milch, Obst, Waldbeeren und Getreide brachten sie ihr als Opfer. Indem die menschgewordene Göttin die Opfergaben verspeiste, vertilgte sie die Sünden, das schlechte Karma, der Opfernden. Mataji, die eine gütige Seele hatte, aß viel, sehr viel, und so wurde die »Sündentilgerin« immer dicker.

Im Laufe der Zeit sammelten sich immer mehr Jünger um sie. In Benares kauften ihr wohlhabende Anhänger das Haus, über dessen Eingang man heute noch lesen kann: »Vidya Niketan (Weisheitsschule)«. Zwar kaut Mataji ununterbrochen Betelnuss, und in ihrer Liebe zum Geld steht sie ihren Landsleuten kaum nach, dennoch erleben ihre Verehrer in ihrer Gegenwart ein *Darshana,* einen »Anblick« der großen Göttin.

In der Geborgenheit des Vidya Niketan Ashrams verflogen die Tage wie im Traum, und mit dem Wandel der Jahreszeiten vertiefte sich die Meditation der beiden Videshi. Ihre Zeit war eine kosmische geworden, von Sonne und Mond bestimmt. Die Armbanduhr und den Wecker hatte einer der Diener Matajis längst entwendet.

Angeödet vom leblosen Intellektualismus, ließ sich der Ethnologe immer seltener an der Universität blicken. Es war auch dem Institutsvorstand Prof. Shrivastava kaum entgangen, dass der amerikanische Kollege immer wunderlicher aussah. Allmählich wuchsen ihm die Haare länger, bis er tatsächlich dem Shankar auf der allgegenwärtigen Ikone glich. Auch Ganga hatte ihre Modekleider und italienischen Schuhe gegen bunte Saris und *Chappal* (Flip-Flops) eingetauscht. Glasreifen klingelten an ihren Armen, ein goldener Ring schmückte den linken Nasenflügel, ein roter Punkt (Tilak) zierte die Stirn, Silberringe schmückten die Zehen und Silberkettchen die Fußgelenke.

»Pakka hindustani! (Ganz indisch!)«, lobte sie Dr. Dikshit. »Aber, Gangaji, es fehlt noch das rote *Sindur*-Pulver im Mittelscheitel, welches eine Frau als verheiratet zu erkennen gibt. Wenn du das trägst, wird es kein Mann wagen, dich zu belästigen, etwa wenn du allein in der Stadt unterwegs bist.«

Bald leuchtete der hellrote Zinnoberstreifen aus dem Scheitel des langen, hinten zum Knoten gebundenen, dunklen Haares. Mag sein, dass einige, die sie so bei den Inderinnen hocken sahen, sie als eine verrückt gewordene weiße Memsahib einschätzten. Für ihre Freunde und für die einfachen Bäuerinnen und Händler, bei denen sie Reis, Gemüse und Mangos kaufte, war sie das nicht, sondern eine Bhanji, eine »Tochter der Schwester«.

»Shankar-John« und »Ganga-Cindy«

»Shankar-John« und »Ganga-Cindy«

Auf einer überschwemmten Sandbank mitten im Ganges saß derzeit ein alter Hatha-Yogi auf einem wackeligen Bambusgestell und meditierte. Kein Geringerer als Dr. Dikshit mutete dem Ethnologen-Paar die Information zu, dieser Yogi, eine Verkörperung Shivas, sei dank perfekter Körperbeherrschung nun schon 236 Jahre alt. Vor einem Jahr noch wäre John gegen eine derartig absurde, allen Naturgesetzen widersprechende Behauptung Sturm gelaufen. Von einem Bauern hätte man so etwas erwarten können, aber von einem Arzt und Universitätsdozenten? Aber irgendwie störte sie das nicht mehr. Nichts schien John und Cindy natürlicher, als sich den Pilgerscharen anzuschließen, die da »Om Shiva-Maheshvara-Mahadeva« singend hinausruderten, um die Ausstrahlung des Yogi wie Ambrosia in die Seele zu saugen.

Ein neues Denken und Fühlen hatte sich ihrer bemächtigt. Sie schluckten keine Malariapillen mehr, die nur das Blut vergiften und die Augen flimmern machen. Auch die Wasserdesinfektionstabletten hatten sie längst in den Kehricht geworfen. Sie badeten täglich im Ganges und tranken jedes Wasser, das ihnen vorgesetzt wurde, ohne gleich an pathogene Mikroorganismen zu denken. Straßenköter bellten sie nicht mehr an, und die Bettler und Aussätzigen ließen sie in Ruhe, denn nun gehörten sie zu Kashi, der Stadt, in der alle Götter zu Hause sind. Im selben Grad, in dem die Daseinsangst von ihren Herzen wich, hatte sich die schreckliche, schmutzige »Drittweltstadt« Varanasi in die goldene, leuchtende Zitadelle verwandelt. Nun erschienen ihnen selbst die Unberührbaren wie Götter. Die Straßenfegerinnen mit ihrem edlen und aufrechten Gehabe bewegten sich wie Königinnen.

Nur selten wurden sie in ihrer Andacht gestört. Hin und wieder fielen die Affen über die Wäsche her, oder die Büffelhirten, die neben dem Ashram lagerten, verstimmten Ganga, wenn sie wieder mal die Milch allzu sehr mit Wasser verdünnt hatten.

Einmal jedoch hätte ihre Inkubationszeit fast ein jähes Ende genommen. Jedes Mal wenn sie vom Basar zurückkamen, untersuchte Matajis Dienerin, eine hübsche junge Adivasi, neugierig die Einkaufstaschen. Ganga-Cindy und Shankar-John ließen es über sich ergehen als eines der vielen Dinge, die sie nicht verstanden, und dachten nur, sie sei neugierig.

Eines Tages entdeckte das Mädchen eine Tüte mit Hühnereiern. »Anda! Anda!«, schrie sie aufgeregt.

Wie hätten die beiden Ausländer wissen können, dass Eier (Anda) als Fleisch gelten und deren Verzehr gegen das Gebot des Ahimsa, der »Gewaltlosigkeit«, verstößt? Unwillkürlich hatten sie damit auch gegen die Abmachung verstoßen, die es ihnen erlaubte, im Vidya Niketan Ashram zu wohnen. Durga, die löwenreitende Göttin, würde das Haus mit einem Fluch belegen!

Erst der kluge Hindi-Lehrer, der den Fremden die Wohnung im geweihten Ort vermittelt hatte, rettete die Lage. Er schlug den beiden besorgten Matajis vor, der Göttin einfach zu sagen, dass alle Schuld allein die unwissenden Videshi treffen solle.

Shivas und Parvatis Hochzeit

Die Hochzeitsnacht Shivas und Parvatis wird noch immer im Frühling als das große Fest Shivaratri gefeiert. Wie es zustande kam, erzählt folgende Sage aus den Puranas:

Nachdem seine geliebte Uma (Sati) den Leib im Feuer verlassen hatte und er seinen Zorn an den arroganten Priestern ausgetobt hatte, verfiel Shiva in immer tiefere Schwermut. Sein Gemüt in dunkle Wolken gehüllt, vergaß er schließlich um sein eigenes wahres Wesen. Die verkohlte Leiche der Geliebten in den Armen haltend, führte er makabre Tänze auf und streunte als bedauernswerter Irrer durch die Welt. Alle, die ihn sahen, waren entsetzt.
Seinem besten Freund Vishnu, den er gar nicht mehr erkannte, brach das Herz beim Anblick Shivas. Vishnus Tränen füllten ein ganzes Meer. Mit den gezielten Würfen seiner Wurfscheibe zerstückelte Vishnu die Leiche, wobei überall, wo ein Teil von ihr zu Boden fiel, ein Heiligtum der Göttin entstand. Shiva merkte auch das nicht einmal.
Ziellos herumirrend erreichte Shiva-Unmatta, »der Verrückte«, einen Tannenwald am Fuße des Himalajas und störte mit seinem Wahnsinn die Andacht und Einkehr der Einsiedler. Besonders als sie merkten, dass der nackte Wilde mit seiner Dauererektion ihre Frauen faszinierte, verfluchten sie ihn. Sie jagten einen Zaubertiger auf ihn los, den er aber rasch tötete und zu seiner Sitzmatte machte. Sie bewarfen ihn mit Giftschlangen, die er sich aber als Schmuck um den Haarknoten band. Auch um den Hals, der vom Gifttrinken heiß glühte, schlang er eine der kaltblütigen Reptilien. Schließlich hetzten sie einen wild gewordenen Elefantenbullen auf ihn, den er mit dem Nagel des kleinen Fingers erlegte und häutete, woraufhin er sich die triefende Haut um die Lenden band.

Shiva

Shiva wanderte nun höher ins Schneegebirge hinauf. Je höher er stieg, desto klarer und friedvoller wurde sein Geist. Schließlich, völlig zur Ruhe gekommen, setzte er sich auf das Tigerfell in den Schnee und versank in der Betrachtung der eigenen Tiefen. Nun war er der friedliche Shankar. Weder Sommer noch Winter, noch irgendwas spürte er. Er war wie die weiße, kalte Asche eines ausgebrannten Feuers. Allmählich aber gewahrte er sein alleiniges göttliches Wesen.

Derweil schien es allen Geschöpfen der Erde, als habe Gott die Welt verlassen.

Ein Dämon namens Taraka, dessen Ehrgeiz und Machthunger ihn zu jahrtausendlanger, härtester Askese getrieben hatte, forderte nun von Brahma den Lohn seiner Anstrengung. Brahma hatte keine Wahl, als ihm die geforderte Weltenherrschaft zu überlassen.

Als Erstes wollte der neue Weltenherrscher mit den Göttern aufräumen. Wer über sie redete oder ihnen gar opferte, wurde verfolgt; allein sein Bild sollte angebetet werden. Dann machte er sich daran, die in seinen Augen fehlerhafte Schöpfung zu verbessern, wodurch alles in gröbste Unordnung geriet.

Die in der Verbannung schmachtenden Götter hatten kaum mehr Hoffnung. Zwar war einst geweissagt worden, dass ein Sohn Shivas den Dämonen überwinden würde, doch wie sollte das möglich sein? Shankar glich einem leblosen Stein, über den Schlangen und Skorpione kriechen. Und die Göttin, mit der er den Retter zeugen sollte, war entschwunden.

Inzwischen aber wurde Sati (Uma), Shivas ewige Shakti, als Parvati (»die Bergfrau«) wiedergeboren, und zwar als die Tochter des Königs der Schneeberge (Himalaja) und seiner Gattin Mena. Ein Teil ihres Wesens verkörperte sich in ihrer Schwester Ganga, die über die Erde als heiliger Fluss wandelt.

Parvati wuchs heran, schöner als der zunehmende Frühlingsmond, ja schöner als der funkelnde Sternenhimmel. Schon von

Geburt an wusste sie, wer sie war und wem ihr Herz gehörte. Von anderen Bittstellern wollte sie nichts wissen.
Mit dem Heranwachsen der schönen Jungfrau wuchs auch die Zuversicht der Götter. Wie aber sollten sie den in seine eigenen Tiefen versunkenen Shankar wecken? Wie ihn dazu bringen, dass er auch nur ein einziges Mal ihren Liebreiz gewahren würde? Sicherlich würde er dann die tote Uma vergessen können! Dann wäre das Ende der Dämonenherrschaft nahe!
Brahma, der weise Großvater der Götter, wusste wie immer auch diesmal Rat. Kamadeva, *der Gott der Liebe [Abb. S. 317] – wir kennen ihn im Westen als Eros oder Amor –, sollte sich zu Shiva in die hohen Berge begeben. Die lauen Frühlingswinde, der Kuckuck und die ganze Schar der lieblichen Singvögel sollten ihn dabei begleiten. Auch Rati, seine reizende Gattin, deren Name »Liebesverlangen« bedeutet, sollte mitkommen. Den geeigneten Augenblick abwartend, sollte er mit seinem Bogen die zuckersüßen Pfeile des Verlangens in das kalte Herz des filzhaarigen, mit Staub bedeckten Yogis schießen, damit die Lust und Gier nach Leben und Liebe in ihm wie eine Flamme auflodern würde.*
Nun geschah es, gerade als sich der Liebesgott näherte, dass auch Parvati des Weges kam, um den in tiefe Einkehr versunkenen Asketen mit Blumen zu verehren. Ihre glühende Hingabe ließ den Meditierenden kurz aus der Tiefe auftauchen. Als er die junge Frau gewahrte, segnete er sie, wie es Heilige zu tun pflegen, und prophezeite ihr Folgendes: »Gewiss, junge Maid, wirst du den Mann finden, der niemanden liebt außer dich!«
Das war auch der geeignete Moment für den Schützen. Der süße Pfeil schwirrte durch die Luft. Shiva aber, zornig ob der Störung, öffnete sein Drittes Auge. Ein Feuerstrahl blitzte auf und verglühte den Schützen zu Asche. (Erst später, auf Parvatis Bitten eingehend, würde Shiva ihn wieder zum Leben erwecken – jedoch ohne Körper. Nun zieht der Gott der sinnlichen Liebe unsichtbar durch die Welt, und wenn seine Pfeile die

Shiva

Herzen treffen, verlieben sich die Menschen, ohne zu wissen warum.)

Parvati musste nun erkennen, dass ihr jugendlicher Liebreiz nicht genügte, den verwitterten Yogi zu bewegen. Ungeachtet ihrer frischen Jugend, entschied sie, sich ebenfalls den härtesten Entbehrungen zu unterwerfen. Sie begab sich in die Wildnis, legte Baumrindenkleider an, aß nur noch Wurzeln und Rinde, schlief auf der steinigen Erde, bestäubte ihren Körper mit Asche und richtete ihren ganzen Sinn nur noch auf den, den sie einzig liebte. Tag und Nacht chantete sie seinen Namen. Sie übte tiefste Versenkung und merkte nicht einmal, dass Ameisen und Nattern über sie krochen oder Vögel in ihrem Haar ihr Nest bauten. In der tiefsten Tiefe der Versenkung begegnete sie Shivas Geist und lockte ihn wieder heraus ins Dasein.

Eines Tages kam ein junger Brahmane des Weges. »Wie kann ein hübsches Mädchen die beste Zeit des Lebens damit vertun, sich unnötig zu quälen?«, fragte er sie. Als er erfuhr, sie tue es für Shiva, lachte er und verspottete sie. Shiva sei doch nur ein Träumer, ein aschebeschmierter, nackter Narr. Er sei ihrer gar nicht wert!

Rot vor Zorn wandte sie sich ab. Noch im Umkehren gewahrte sie im Blickwinkel eine merkwürdige Verwandlung des Brahmanen: Da stand plötzlich Shiva! Er hatte sie nur prüfen wollen.

So kam die große Liebe dennoch zustande. Aus dem asketischen Yogi wurde ein Bhogi, ein Genießer, der sich der Leidenschaft und dem sinnlichen Vergnügen hingibt.

Nun bat Shiva den mit einer Honigstimme begabten Boten der Götter, Narada, bei Parvatis Eltern vorzusprechen und für ihn um die Hand der Tochter zu bitten. Die Eltern zögerten. Sie hatten nicht nur Gutes über den in Luft gekleideten Gott gehört! Doch da sie ihre Tochter liebten und ihren Herzenswunsch kannten, willigten sie schließlich ein. Sie veranlassten den Weltenbaumeister Vishvakarman, die Hochzeitsplattform zu bauen, ließen Vorräte mit Süßigkeiten, Pasteten, Wein, Milch, Käse und Gerstenkuchen anlegen und schickten Einladungen an die zahllosen Gäste und an die Priester, Astrologen, Musiker und Tänzer.

An einem bestimmten Tag, an dem die Planeten besonders günstig standen, sollte es dann so weit sein. Schon seit Tagen rollten die glänzenden Prunkwagen der göttlichen Gäste durch das Tor. Sie waren atemberaubend, diese prächtigen Gefährte aus purem Gold und Edelsteinen, umgeben von ganzen Heeren vornehm gekleideter Bediensteter, Leibwächter, Musikanten und Tän-

zerinnen. Von ihrem Turmgemach aus überwachte Mena, die Brautmutter, das Geschehen. In was für einem herrlichen Gefährt würde Shiva, ihr künftiger Schwiegersohn, wohl erscheinen? Sie konnte es kaum abwarten!

Eben schwebte ein Wagen heran, der an Glanz alle zu übertreffen schien. »Das ist sicherlich Shiva!«, meinte sie. Aber nein, versicherte man ihr, das sei nur einer seiner Diener, nämlich der Sonnengott Surya.

Wieder kam ein Zug mit bemalten Elefanten, stolzen weißen Rossen und einem riesigen Gefolge. Aber auch diesmal musste sie zur Kenntnis nehmen, es sei wiederum lediglich ein Diener Shivas, nämlich der Götterkönig Indra. Auf diese Weise vergingen die Tage.

Am späten Abend – kurz vor dem von Astrologen als günstige Stunde festgelegten Fest – näherte sich eine Horde übel aussehender Gesellen: Geister, Trolle, Zwerge und dergleichen. Sie grölten trunkene Lieder, grunzten, furzten und pöbelten die anderen Gäste an. Offensichtlich waren sie alle von Stechapfel und Ganja berauscht. In ihrer Mitte ritt ein schmutziger, Struwwelpeterhaariger Bettler auf einem weißen Stier. Auch er schien vollkommen betrunken zu sein. Graue Asche und zischende Vipern bedeckten seinen Körper und er trug einen Dreizack und einen Totenschädel, der ihm als Bettelschale diente.

Mena war entsetzt und befahl den Leibwächtern, diese Störenfriede zu verjagen. Als sie erfuhr, dass es sich um den Einzug des Schwiegersohnes handle, verlor sie fast den Verstand. Lieber wollte sie ihre Tochter vergiften, als ihren Augapfel mit einer derartigen Bestie vermählen.

Parvati widersprach: »Aber ich liebe ihn! Einzig Shiva will ich zum Mann haben!«

»Schweig, Kind! Dieser Yogi ist sicherlich ein böser Zauberer, der dich verzaubert hat!«, sagte Mena und weinte.

Die Götter hatten alle Hände voll zu tun, die Jammernde wie-

der gut zu stimmen. Vishnu bat Shiva: »Um Himmels willen! Zeige dich doch in einer freundlicheren Gestalt!« Auch Parvati betete: »Tue es für mich, Shiva. Zeige dich in der Gestalt, in der sie dich sehen wollen!«

Shiva hörte ihr Gebet. »Nun gut«, sagte er sich, »die Gesellschaft mag die Wahrheit nicht sehen, sie zieht es vor, durch süße Illusionen unterhalten zu werden.« Und plötzlich stand ein sauberer junger Mann da, mit kräftigem Körper und holdem Antlitz, mit gepflegten Haaren und anständigen Kleidern – kurz, die Verkörperung der männlichen Schönheit, der Traum jeder Schwiegermutter.

»Ich komme, meine Braut abzuholen!«, erklärte er Parvatis verdutzten Eltern.

Mena traute ihren Augen kaum: »Soll das derselbe sein, der da eben als scheußlicher Stromer auf einem wilden Stier dahergeritten kam?«

»Das ist er!«, pflichtete ihr Vishnu bei.

»Und die netten, anständig gekleideten, höflichen Jungen und Mädchen, wer sind sie?«, fragte sie weiter.

»Das sind die Ganas, die Begleiter des Bräutigams, die vorher wie Gespenster und Trolle aussahen.«

»Aber … wie? … Was? …«, stotterte die verwirrte Brautmutter.

»Lassen wir die Fragen, damit die astrologisch günstige Zeit für die Hochzeitszeremonie nicht verstreicht!«, unterbrach sie Vishnu höflich.

Endlich konnte die aufwendige vedische Hochzeitszeremonie beginnen. Pauken, Muscheltrompeten und Hörner erschallten, kesselweise ins Feuer gegossene Butter brachte dieses zum Lohen, und die Priester stimmten ihre magischen Beschwörungen an.

Nun musste der Bräutigam seine Abstammung, seinen Heimatort, seine Kaste und seinen Guru in aller Öffentlichkeit kundtun. Er errötete und schwieg. Weder das eine noch das andere konnte er vorweisen. Ein Raunen ging durch die versammelten

Gäste. Narada, der Götterbote mit der Honigzunge, rettete die Situation, ehe sie noch peinlicher wurde. Als Urwesen und Urgrund aller Existenz habe Shiva weder Herkunft noch Heimat, weder Kaste noch Abstammung, erklärte er. Auch sei er der erste Guru überhaupt.

Brahma leitete die Zeremonie als Hauptpriester. Vor ihm, beim heiligen Feuer, saßen Shiva und Parvati. Sie war von Kopf bis Fuß in einen golddurchwirkten, roten Hochzeits-Sari gehüllt, sodass man sie gar nicht sehen konnte. Das war auch gut so, denn der Glanz ihrer Schönheit war überwältigend; niemand außer Shiva konnte ihn ertragen.

Eine kleine Zehe lugte jedoch unter dem Sari hervor. Schon der Anblick dieser einzigen Zehe brachte den weißbärtigen Oberpriester ins Schwitzen. Er gab sich alle Mühe, seine Erregung zu verbergen. Obwohl er sich krampfhaft bemühte, seine Genitalien zwischen die Schenkel zu klemmen, vergoss er dennoch seinen Samen, wobei es lauter Heilige auf die Erde herabregnete. Shiva, dem nichts entgeht, hätte ihm wegen dieser groben Unzucht fast den Kopf abgesäbelt. Vishnu aber besänftigte seinen Freund. Und so wurde die Vermählung der Göttin mit dem Gott letztendlich doch vollzogen.

Als Frucht ihrer Liebe konnte der Dämonentöter Skanda [Karttikeya; *Abb. S. 317*] *geboren werden. Shivas Samen war zwar so heiß, dass selbst Parvati ihn nicht tragen konnte, aber ihre Schwester Ganga, die kühle Flussgöttin, empfing den Samen und gebar im Schilf am Ufer den göttlichen Knaben, der die Welt rettete.*

X. Die große Nacht Shivas

Wir haben Soma getrunken,
wir sind Unsterbliche geworden.

Rigveda VIII, 48

Der Winter ging zögernd vorüber. Er war kalt genug gewesen, dass die Armen in ihren Lehm- und Strohhütten vor lauter Schlottern nicht schlafen konnten. Also zündeten sie an etlichen Straßenkreuzungen riesige Lagerfeuer an und verbrachten die Nächte tanzend, singend und Shiva lobpreisend.

Bald stellten sich die ersten Zeichen des Frühlings ein. Die Mangobäume entfalteten ihre cremefarbenen, duftenden Blütenrispen, und am fünften Tag des zunehmenden Februarmondes schmückte sich die Stadt ebenfalls in hellen Farben zu Ehren der göttlichen Muse Sarasvati. Lehrer, Künstler, Schriftsteller, sogar die Professoren stellten die schöne Göttin mit dem Schwan, die in ihrer Hand eine Laute und ein Buch hält, auf Pulte und Altäre und erflehten ihre Inspiration. Schulkinder, brav gesäubert und geschrubbt, die Haare geölt und gekämmt, zogen durch die Gassen. Auch John und Cindy kauften eine Gips-Sarasvati und verehrten sie mit gelben Blumen und Sandelholzduft. Nur weigerten sie sich, die Statue der Göttin am nächsten Morgen im Ganges zu versenken. Es dünkte sie zu schade. Sie war ihnen einfach zu schön.

Der darauf folgende Neumond ist Shivaratri, »Shivas große Nacht«. Nie tritt der Dreizackträger seinen Anhängern näher als in dieser pechschwarzen Frühlingsnacht. Es ist seine Hochzeitsnacht. Wie jeder Bräutigam befindet er sich – beflügelt von Bhang und Datura – in einer großzügigen, freundlichen Stimmung. Wer ihm in dieser Nacht auch nur die geringste Verehrung erweist, ihm ein dreiblättriges *Bilva* oder Belbaum-Blatt oder eine Stechapfelblüte aufs Linga legt, dessen Wünsche gehen unweigerlich in Erfüllung.

Wie alle Hindus durchwachte und durchfastete Mataji die ganze Nacht, begoss das Linga mit Fluten geronnener Butter, Milch, Honig und Ganges-Wasser, ließ Räuchereien qualmen und sang Shivas Hymnen. Dabei erzählte sie John und Cindy, wie der Brauch vor vielen, vielen Jahren entstanden sei. Mit lebhaft wechselnden Gesichtsausdrücken und Gesten stellte sie dar, wie ein König namens Chitrabhanu Jahr für Jahr diese Neumondnacht wachend und fastend verbrachte und wie ein am Hofe weilender Weiser ihn fragte, warum er das tue. Der König, der sich dank seiner Geistesklarheit an alle vorhergehenden Leben erinnern konnte, antwortete Folgendes:

»Im letzten Leben war ich ein armer Teufel, ein Unberührbarer, der hier, nahe bei Benares, den Dschungel durchstreifte, um Vögel und andere Tiere zu töten und diese dann im Banyan (Markt) zu verkaufen. Wie sonst hätte ich Frau und Kinder ernähren können? Einmal nachdem ich ein Reh geschossen hatte, legte ich mich, von der Jagd erschöpft, unter einen Bilva-Baum und döste ein. Von stockfinsterer Nacht überrascht, hatte ich alle Mühe, mich und die Jagdbeute in Sicherheit zu bringen. Ich kletterte bis in die Krone des Baumes, denn ich hatte nicht nur Angst vor den wilden Tieren, sondern auch vor bösen Rakshasas (Dämonen). Das Reh band ich fest ins Geäst. Durstend und hungrig durchwachte ich die lange Nacht. Ab und zu, wenn ich an meine Lieben dachte, kamen mir die Tränen. Um mir die Zeit zu verkürzen, rupfte ich gelegentlich einige Blätter ab und ließ sie hinuntergleiten. Erst als die Lichtgöttin Ushas das Himmelstor aufsperrte und Surya mit dem Sonnenwagen über den Horizont brauste, kletterte ich wieder hinunter. Am Fuß des Baumes entdeckte ich einen großen, aufrechten Stein. Einige der abgezupften dreiteiligen Blätter lagen darauf und er war noch feucht von meinen Tränen. Ich wusste damals noch nicht, dass jeder Stein in Benares ein Shiva-Linga ist. Auf dem Markt tauschte ich das Reh gegen Reis, Linsen und andere Nahrungsmittel. Davon gab ich einem alten, zerlumpten Bettler eine Handvoll und machte mich auf den Heimweg.

Die Jahre verstrichen. Eines Tages kamen die Boten des Todesgottes Yama. Zu meiner Überraschung trugen sie mich, einen sündhaften Adivasi, hinauf in Shivas Himmel. Wie hatte ich diese Gnade bloß verdient? Nun erkannte ich, dass ich Mahadeva in jener dunklen Nacht – seiner Hochzeitsnacht – unwillkürlich verehrt hatte. Indem ich wachte, fastete und sein Linga kühlte und mit Blättern schmückte, hatte ich unerwartete Verdienste erworben. Da aber noch ein Rest des Karmas zu tilgen war, wurde ich als König in dieser meiner letzten Verkörperung wiedergeboren!«

»Der Weise«, erklärte Mataji, ehe sie schwieg und den Kopf selbstzufrieden hin und her wiegte, »erzählte diese Geschichte überall auf seinen Wanderungen weiter. Da fast alle Menschen Wünsche hegen, die sie erfüllt haben wollen, ist es wohl kein Wunder, dass man es überall dem König Chitrabhanu nachmacht.«

Dr. Dikshit, der zufällig vorbeigekommen war, konnte an den Gesichtsausdrücken von John und Cindy ablesen, dass sie nicht sonderlich klug aus der Erzählung wurden. »Nun«, sagte er – er kannte ja die Mentalität der Abendländer, ihr ständiges Hinterfragen, ihre Unfähigkeit, die Bilder einfach stehen zu lassen und auf die Seele wirken zu lassen –, »nun, die Geschichte lässt sich auch als Gleichnis deuten. Der Dschungel, in dem sich der Jäger verirrte, ist die Wirrnis unseres ›mind‹, unserer Gedankenwelt. Die Aussage, dass dieser Mann in Benares, dem Dritten Auge des mystischen Erdenleibes, lebte, gibt ihn als Yogi zu erkennen. Sein Hinaufklettern in die Krone des Baumes symbolisiert das Aufsteigen der *Kundalini*-Energie durch das Rückgrat, hinauf bis zum höchsten Chakra. Das getötete, fest in die Äste gebundene Reh stellt den ruhelosen Intellekt dar, die ewig springenden Gedanken, die durch Yoga gefesselt und stillgestellt werden. Die Tränen, die er für seine Familie vergoss, sind Ausdruck des Mitleids, die ein Yogi für alle Geschöpfe empfindet, die noch in die Welt der Illusionen verstrickt sind. Die ersehnte Morgendämmerung nach finsterster Nacht ist die Erleuchtung! Erst diese erlaubte es dem Yogi, das Shiva-Linga zu erkennen. Der arme Bettler, dem er zu essen gibt, ist kein anderer als sein eigenes sterbliches Ich, seine zeitliche Persönlichkeit. Da er nicht alles essen konnte, blieb ein kleiner Rest unverdautes Karma, welches erst in einer weiteren Inkarnation getilgt werden konnte.«

In der hellen Vollmondnacht, vierzehn Tage nach Shivaratri, beginnt das Holi-Fest. Die ganze Woche zuvor hatten Jugendliche Holz, Pappe und alles andere möglicherweise Brennbare gesammelt und zu einem riesigen Haufen an der Straßenkreuzung aufgetürmt. Es ist der Scheiterhaufen, auf dem die böse Winterhexe Holika verbrannt wird. Nach dem Sonnenuntergang wird er angezündet. Durch Zauberei feuerfest geworden, wollte die böse Alte einst einen jungen Verehrer Vishnus in ein Feuer zerren und ihn dort so lange festhalten, bis er verbrenne. Das Feuer seiner Liebe zu Vishnu aber war heißer als ihre Zauberei – also war sie es, die verbrennen musste. So wenigstens erklären die Vaishnavas, die Anhänger Vishnus, den uralten indoeuropäischen Brauch des Frühlingsfeuers. Für manche Anhänger Shivas bedeutet jedoch das Feuer das Aufblitzen des Scheitelauges, mit dem er Kamadeva, den Liebesgott, zu Asche verbrannt hatte. Da er aber auf Bitten der Göttin und überhaupt aller Frauen wieder lebendig wurde, ist Holi auch sein Fest.

Nachdem die Strohpuppe verbrannt ist, bricht die Hölle los. Die ausgelassen Feiernden gehen aufeinander los, bewerfen und bespritzen jeden, der ihnen in die Quere kommt, mit bunt gefärbtem Wasser oder Pulver. So wie die mit orangener und roter Farbe gefüllten Ballons und Beutel zerplatzen, verpuffen auch die während des ganzen Jahres aufgestauten Frustrationen, Spannungen, negativen Gefühle.

»Ganga, Shankar, verlasst auf keinen Fall das Haus!«, warnte Mataji und machte dabei die Glotzaugen einer Dämonin. Auch der Hindi-Lehrer erzählte ihnen, wie die Feiernden unter Einfluss von Hanf- und Stechapfelgebräuen[10] sich in das tolle Gefolge des Shiva-Bhuteshvara, in Gespenster, Guhls und Satyrn verwandeln. Jeden anpöbelnd, dem sie begegnen, schwärmen sie durch die Nacht bis in die frühen Morgenstunden. Keine Respektsperson, weder den Brahmanen noch die schnauzbärtigen Wachtmeister, ja nicht einmal die weißen *Sahibs* werden von ihren Frotzeleien verschont. Es kommt vor, dass man neugierige Touristen mit Kuhfladen oder Kot beschmeißt, ihnen die Haare und den Bart rupft, sie splitternackt auszieht, auslacht und anschließend in den Ganges stößt.

Auch wenn er die Universität kaum mehr betrat, war unser Völkerkundler jedoch noch nicht so weit, dass er sich die Gelegenheit nehmen ließ, ein derartiges archaisches Narren- und Fruchtbarkeitsfest aus erster Hand mitzuerleben. Er schritt im blendend weißen *Kurta*-Pyjama hinaus in eine bizarre, farbig triefende Hieronymus-Bosch-Welt hinein. Nach den ersten Schritten schon färbte sich sein Baumwollgewand blutrot, als hätte eine scharfe Waffe ihn verwundet. »Nachklänge alter Opferrituale«, dachte er. »Damit sie neu gebären kann, soll sich die Erdgöttin mit Blut vollsaugen!« Kaum hatte er die unsichtbar gezogene Grenze seiner Nachbarschaft überquert, da umzingelte ihn ein wilder Trupp. Rote, grüne, silberfarbene Fratzen rückten nahe, die Augen rot von Drogenkonsum. Sie umklammerten ihn, zogen ihn am Bart und drückten mit kopulierenden Hüftbewegungen aggressiv gegen seinen Körper. Zum Glück trabte gerade ein Reitertrupp vorbei – berittene Militärs, deren Aufgabe es war, wieder einmal Moslems und Hindus zu trennen. (Es war nicht so lange her, da traf die Farbbombe eines Jungen das Jallaba eines Muftis. Dutzende heilige Kühe fielen der Rache zum Opfer und alsbald Dutzende Menschen beider Religionsgemeinschaften.)

Für einen Augenblick war die Meute abgelenkt. John nutzte die Gelegenheit, sich schnellstens wieder in gewohnte Gefilde zurückzuziehen. Da waren sie alle, die Nachbarn und Bekannten, der Zuckerbäcker, der moslemische Gemüsehändler, der Gewürzkrämer, der Joghurtverkäufer. Sie tanzten, schrien, lachten, machten unanständige Gesten, prügelten einander oder schlossen einander in die Arme. Auch ihn umarmten sie und empfingen ihn als Bhai, als Bruder. Ein bärenstarker Büffelhirt drückte ihm fast die Rippen ein, und der Obsthändler fragte, ob er heute Nacht seine Frau auch ordentlich durchgefickt habe, wie es sich gehörte.

Das Bhang, das man ihm bot, verweigerte der Ethnologe dennoch. Einmal hatte er die Einladung des Hindi-Lehrers angenommen, in einem Chai-Shop eine der grünen, gepfefferten Bhang-Kugeln geschluckt und dazu ein Glas gezuckerten Milchtee getrunken.

»Bald wirst du sagen können: ›Shivoham – ich bin Shiva!‹«, verhieß ihm Virendra. »Ganja oder Bhang ist ein geweihtes Gottesgeschenk, ein Prashad! Es ist die Keule, mit der Shiva die Dämonen unschädlich macht. Damit öffnet er seinen Sadhus ihr spirituelles Auge. Das erste Samenkorn, das Shiva der Erde schenkte, war ein Hanfsamen. Der Gott der Götter ist ständig mit Bhang angetörnt. Er allein unter den Göttern ist immer high!«

Die erwartete Wirkung stellte sich jedoch nicht ein. John wurde es schwindlig und anschließend bekam er leichte Kopfschmerzen und Durchfall.

Shiva ist kein Tugendbold

Trotz ihrer oft nicht zu übertreffenden Tugendhaftigkeit bringt Shiva, der Diabolos, die stolzen Priester, Brahmanen und Herrscher - wie den Opferpriester Daksha oder König Divodasi - zu Fall. Das mag befremden, aber nahm nicht auch Jesus Anstoß an den gesetzestreuen Pharisäern?

In dem folgenden nepalesischen Märchen ist es wiederum nicht der arbeitsame, vernünftige ältere Bruder, der Mahadevas Segen erfährt, sondern der faule, schalkhafte jüngere Bruder. Im Gegensatz zu Vishnu, dem Erhalter des Geschaffenen, ist Shiva, der wilde Gott des Wandels und der notwendigen Zerstörung, nicht einer, der sich von Anstand, Vernunft, Leistung und äußerlicher Pflichterfüllung erpressen lässt. Man hat den Eindruck, als seien ihm die Träumer, die Ekstatiker, die Künstler, die Wahnsinnigen ebenso wie die ruhig nach innen sinnenden Naturen lieber als die ruhelosen Geschäftemacher, die strengen Gerechten oder die intoleranten Tugendbolde.

Ein zottelhaariger Sadhu, der im Wald von Pashupatinath ruhig sein Chillum rauchte und dabei wie die fleischgewordene Shankar-Ikone aussah, erklärte John einst: »Wir Sadhus arbeiten nicht! Blinde Arbeitswut schafft einfach zu viel neues Karma und bindet an das Rad leidvoller Wiedergeburten. Man kommt Mahadeva näher, indem man die Tatensaat nicht immer wieder in Mayas dunklen Schoß sät.« Geburtenkontrolle hinduistischer Art!

Durch bedingungslose Hingabe (Bhakti) komme man viel weiter, meinte er und illustrierte seine Bemerkung mit der Geschichte des südindischen Heiligen Iyarpagai. Dieser Iyarpagai hatte erkannt, dass zwischen Shivas-Bhaktas und Shiva selber kein Unterschied besteht. Deshalb schwor er einen heiligen

Eid, keinem dieser Shiva-Verehrer jemals einen Wunsch zu verweigern. Das ging eine Weile gut, denn die Wünsche der wandernden Anhänger des Dreizackträgers waren recht bescheiden: Eine Handvoll Reis und etwas Wasser genügten. Eines Tages aber kam ein liederlich aussehender Shiva-Mönch daher und äußerte ein unverschämtes Begehren: Er wollte Iyarpagais hübsche junge Frau haben! Ohne einen Augenblick zu zögern, gab er dem Fremden seine Frau. Der Mönch verschwand mit ihr im nahe gelegenen Wald. Die Nachbarn lachten sich schief und krumm über Iyarpagais Narretei; die Verwandten hingegen wurden bitterböse. Doch bald erschien der Sadhu – der kein anderer als Shiva selber war – wieder und gab ihm die Frau unversehrt mit folgenden Worten zurück: »Heiliger, von nun an wird dir nie wieder etwas mangeln, und in deinem Beutel werden die Rupien nie ausgehen!«

Die Schätze, mit denen Shiva seine Verehrer überhäuft, können natürlich auch von spiritueller Art sein.

Allama Prabhu – übrigens ein Lieblingsdichter Johns –, der ehemalige Tempeltrommler, der als Shiva-Bhakta inspirierende Worte fand, drückt es folgendermaßen aus:

Gib den Armen zu essen,
sag die Wahrheit,
grabe Brunnen für die Durstigen
und baue Wasserbehälter für die Stadt.
Du wirst wahrscheinlich in den Himmel kommen,
wenn du stirbst,
aber der Wahrheit unseres Herrn (Shiva)
kommst du damit nicht näher.
Und derjenige, der unseren Herrn kennt,
was für Erfolge hat er?[11]

Shiva erfüllt einen Wunsch

(Aufgezeichnet von Eugen Jung)

Vor langer, langer Zeit lebten zwei Brüder. Beide waren noch sehr jung, aber dies war auch schon die einzige Eigenschaft, die sie miteinander teilten. Den ganzen Tag lang plagte sich der eine in den Feldern, während der andere seine Zeit vertrödelte. Der ältere der beiden Brüder war verheiratet, der jüngere nicht. Der ältere Bruder drängte den jüngeren zur Mithilfe bei der Feldarbeit, doch seine Worte verhallten ungehört. Die Frau des älteren Bruders bat ihren Schwager, ihr bei den täglichen Verrichtungen im Haus zur Hand zu gehen. Ihre Bitten blieben unbeachtet. Trotzdem war sie nett zu ihm, verwöhnte ihn mit ihrer Küche und nahm ihn vor den Zornausbrüchen seines älteren Bruders in Schutz.

Ihre Güte wurde schließlich belohnt. Als ihr Mann einmal sehr wütend auf seinen jüngeren Bruder war, gelang es ihr, den Faulenzer dazu zu überreden, auf die Felder hinauszugehen. Kaum begann er, mit der Hacke den Boden umzugraben, da beklagte er sich auch schon über Rückenschmerzen. Sein Bruder beachtete ihn nicht und zog tatkräftig Furche um Furche, worauf auch er wieder zur Hacke griff. Aber schon nach wenigen Hieben gab er auf und rief seinem Bruder zu: »Das ist keine Arbeit für mich. Ich geh lieber zum Fluss und fange ein paar Fische fürs Abendessen.« Er holte ein Fischnetz und stieg hinunter zum Fluss. Unter einem mächtigen Baum blieb er stehen. Dann erkletterte er den Baum bis zu den Ästen der Krone. Er spannte das Netz aus, befestigte es an den Zweigen und hoffte, dass irgendwie ein Fisch hineingeraten würde. Daraufhin kehrte er zu seinem Bruder zurück.

»Hast du etwas gefangen?«, erkundigte sich sein Bruder.

»Nun ich habe das Netz in der Krone jenes Baumes am Flussufer hängen lassen«, antwortete er.
»Wer hat je von einem Fischnetz in einem Baum gehört«, rief der ältere Bruder in ungläubigem Staunen. »Wie soll dort ein Fisch hineingeraten?«
Es trug sich zu, dass Shiva und Parvati am Ufer jenes Flusses entlangwandelten. Als nun Parvati das Fischnetz hoch oben im Baum erblickte, wandte sie sich neugierig an ihren Gemahl: »Warum hängt dort oben im Baum ein Fischnetz?«
»Ach, warum kannst du dich nicht um deine eigenen Sachen kümmern«, seufzte Mahadeva.
»Aber ist das nicht sehr eigenartig?«, fügte Parvati bei.
»Nun gut, ich sage dir warum«, sprach Mahadeva weiter, »das Netz hängt dort, um einen Fisch zu fangen!«
»Aber wie?«, beharrte sie.
»So!«, rief Mahadeva, verwandelte sich in einen Fisch und sprang in das aufgespannte Netz.
In diesem Augenblick erschien der jüngere Bruder. Unter Parvatis Augen kletterte er auf den Baum und zog das Netz zusammen. Über den mächtigen Fisch in seinem Netz war er hocherfreut. Als er sich anschickte, den Fisch zu töten, und dessen Kopf mit aller Wucht gegen einen Felsen schlug, schrie der Fisch auf: »Sachte, mein Junge, sachte!«
Erstaunt, von einem Fisch angesprochen zu werden, rief der jüngere Bruder: »Ei, ein sprechender Fisch!«
Und wieder ließ sich der Fisch vernehmen: »Falls du mich sorgfältig mit einem Messer aufschneidest, werde ich dir einen Wunsch erfüllen.«
Daraufhin öffnete der jüngere Bruder den Fisch sanft mit seinem scharfen Messer und sah unvermutet Mahadeva aus dem Innern des Fisches hervorkommen. Da verlangte er: »Bitte gewähr mir alle meine Wünsche.«
»So geschehe es«, sprach Mahadeva. Darauf wandte er sich

scheltend Parvati zu: »Schau, was geschieht, wenn eine Frau sich nicht um ihre eigenen Sachen kümmert! Diesem Kerl musste ich einen Wunsche erfüllen!«

Der jüngere Bruder brachte den Fisch nach Hause, wo ihm niemand glauben wollte, dass er ihn in der Krone eines Baumes gefangen hatte.

Am anderen Morgen schlenderte der jüngere Bruder über die Felder, während der ältere dort arbeitete. Der jüngere Bruder beobachtete, wie ein wilder Bär aus dem Unterholz hervortrottete. Sogleich rief er seinem älteren Bruder zu: »Wünschst du Bär zum Abendessen?«

»Nicht übel«, gab der ältere Bruder zurück, »aber wie gedenkst du den Bären in den Kochtopf zu locken?«

»Nun, du kannst ja gehen und ihn fangen«, meinte der Jüngere.

»Du möchtest mich wohl gern von diesem Bären in Stücke reißen lassen?«, rief der Ältere wütend zurück.

Noch bevor dieser den Satz zu Ende sprechen konnte, tat der jüngere Bruder bereits einen Wunsch: »Falls es Mahadeva wirklich gibt, möge der Bär tot umfallen!«

Natürlich gibt es Mahadeva. Der Bär war augenblicklich tot. An diesem Abend genossen sie ein üppiges Mahl.

Falls Mahadeva versprochen hatte, ihm jeden Wunsch zu erfüllen – so fiel es dem jüngeren Bruder ein –, warum sollte er nicht um die Hand der Königstochter anhalten? Er bat seinen Bruder, zum Palast zu gehen und dem König seinen Wunsch vorzutragen. Der ältere Bruder begab sich also zum Palast. Vor dem König hielt er im Namen seines jüngeren Bruders ergeben um die Hand der Prinzessin an.

Der König war verblüfft und rief wütend: »Wer bist du?«

»Ich bin ein Bauer«, antwortete der ältere Bruder.

»Ein eingebildeter, anmaßender Bauer bist du«, sprach der König und wandte sich der Palastwache zu: »Weg mit ihm zum Richtplatz!«

Die Wachen packten den älteren Bruder und zerrten ihn weg. Am Tor trafen sie den jüngeren Bruder, der augenblicklich erahnte, was sich zugetragen hatte.

»Der König kann meinen Bruder nicht hinrichten – er braucht bloß Nein zu sagen!«, rief der Jüngere der Wache zu. Daraufhin wollte die Wache auch ihn festnehmen und zur Hinrichtung führen. Doch der Jüngere sprach seinen Wunsch: »Falls es Mahadeva gibt, möge die Wache erstarren!« Sogleich verharrte die Wache bewegungslos. Einer Statue gleich saß der König in der Mitte seiner Höflinge, die ihn reglos wie Strohpuppen umgaben. Als der König seiner aussichtslosen Lage gewahr wurde, rief er nach dem jüngeren Bruder. Er versprach ihm die Hand seiner Tochter, wenn er nur ihm, seinen Höflingen und der Wache Bewegungsfreiheit zurückgeben würde.

Daraufhin wünschte sich der jüngere Bruder: »Falls es Mahadeva gibt, mögen sich diese Männer wieder bewegen.«

Wie ein Lauffeuer verbreitete sich die Nachricht, dass die Prinzessin einem Bauern zur Gemahlin gegeben werden sollte. Als die Herrscher der benachbarten sieben Königreiche davon vernahmen, waren sie bestürzt. Voller Zorn darüber, dass der König seine Tochter mit einem seiner Untertanen anstelle eines Sprosses aus königlicher Familie zu vermählen gedachte, beschlossen sie, zusammenzukommen. Sie erließen einen Aufruf mit der Drohung, ihre Heerscharen in Bewegung zu setzen, falls die Prinzessin nicht mit einem von ihnen verheiratet werde.

Der König konnte natürlich sein gegebenes Wort nicht mehr zurücknehmen. Die Feierlichkeiten beging man mit großem Pomp, und so wurde die Prinzessin die Frau des jüngeren Bruders.

Nachdem die Feiern vorüber waren, begannen den König Sorgen zu quälen über die Drohung der benachbarten sieben Könige. Er wusste keinen Ausweg, konnten doch seine Heerscharen niemals den vereinten Kräften der sieben Königreiche widerstehen.

Der jüngere Bruder, nun der Schwiegersohn des Königs, erfuhr von den Sorgen des Königs. Er sandte die Prinzessin, seine Frau, zum König und ließ ausrichten, es bestehe kein Grund zur Beunruhigung; alles werde zu seinen Gunsten ausgehen.

Diese Nachricht vermochte den König wenig zu trösten, denn er wusste, dass der Feind die Grenze zu seinem eigenen Land innerhalb von vier Tagen erreichen konnte. Deshalb ließ er seinen Schwiegersohn kommen, und voller Kummer erkundigte er sich: »Was werden wir nun tun?«

»Mach dir keine Sorgen«, antwortete der Schwiegersohn, »gib mir bloß zwanzig Krieger, und ich werde den Feind in die Flucht schlagen.«

Bald darauf begann der Aufmarsch der verbündeten feindlichen Heere. Die Angreifer zählten viele Tausend Mann. Da zog des Königs Schwiegersohn mit seinen zwanzig Kriegern ins Feld, um sich dem Feind entgegenzustellen.

Als sie in Sichtweit der feindlichen Heere kamen, wünschte sich des Königs Schwiegersohn: »Falls es Mahadeva gibt, mögen die feindlichen Heere an Ort und Stelle erstarren.« Augenblicklich hielten die riesigen Heere inne, und gespenstische Stille senkte sich über das Schlachtfeld.

Den sieben feindlichen Königen kam zu Ohren, welches Unheil ihre Heere durch des Königs Schwiegersohn, den jungen Bauern, ereilte. Eiligst sandten sie schlagkräftige Verstärkung. Doch kaum erreichten diese Kriegerscharen das Schlachtfeld, widerfuhr ihnen das gleiche Schicksal.

Auf den unerwarteten Ausgang der Ereignisse hin beschlossen die sieben Könige, selbst ins Feld zu ziehen. Hoch zu Ross sprengten sie bis zur vordersten Kampflinie und blieben dort auf einen Schlag wie angewurzelt stehen.

Nun befahl des Königs Schwiegersohn seinen zwanzig Kriegern, die sieben Könige gefangen zu nehmen und vor ihren eigenen König zu bringen.

Alle sieben Könige gestanden ihre Niederlage ein. Nachdem sie eingewilligt hatten, künftig Tribut zu entrichten, wurde ihnen erlaubt, ihre Heere abzuziehen und in ihre angestammten Länder zurückzukehren.

Der König war stolz auf seinen Schwiegersohn. Er überlegte sich, dass sein Schwiegersohn der begabtere Herrscher sein würde als er, und wünschte, zu seinen Gunsten auf die Macht zu verzichten. Doch davon wollte sein Schwiegersohn nichts wissen. Er gab dem König feierlich sein Wort, ihm jederzeit zur Seite zu stehen. Für sich selbst wünschte er ein prächtiges Haus. Dort lebte er mit der Prinzessin glücklich bis ans Ende ihrer Tage.

XI. Das Dorf der Harijan

Auch was wir nicht hüten, bleibt bestehen,
wenn es das Schicksal hütet;
was das Schicksal vernichten will, geht zugrunde,
auch wenn wir es noch so gut hüten;
so bleibt ein allein im Dschungel Ausgesetzter am Leben,
und ein anderer, der wohlbehütet zu Hause wohnt,
findet den Tod.

Vikramacarita,
indische Märchen und Erzählungen

Kurz nach dem Holi-Fest hämmerte eine Frau erregt an die Tür des Ashrams. Die Ausländer, die hier wohnten, sollten unbedingt und sofort mitkommen. In ihrem Dorf am Rande der Stadt seien zwei Videshi die aufeinander einschlügen. Wenn man nichts täte, würden sie einander umbringen. Niemand spreche ihre Sprache, niemand könne sie beruhigen. »Bitte helft! Wir sind nur arme Harijan, Rikscha-Fahrer, Fischesser und Landarbeiter«, sagte sie mit zitternder Stimme, »wir wollen keine Polizei!«

Shankar-John konnte gut verstehen, was sie meinte. Er hatte seine Erfahrungen mit den vermeintlichen Ordnungshütern auch anderswo in den sogenannten »Entwicklungsländern« gemacht, und die schnurbärtigen Schutzmänner von Benares waren keine Ausnahme. Bakschisch war wohl die einzige Sprache, die sie gut verstanden. Gegen die armen Harijan, die diesem Vokabular nicht Genüge leisten konnten, verhielten sie sich äußerst brutal und schreckten weder vor Raub noch vor Vergewaltigung zurück. Unter der einfachen Bevölkerung galten sie als Erscheinung des Kala-Bhairava, des »schwarzen Terror« – Shiva in seiner schrecklichsten Gestalt!

Neugierige, nackte Kinder und besorgte Rikscha-Fahrer standen wortlos vor einer winzigen Lehmhütte. Wüste Flüche, ausgespuckt im hastigen Pariser Argot, sowie erbärmliches Gewimmer drangen durch die verschlossene Brettertür. Der Ethnologe holte Luft, klopfte, dann stieß er die Tür auf.

»Quas!«, fluchte einer der beiden, »kann man denn nicht einmal eine kleine Meinungsverschiedenheit haben, ohne dass sich diese Affen einmischen? Merde alors! Allez vous prominer!«

Shankar fasste ihn fest ins Auge: »Versteht! Die brauchen keine Bullen hier! Pas de flics!«

»Ist ja alles schon wieder cool!«, sagte der Größere der beiden plötzlich kleinlaut. Auch der Kleinere, der sich stöhnend auf dem Lehmboden wälzte, winkte ab.

Wohl einer der größten *Pipal*-Bäume, die Shankar und Ganga je gesehen hatten, überragte die kleine Siedlung. Unter dem mächtigen Stamm befand sich ein Shiva-Linga. Es war noch nass von dem Ganges-Wasser, das die Dörfler ehrfurchtsvoll darübergegossen hatten. Auch ein mit rotem Zinnober gefärbter Sati-Stein, ein Andenken an die freiwillige Selbstopferung einer treuen Gattin, stand da. Er war in alten Zeiten gesetzt worden. Für die Harijan war es schlicht ein Murti (Bildnis) von Shiva und Parvati. Spatzen und Hühner pickten die Reiskörner, die sie dem Mal geopfert hatten.

Nach einiger Zeit trafen Shankar und Ganga den kleineren der beiden Franzosen zufällig wieder. Er sah durchweg schlecht aus, abgemagert und krank. »Bitte komm«, sagte er mit flehendem Blick, »ich weiß, du hast Bücher gern. Komm bitte, je t'en prie, kaufe mir einige Bücher ab! Mein Kumpan hat mich gelinkt und mit all meiner Knete Abflug gemacht ... Hab 'nen leeren Magen. Ich habe Mama in Paris geschrieben, die geht zwar auf Stütze, aber die wird mich hier doch nicht sitzen lassen!«

Die Hütte war leer. Selbst seinen Rucksack, Schlafsack und alle Wäsche, die er nicht direkt am Leib trug, hatte er verscherbelt. Auf dem Lehmboden lagen nur noch einige schmierige, vom Schimmel angefressene Schundromane und – kaum zu glauben – das »Tibetanische Totenbuch«, herausgegeben von Alexandra David-Neel, ein Meditationstext, der den Weg des Verstorbenen durch die übersinnliche Welt bis hin zur neuen Wiederverkörperung nachzeichnet.

Das Buch, das die Möglichkeiten, Gefahren und Verwandlungen der Seele auf dem Pfad ins neue Dasein schildert, sollte Shankar und Ganga in den kommenden Wochen stark beschäftigen. Es war, als sei es für sie persönlich geschrieben worden; ihr Leben in Matajis Ashram kam ihnen vor, als befänden sie sich im Bardo, dem »Zwischenzustand«, als seien sie ungeborene Seelen, die außerhalb irdischer Zeit auf eine neue Reinkarnation warteten.

Wieder einmal sahen sie François, den jungen Franzosen, am unteren Ende der Gasse. Er war nur noch Haut und Knochen. Gerne wären sie ihm aus dem Weg gegangen, doch er hatte sie erblickt und folgte ihnen wie ein verlassener Welpe. Nun hatte er sogar noch seinen Gürtel verkauft, und die durchgelaufenen Sandalen waren ihm buchstäblich von den Füßen abgefallen, denn er lief täglich die vielen Kilometer zur Stadtmitte, zum Dasashwamedha-Ghat, um dort weiße Touristen anzubetteln. Diese seien aber oft noch geiziger als die armen Harijan, bei denen er hauste. Die Dorfbewohner gaben ihm wenigstens etwas Chai, Traubenzuckerkeks (Glucose Biscuits) und auch mal einen in Fett gebratenen Teigklumpen. Nachts, wenn es zu kalt war zum Schlafen, hockte er mit diesen Adivasi am Lagerfeuer. Da das Geld von seiner Mutter noch nicht gekommen war, fragte er die Amerikaner, ob sie ihm nicht aushelfen könnten. Er würde die Kohle bestimmt eines Tages zurückzahlen.

Nun verwandelte sich auch Ganga in eine Annapurna. Sie kochte für ihn Brei, gab ihm ihre Chappal (Sandalen), die ihm passten, und hörte zu, was er von seinem sechzehnjährigen Leben erzählte: Eltern geschieden. Arbeitslos, ohne Lehrstelle. (Heroin-)Affen im Nacken und Turkey geschoben. Sein älterer Freund, der ihn als gerade mal Vierzehnjährigen sexuell missbraucht hatte, hatte ihn hierhergebracht und versprochen, in Indien sei alles besser und einfacher. Dann hatte er ihn einfach abgehängt und mit keinem Pfennig in der Tasche zurückgelassen.

Noch einige Male kam er, um sich satt zu essen. Wie ein streunender Hund mit fiebrigen Augen durchstreifte er Shivas Stadt. Zuletzt hatten ihn sogar die Harijan aus seinem Loch hinausgeschmissen, denn sie brauchten die zehn oder zwanzig Rupien, die irgendwelche Brown-Sugar-Freaks als monatliche Miete zu zahlen bereit waren. Nur noch zerschlissene Jeans nannte er sein Eigen. Aber in deren Tasche befanden sich noch, arg zerknittert, sein Pass und ein Rückflugticket. (Seit einigen Jahren besteht die indische Regierung darauf, dass man nur mit Rückflugticket einreisen darf. Die Behörden schätzen die Zahl der Europäer, Amerikaner und Australier, die als Streugut der Sechziger- und Siebzigerjahre auf ähnliche Weise in Indien gammeln, auf rund drei Millionen. Viele Inder glauben, diese »Hippies« seien die Unberührbaren des Abendlandes.)

Ein letztes Mal kochte Ganga ihm Brei, dann gaben sie ihm das Geld, um nach Delhi zu gelangen. Er wollte unbedingt nach Hause. Bhagwan, der Gnädige, würde ihn sicherlich behüten und ohne weiteren Zoff zum Flugplatz geleiten. Andere in einer ähnlichen Lage bleiben da, schließen sich den wandernden Sadhus an oder sterben.

Anderthalb Jahre später – wir nehmen vorweg – kehrten Shankar und Ganga wieder in das Dorf der Harijan zurück, wo sie François kennengelernt hatten. Für einige Monate ließen sie sich in der Hütte unter dem mächtigen Pipal-Baum nieder. Sie schauten den schwarzen Büffeln zu, die in seinem kühlen Schatten genüsslich wiederkäuten. Sie schauten den Mädchen zu, die den Büffelmist in Körben sammelten, mit Stroh mischten, kneteten und ihn zum Trocknen an die Wände klatschten. Sie schauten dem pflügenden Ochsengespann zu, dem Keimen der Saat, dem Wachsen des grünen Getreides, den singenden Schnitterinnen, die gebeugten Schrittes das reife Korn mit ihren Sicheln hieben; sie schauten den mageren Kühen beim Nachweiden zu.

Es waren ruhige, gesegnete Tage. In den Wintermonaten schwamm John-Shankar fast täglich über den Strom. Auf endlos weiten Sandbänken auf der anderen Seite schaute er zu, wie die Geier, Schakale und Raben sich um die angeschwemmten Kadaver und Leichen stritten, wie sie diese in kürzester Zeit skelettierten. Die kreisenden Geier flogen oft so hoch, dass sie sich im ätherischen Blau aufzulösen schienen; es war ihm, als trügen die Vögel die Seelen in den Himmel. Eine Meditation über die Vergänglichkeit.

Ab und zu nahmen sie den Weg über die Felder in die nahe liegende Stadt, um Freunde zu besuchen oder um einzukaufen. Von ihrem Freund Virendra erfuhren sie, dass am Abend – es waren vier Tage vor Shivaratri – die Dhrupad Mela, ein traditionelles Gesangfest, unten am Ganges-Ufer am Tulsi-Ghat stattfinden würde. Der Dhrupad-Gesang sei uralt und gehe bis in vedische Zeiten zurück, als wandernde, ekstatische Sänger ihn an Fürstenhöfen vortrugen. Es sei reine Gottesverehrung; die Sänger bieten Shiva ihre Stimmen als Opfer.

Das klang interessant und sie wollten es sich auf keinen Fall entgehen lassen. Auf dem Weg zum Tulsi-Ghat hielten sie kurz in der winzigen Essensbude, die ihr Freund Ravi betrieb, um sich mit heißem Chai und Omeletten zu stärken. Als Ravi hörte, wohin sie wollten, reichte er John drei weiche, braune Kugeln; sie hatten die Größe von Mozartkugeln.

»Es ist Bhang. Sie sind aus Hanfblüten und Joghurt gemacht und mit Pfeffer gewürzt. Nehmt sie ein, sie helfen, dass man die Musik besser hören kann«, sagte er mit einem schelmischen Lächeln.

Cindy verzog das Gesicht. John aber schluckte die Kugeln, ohne viel nachzudenken, und spülte sie mit süßem Chai hinunter.

Es war nicht weit zum Veranstaltungsort neben dem Ganges-Fluss. Unter dem bunten Zeltdach hockten schon die Zuschauer im Schneidersitz auf dem Boden. Unter ihnen waren auffällig viele europäische Hippies und Freaks. Die Plattform war mit Götterbildern und Blumen geschmückt und es brannte ein heiliges Feuer. Nachdem die Sonne untergegangen war, kam das Konzert allmählich in Fahrt. Wie es vielen westlichen Zuhörern bei indischen Konzerten geht, wussten auch John und Cindy nicht, ob die Musiker noch beim Stimmen ihrer Instrumente waren oder ob dies schon die Musik an sich war. Aber bei einem solchen Ereignis gibt es keine scharfen Abgrenzungen. Es dauert eben eine geraume Zeit, bis alle Geister angekommen sind und bis die Göttin Sarasvati die Inspiration zum Fließen bringt.

Und auf einmal spielten die Instrumente – die Rudra-Vina, eine Laute, von der man sagt, dass der Götterbote Narada selbst die Himmlischen damit verzaubert, die Tanpura, deren Saiten einen fülligen Klangteppich hervorbringen, und die Fasstrommel (Pakhawaj), die Pulsschlag und Rhythmus gibt – in vollkommener Harmonie und begleiteten den Sänger. Dieser brachte Töne hervor, die weder John noch Cindy je von einer menschlichen Stimme gehört hatten. Was da geschah, war keine Unterhaltung, es war eher wie ein Raumschiff, wie ein Göttergefährt, das abhob und die Zuhörer auf eine Reise in andere Dimensionen mitnahm. Die Musiker befanden sich in völliger Ekstase; sie sangen und spielten allein für ihn, für Mahadeva: »*Bole, bole* (Sprich, sprich mit uns), Shambo ... Shiva, Shiva Shiva, Shambo, Mahadeva bole, Yogi-Mahadeva ... bole ... Hara, Hara Shiva ...« Eine Musikergruppe folgte der anderen, und die Zuhörer schwebten immer höher. So ging es die ganze Nacht.

Das Bhang zeigte seine Wirkung. John schwebte so hoch; es war, als öffne sich ihm der Kosmos. Wie ein Wassertropfen in der heißen Sonne verdunstete sein Ego-Bewusstsein. Von göttlicher Warte nahm er wahr, dass sich die Musiker in tiefster Andacht befanden. Sie spielten ihm zu. Er war nun wirklich Shankar. Ein Sänger schaute ihn inbrünstig an, faltete die Hände und bat ihn: »Mahadeva, lass mich wahrhaft singen, lass mich nicht nur ständig wiederholen, Shiva, Gnädiger, segne mein Singen.«

Als die Sonne aufging und der Ganges sich golden färbte, machten sie sich auf den Weg zu ihrer Hütte unter dem großen Pipal-Baum. Sie wollten sich ausruhen, denn am Abend ging das Dhrupad-Fest weiter. Und in vier Tagen war das große Fest der Nacht Shivas (Shivaratri).

Doch zunächst wollte Shankar wie jeden Morgen noch ein Bad im Ganges nehmen. Er sprang in die glitzernde Flut. Aber an diesem Morgen fühlte sich das Wasser weder belebend noch erfrischend an. Es schien schmutzig. Es war, als sei die Göttin Ganges ihm an diesem Tag nicht freundlich gesinnt, und der Büffelkadaver mit den fauchenden Geiern darauf, der da an ihm vorbeitrieb, ekelte ihn an. Sonst hatte ihn so etwas nie gestört.

Als er nach Hause kam, fühlte er sich abgeschlagen. Er hatte nicht die Energie, am Abend wieder zur Dhrupad Mela zu gehen, und Ganga hatte sowieso keine Lust dazu.

Am nächsten Morgen merkte er, dass sich seine Haut gelb gefärbt hatte. Er schaffte es kaum hinaus aufs Feld, um seinen Stuhlgang zu verrichten, und dieser war kreideweiß. Derweil schwitzte er kaffeebraunen Schweiß. Sechs volle Wochen lag er in der Hütte, zwischen den Welten wandernd. Er flog über den Ganges mit Bleiflügeln, wobei die Toten ihm auf dem Rücken saßen und ihn dreimal in die Fluten tauchten. Er begegnete grünen Schlangengeistern und anderen Wesen aus fremden Welten.

Im heiß-trockenen Wind verlor der Baum seine Blätter. In den obersten Wipfeln nisteten die Geier, pfiffen hohle, zischende Pfeiftöne und brüteten ihre Jungen aus. Ihr Kot aus verdauten Leichenresten und Kadavern färbte die nackten grauen Äste weiß wie Asche. Und dann, allmählich, sprangen neue, zartgrün leuchtende, herzförmige Blätter aus den Knospen und rauschten im Wind. Eine braunhäutige Yakshini (Baumnymphe) trat aus dem mächtigen Stamm hervor, wiegte ihre breiten Hüften und schüttelte sanft ihre vollen Brüste zum Rauschen der Blätter, derweil sie ihr kohlschwarzes Haar losband. Shankar aber, bleich wie eine Jasmin-Blüte, kreiste mit den Geiern hoch oben im ätherischen Blau, am Rande des Himmels und brachte den himmlischen Segen wieder herab zur Erde. Derweil umsorgte ihn Ganga die vielen Tage und Nächte. Sie trug Wasser vom Brunnen, hütete das Feuer und fütterte die armen verwilderten Hunde, Affen, Wildkatzen und Hörnchen, die sie besuchten.

Als Shankar wieder in Menschengestalt auf Erden schritt, erinnerte er sich an den halb verhungerten, missbrauchten Franzosen, dem er zum ersten Mal bei diesem Riesenbaum begegnet war. Da erkannte er, dass es Shiva war, der ihm diese Tirtha gezeigt hatte. Ja, ja, keiner kann Benares betreten, ohne Mahadeva zu begegnen.

Asketische Hitze und Harshanas heiliges Kraut

Ein Geschöpf - sei es ein Mensch, Tier, Geist oder Gott -, welches dem großen Yogi, Shiva, folgt, indem es der Welt entsagt und sich ganz der Yoga-Disziplin hingibt, entwickelt eine mächtige innere Hitze. Diese Hitze ist dieselbe Kraft, welche die Pflanzen wachsen lässt, welche in Mensch und Tier die vergängliche Lust erzeugt und durch welche der weibliche Schoß immer wieder neues Leben gebiert. Mittels yogischer Alchemie wandelt der Asket diese Hitze in ein rein geistiges Feuer um, in dessen Flammen die Illusionen verascht werden. Wird solch ein Asket beim »Ausbrüten« gestört, dann kann sich die aufgestaute innere Glut blitzartig über die Augen entladen - zum Schaden des Störenfrieds. So geschah es, wie wir schon hörten (siehe S. 176), dass der Liebesgott Kamadeva, welcher erneut den Asketen Shiva-Shankar an die betörende Maya binden wollte, vom Feuerstrahl getroffen und vernichtet wurde.
Indem ein Asket schrittweise die Illusionen verbrennt und die Gotteserkenntnis erlangt, wird er selber allmählich zu Shiva. Also hütet sich der gewöhnliche Sterbliche, einen solchen Meditierenden zu belästigen. Einzig im *Kali-Yuga,* im finsteren Zeitalter, in dem die Menschen geistig blind geworden sind, hat man die Ehrfurcht vor den Gottesmenschen verloren. Sogar in Indien beschimpfen viele »moderne, gebildete« Zeitgenossen die Sadhus als fortschrittshemmende, faulenzende Landstreicher und trachten danach, sie - zusammen mit den frei laufenden heiligen Kühen - mit Paragrafen zu belegen. Aber auch ihren Wahn erwartet ein feuriges Ende aus dem Scheitelauge des Mahayogis.
Im Allgemeinen jedoch achtet man noch immer die rot gekleideten Gottessucher und verehrt sie als Verkörperungen Shivas. Trotz aller Ehrfurcht sieht man es aber nicht gerne, wenn ein junger Mensch diesen Weg der Entsagung wählt. Der Sinn des Lebens besteht eben nicht nur in der Suche nach Erlösung (Mok-

sha), sondern auch in der Erfüllung der Pflichten gegenüber Familie und Kaste (Dharma), im Erwerb weltlicher Reichtümer (Artha) und im Genuss sinnlicher Freuden *(Kama).* Deswegen teilt der Hinduismus das Leben in vier Stadien ein: Als Jugendlicher ist der Mensch ein Lernender (Brahmacharya), der in Keuschheit und Ergebenheit, im Dienst an seinen Eltern und seinem Guru sein Dharma erfüllt. Es folgt das Stadium des Haushalters (Grihasta), der den Familienwohlstand mehrt und zugleich die Ahnen ehrt, indem er sich der Sinneslust (Kama) hingibt und Nachwuchs zeugt. Nun folgt der Lebensabschnitt des »pensionierten« Einsiedlers (Vanaprashtha), der sich mit seiner Frau allmählich vom weltlichen Getriebe zurückzieht, um sich spirituellen Fragen und dem Gottesdienst (Puja) zuzuwenden. Erst zuallerletzt kann sich jemand für das Leben als Sannyasin, der alle Bindungen – Familie, Kaste, Beruf – fallen lässt und nur noch die Befreiung (Moksha) sucht, entscheiden. Nur in diesem letzten Stadium ist es angebracht, besitz- und obdachlos, im ungesäumten orangeroten Tuch und mit der Bettelschale in der Hand von Dorf zu Dorf zu wandern und ein tägliches Quantum Hanfkraut (Ganja) zu rauchen. Man sieht es gar nicht gern, wenn junge Menschen zum Chillum greifen und es den Sadhus oder Hippies nachmachen. Das Kraut gehört Harshana, dem Gott der Totenfeiern, und vermittelt Einsicht in die »andere Seite«. Nur an religiösen Feiertagen und bei Hochzeiten ist es den gewöhnlichen, dem »Diesseits« zugekehrten Menschen gegönnt, Süßigkeiten und Getränke, die das Kraut Shivas enthalten, zu genießen.

In der folgenden nepalesischen Erzählung von einem Sadhu kommt der Konflikt zwischen dem Streben nach Erlösung und der Erfüllung der »diesseitigen« Familien- und Kastenpflichten zum Ausdruck. Es bedarf eines Schlachters, eines Unreinen unterster Kaste, dem jungen Mann klarzumachen, dass die höhere Weisheit nicht in der Entsagung, sondern im Erfüllen des Dharmas liegt.

Der junge Bettelmönch

(Aufgezeichnet von Eugen Jung)

Es lebten einst ein Mann und seine Frau in Frieden und Wohlstand. Sie waren zwar nicht besonders reich, doch verfügten sie über alle Annehmlichkeiten, um ein bequemes Leben zu führen. Das Einzige, was ihnen fehlte, war ein Nachkomme. Darüber waren sie ziemlich traurig.

Doch das Schicksal meinte es gut mit ihnen, und im Laufe der Zeit wurde die Frau schwanger. Als ihre Ehe endlich mit einem Kind, einem Knaben, gesegnet wurde, kannte ihre Freude keine Grenzen. Ihr Glück auf Erden war vollkommen.

Das Kind wuchs zu einem gesunden und klugen Knaben heran. Eines Tages, im Alter von etwa fünf Jahren, machte der Knabe seinen Eltern eine seltsame Ankündigung: »Meine lieben Eltern, die ganze Welt ist vergänglich. Mein Vater und meine Mutter, unser Heim und Besitz und unser Land sind flüchtige Erscheinungen und nichts als Blendwerk. Deshalb möchte ich allen weltlichen Besitz aufgeben und mich in den Wald zurückziehen, um in ungestörter tiefer Versenkung Weisheit zu erlangen.«

Mit diesen Worten nahm er Abschied von seinen Eltern und begab sich in einen dichten Forst. In der Waldeinsamkeit entdeckte er einen mächtigen Baum. Unter diesem Baum machte er sich einen Sitz zurecht, setzte sich mit gekreuzten Beinen nieder und begann seine Geistesübungen.

Während er sich innerer Betrachtung hingab, vergaß er die äußere Welt. Allen körperlichen Wünschen und Begierden entbunden, fühlte er weder Hunger noch Durst. Er sammelte seinen Geist und verweilte in tiefer Versenkung; darüber verstrichen unbeachtet zwölf Jahre.

Nach dieser Zeit öffnete er eines Tages sachte seine Augen. Seine

Aufmerksamkeit richtete sich als Erstes auf ein Pärchen Silberreiher, die sich in seiner Nähe auf dem Ast eines Baumes niedergelassen hatten. In dem Augenblick, als sein Blick die beiden Vögel traf, verbrannten sie zu Asche und fielen zu Boden. »Das Ziel meiner angestrengten Übung ist erreicht – jetzt verfüge ich über geistige Macht«, dachte der Asket bei sich, erhob sich von seinem Sitz und beschloss, als Bettelmönch in die Welt zu ziehen.

Eines Tages wanderte er durch ein Dorf. Er wählte sich ein Haus aus und begab sich mit seiner Almosenschale dorthin. Er stellte sich auf die Schwelle des Hauptportals und stieß laut seinen Almosenruf »Alakha, Alakha!« aus, mit dem er um eine milde Gabe bat. In diesem Haus lebten allein ein Mann mit seiner Frau. Die Frau umsorgte gerade ihren Mann mit Speise und Trank. Obwohl sie die Rufe des Bettelmönches vernommen hatte, konnte sie doch nicht einfach von ihrer Pflicht lassen und augenblicklich ein Almosen darbringen.

Als der Bettelmönch auf wiederholten Ruf keine Antwort erhielt, geriet er in Wut. »Alakha! Alakha! Wenn mir nicht sofort Almosenspeise gebracht wird, werde ich dieses Haus verfluchen!«, schrie der Bettelmönch.

Wie nun der Mann sein Essen beendet hatte, eilte die Frau mit einer Handvoll Reis für den bettelnden Asketen die Treppe hinunter.

»Da du mich so lange hast warten lassen, mag ich dein Almosen nicht annehmen – stattdessen werde ich dich verwünschen!«, schrie der wandernde Asket.

Aus diesen Worten schloss die Frau, dass jener Bettelmönch kein vollkommener Heiliger sein konnte. Warum konnte er nur so zornig sein, wenn sie doch bereits für die Verzögerung um Vergebung gebeten hatte. »Du scheinst mir ein eitler und großsprecherischer Kerl zu sein«, entgegnete die Frau. Und sie mahnte ihn: »Du hast dir wohl eingebildet, Vollendung erreicht zu haben, bloß weil du durch deinen Blick ein Silberreiher-Pärchen in Asche verwandelt hast. Aber gib acht, vielleicht hast du nur Eitelkeit gewonnen anstelle von Vollkommenheit.«

Auf diese Worte blieb der Bettelmönch wie vom Donner gerührt stehen. Er überlegte: »Wie um Himmels willen kann diese Frau von meiner magischen Tat wissen? Bestimmt besitzt diese Frau mehr Weisheit als ich selbst und ich sollte von ihr lernen.« Diese Gedanken bewogen ihn, der Frau höflich zu antworten: »Bitte verzeih mir meine Worte. Lass mich hier ein paar Tage verweilen, damit ich zu deinen Füßen Weisheit erlangen möge.«

»Ich kann dir nichts lehren. Aber es lebt ein Metzger in diesem Dorf. Von ihm habe ich mein Wissen erhalten und es wird am klügsten sein, wenn auch du dich an ihn wendest.« Mit diesen Worten wies sie ihm den Weg zum Haus des Fleischers, der in seinem Laden saß und Fleisch feilbot.

»Ich komme aus fernen Landen und möchte dich bitte, mir einige Tage Herberge in deinem Haus zu gewähren«, sprach der Asket, und der Fleischer willigte ein mit den Worten: »Nun gut, wenn es dir hier gefällt – aber es ist ein bescheidenes Haus. Ich werde es dir jedoch so behaglich machen, wie ich nur kann.« Außer seinen alten Eltern lebte niemand in dem Haus.

Der Asket erhielt eine Kammer zugewiesen und machte es sich darin bequem.

Bald war eine Woche verstrichen. Alles was der Asket in dieser Zeit zu sehen bekam, war die Erfüllung täglicher Pflichten durch seinen Gastgeber, der sich frühmorgens erhob, seine Waschung vornahm und sich zu den Füßen seines Vaters und seiner Mutter verneigte, nachdem er seine Eltern dreimal umschritten hatte. Danach begab er sich in seinen Laden. Sobald das Fleisch verkauft war, schloss er seinen Laden ab, nahm seine Mahlzeit zu sich und verrichtete daraufhin Arbeiten im Hause. »Liebe Eltern«, pflegte er sich dann zu erkundigen, »sagt mir, was ich für euch noch tun kann.« Immer war er bestrebt, seinen Eltern jeden Wunsch zu erfüllen.

»Es ist jetzt wohl an der Zeit, meinen Gastgeber zu bitten, mich höhere Weisheit zu lehren«, dachte sich der Wanderasket.
Als nun der Fleischer wie gewöhnlich nach getaner Arbeit seinen Laden abschloss und die Treppe hinaufstieg, wandte sich der Asket bittend an seinen Gastgeber: »Ich habe dein Haus nur aus einem Grund aufgesucht. Bitte zeige mir dein Wohlwollen und lehre mich deine Weisheit, damit ich nach Hause zurückkehren kann.«
»Ich habe nichts zu lehren«, entgegnete der Metzger, »alles was ich weiß, habe ich dir in diesen paar Tagen gezeigt. Was du hier beobachtet hast, ist wirkliche Erfahrung und der Weg zur Vollendung.«
Durch die Worte seines Gastgebers war dem Asketen auf einmal klar geworden, dass er in diesem Haus Erfahrungen gesammelt hatte, die ihm zwölf Jahre Bußübungen nicht lehren konnten. Damit war sein Wunsch erfüllt; dankbar verließ er das Haus des Metzgers und machte sich auf den Heimweg. »Es ist sinnlos, sich während zwölf Jahren asketischen Übungen zu unterziehen, wenn man dabei nur die Macht erlangt, andere Wesen zu töten. Solche Macht führt wahrlich zu Eitelkeit, aber niemals zu Einsicht. Echte Tugend wird erreicht durch die Pflichterfüllung gegenüber unseren Eltern und allen anderen lebenden Wesen«, waren die Gedanken, die den Wanderasketen auf seinem Weg begleiteten.
Nach der Rückkehr in sein Elternhaus gab er das Asketen-Leben auf und begann seine Familie zu umsorgen. Aus seiner selbstlosen Hingabe den Eltern und allen Wesen gegenüber schöpfte er fortan echte Freude und wirkliches Glück. Auf diese Weise lebte er noch viele, viele Jahre.

XII. Rudras Freudentränen

Man kann Kashi verlassen,
Kashi aber verlässt einen nie!

Sprichwort aus Benares

Organisch, wie das Wachstum der Bäume, vollzog sich unter Matajis Obhut die Umwandlung ihrer Seelen. Wie diese Heilige selber, so begannen Ganga und Shankar allmählich, alle Wesen, die ihnen begegneten, als göttliche Erscheinungen in einem göttlichen Universum zu sehen. Nun könnte man sich fragen, ob es ihnen wie den chinesischen Opiumrauchern ging, die sich in prächtigen Traumpalästen ergötzten, derweil ihre Körper zerfielen. Schwebten sie auf rosaroten Wonnewolken dahin, ungeachtet einer Welt, die – von Not, Umweltzerstörung und Ungerechtigkeit geplagt – von einer Krise in die nächste torkelt? Aber nein, nicht verengt, sondern erweitert hatte sich ihr Gesichtsfeld. Sie sahen das schreckliche Wirken der Rakshasas, der Dämonen, klarer als je zuvor, nur sahen sie es in einem weiteren, kosmologischen Zusammenhang, sahen nicht mehr nur den Schatten, sondern die Wesen, die den Schatten werfen, gewahrten den ewigen Meditierenden, der das Abenteuer des Alls träumt, die Weberin, die die hellen und dunklen Fäden des Karmas zum Gewebe des Daseins webt. Sie erahnten das Selbst – den Shiva –, dessen Gesicht durch alle Erscheinungen hindurchschimmert, und spürten in sich seine Freude (Ananda) an dem überwältigenden Spiel (Lila) seiner Energien (Shakti).

Durch Virendra Singh, der mit Nachhilfestunden für Austauschstudenten sich und seine Familie mit viel Fleiß über Wasser hielt, schimmerte die Erscheinung des großen Ganesha hindurch. Der Torhüter und Gott der Gelehrten hatte ihnen den Zugang zu Kashi verschafft und ihnen das Tor einer neuen Welt eröffnet. Und leuchtete nicht das Licht der Göttin Durga selber durch Matajis Augen, auch wenn ihr schwergewichtiger Körper von verschiedenen Leiden angeschlagen war? Auch die drolligen Affen, denen in dieser Kali-Yuga-Zeit der herrliche Urwald auf einige wenige Bäume, Strommasten und flache Zementdächer geschrumpft war und die nun – Kekse und Bananen bettelnd – wie arme Seelen an den Fenstergittern hingen, waren für Shankar und Ganga keine bloßen Exemplare der Gattung Macacus rhesus aus der Familie der Simiae mehr, sondern Hanumans lustige, listige Kinder. In ihrer Gestalt erschien ihnen Hanuman, der Sohn des Windes, tagtäglich. Als Gott der Heilung und der Arznei trägt der fliegende »Affengott« einen ganzen Heilkräuterberg aus dem hohen Himalaja hinab in das Schlachtfeld des Lebens. Wie wir in der »Ramayana« lesen können, heilt er damit die von Dämonengeschossen getroffenen Helden und Bhaktas Gottes. Schon bei seinem Nahen springen die Giftpfeile aus den Verwundeten, fallen die Splitter aus den blind gewordenen Augen. Ebenso fielen in dieser Zeit viele Ängste und Komplexe, die wie Giftpfeile in Johns und Cindys Seele schwärten, von ihnen ab.

Nachdem die Frühlingsfeste vorbei waren, stieg die Temperatur von Tag zu Tag. Im Juni war es täglich um die 45 Grad im Schatten. Die Vegetation verblich, sodass die abgemagerten Kühe sogar widerwillig Menschenkot schluckten, um ihren Hunger zu stillen. Die Glut tötete Fliegen und Mücken und vertrieb sämtliche Touristen. Hanumans Kinder schmachteten schlaff und lustlos in den Kronen der Baumriesen, und den Menschenkindern verwischte die Hitze die zarte Grenze zwischen Wachen und Träumen. Einzig das Bad in dem mit frischem himalajischem Schmelzwasser angeschwollenen Ganges brachte Erfrischung.

Eines Tages türmte sich jählings ein riesiges Wolkengebirge auf. Das wassergierige, schiefergraue Wolkenmonstrum Vritra zerbarst unter den Blitzschlägen des Götterkönigs Indra. Im Nu wurde das Land grün und wimmelte mit Leben aller Art – aber die Hitze blieb. Benares im Monsun gleicht einer Sauna.

In diesen Tagen holte Yama, der dunkle Gott des Todes, das neugeborene Kind der Büffelhirten von nebenan. Vater und Schwager wickelten es in einen weißen Tuchfetzen, banden einen Ziegelstein daran und versenkten das unschuldige Geschöpf im Schoß der Mutter Ganga, deren Fluten es über den Himmel einer neuen Geburt entgegentragen würden. Die herzzerreißenden Klagelieder der Frauen rührten John und Cindy zu Tränen. Wieder einmal wurde ihnen das ewige Weben des organischen Lebens vor Augen geführt. Wie das Ein- und Ausatmen, wie Sommer und Winter, so erschien das Gebären und Sterben als Teil des ewigen Spiels Shivas.

Im Herbst, als es dann kühler wurde, ging Mataji mitsamt Gefolge auf Pilgerreise nach Ayodhya, der Stadt Ramas und Sitas, um sich dort als Manifestation der löwenreitenden Göttin Durga anbeten zu lassen und um die reichlichen Opferspenden Tausender Verehrer einzukassieren. Als sie nach einem Monat Abwesenheit zurückkehrte, war auch für Ganga und Shankar die Zeit gekommen, weiterzureisen. Das offizielle akademische Jahr war sowieso gelaufen und die hohen Schneeberge des Nordens riefen.

Neun volle Monate – eine ganze Schwangerschaftszeit – hatten sie im schützenden Gemäuer von Matajis Ashram verbracht. Hara-Shiva, »der Ergreifer«, hatte sie in Hitze und Schweiß gezeugt. Mutter Durga in der Gestalt der physisch unfruchtbaren, dicken Mataji hatte sie ausgetragen. Wie König Chitrabhanu hatten sie ohne ihr bewusstes Zutun Mahadevas Gnade empfangen. Eher durch Zufall waren sie an die Benares Hindu University gekommen, ohne zu wissen, dass Kashi das *Ajna-Chakra,* das Dritte Auge, das Feuerauge des mystischen Erdenleibes ist. Der Strahl dieses Feuerauges hatte viele ihrer falschen Vorstellungen dem Flammentod übergeben, darunter auch Johns Glaube an die »objektive Wissenschaft«, jene schizophrene Betrachtungsweise, die die Welt in Beobachter und Beobachtetes, in Subjekt und Objekt zerteilt. Wie kann man denn irgendetwas zu einem von der Ganzheit losgelösten Gegenstand machen? Auch Cindy erkannte, dass alles, was man sieht, fühlt, erlebt und wahrnimmt, im letzten Grunde man selber ist. Wenn man den anderen verletzt, fügt man sich selber die Wunde zu. Nicht die kalte, gefühlstote, spaltende Gesinnung, sondern das Mitleid, die Sympathie, die Liebe, die tantrische Vereinigung Shivas mit seiner Shakti in und um uns kennzeichnet die wahre »Ein-Sicht«. Diese Erkenntnis gab ihnen die Schwingen, welche sie, weißen Wildschwänen gleich, ins hohe Himalaja, das Kronen-Chakra des Erdenleibes, trugen. Im westlichen Tibet nahe des Kailash-Gipfels, wo die Luft dünn und rein und die Sterne in greifbarer Nähe sind, erschien ihnen Shiva als *Avalokiteshvara,* »der Herr, der voller Erbarmen herabsieht«.

Als pechschwarze Raben – oder eher als gecke, aufgeplusterte Pfaue – waren sie nach Indien gekommen; nun aber waren sie hell und transparent. Indem sie die Schöpfung als göttlich betrachteten, konnten nun Shiva und Parvati auch durch sie – von innen heraus – hindurchschimmern. So kam es, dass einfache Bauern ihnen gelegentlich die Füße berührten, sie mit Blumen schmückten und ihnen andere Ehren erwiesen. Ja, es kam sogar vor, dass Touristen sie fotografierten oder sich neben ihnen ablichten ließen. Eigenartigerweise fragten sie sich gar nicht einmal warum, sondern ließen die anderen gewähren. John und Cindy waren so »leer« geworden, dass sie für viele zur Projektionsfläche wurden. Die einfachen und guten Leute, die sie verehrten, verehrten dabei das Göttliche, das in ihren eigenen Seelen west. Ganga und Shankar waren schlicht ein Spiegel ihrer eigenen Tiefen. Ohne Zweifel würden diesen frommen Seelen alle ihre wahren Wünsche auf unwahrscheinliche, wunderbare Weise in Erfüllung gehen. Denn künden nicht die Weisen, dass Shiva, der Gnädige, leicht durch jede Verehrung zu erfreuen ist und dass er seinen Verehrern keinen Wunsch verweigert?

Es gab jedoch auch andere, welche die beiden für Gammler oder Verrückte hielten. Aber auch sie sahen in der Transparenz der beiden Gottestrunkenen nur sich selber. Es waren ihre eigene Hässlichkeit, Verbitterung, Lieblosigkeit, Angst und ihr eigener Zweifel, die ihre Seelen wie dämonisches Blendwerk umhüllten.

Mataji wusste, dass ihre beiden Kinder noch einen langen Pilgerweg vor sich hatten, ehe sie zur endgültigen Erkenntnis gelangen würden. Sie wusste, dass sie wieder in die »Welt« eintauchen mussten und dass ihr »angesponnenes« (prarabdha) Karma, die noch unter der Asche glimmenden Nachwirkungen vergangener Taten, sie wieder ins Land der Kuhtöter und Gottesverächter bringen würde. Daher schenkte sie Shankar kurz vor der Abreise einen Talisman.

»Eine *Rudraksha!* Eine der Freudentränen Rudras, die er vergoss, als alle Geschöpfe ihn dankbar priesen, nachdem er wieder einmal einen arroganten Dämon zu Fall gebracht hatte. Wisse, das bloße Wort ›Rudraksha‹ hat den Wert von zehn Kühen, die schlichte Berührung hat den doppelten Wert, und wer sie am Leibe trägt, dem tilgt Rudra alle Sünden, seien sie des Tags oder des Nachts begangen worden«, erklärte sie, den Kopf hin und her wiegend, und reichte ihm dabei eine unscheinbare, verschrumpelte, harte braune Nuss.

Solche murmelgroße, gekräuselte Samen des Elaeocarpus-Baumes werden von Sadhus und Heiligen als Halsketten, Haarschmuck und Armbänder getragen. Aus 108 Rudraksha-Nüssen wird der Rosenkranz gemacht, an dem die 108 Namen des Yoga-Gottes oder die Atemzüge der Pranayama-Atemübungen abgezählt werden können. Die Nüsse stellen die verschrumpelten Köpfe böswilliger Dämonen dar, welche die Göttin Durga mit ihrem Krummsäbel abschlug. Wie die Tsantsas der südamerikanischen Kopfjäger müssen die Dämonenschrumpfköpfe mit größtmöglicher Umsicht behandelt werden. An bestimmten Tagen, bei Mondwechsel und günstig aspektierten Planetenkonjunktionen werden sie mit Weihrauch geräuchert, mit Zauberworten (Mantras) besprochen, in Ganges-Wasser, Milch oder Harn (heilig, weil es dem Shiva-Linga entspringt) gebadet und mit kostbarem, duftendem Öl eingerieben. Die als Mala getragenen Rudraksha-Nüsse sind Ausdruck der unlauteren Triebe, wirren Vorstellun-

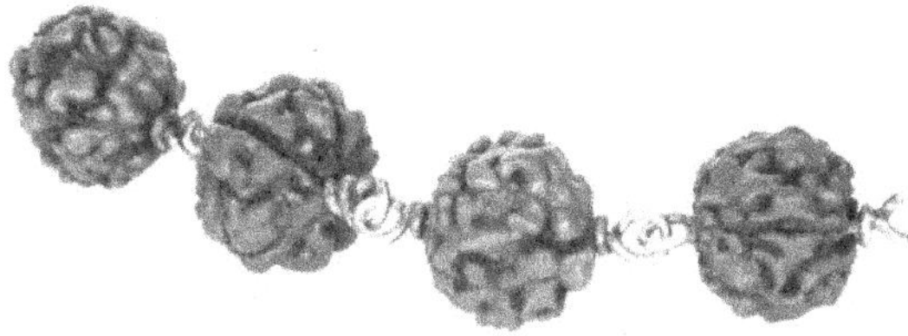

Rudraksha-Kette

gen und Selbsttäuschungen, die der Shiva-Verehrer mit Hilfe der Shakti durchschaut und überwunden hat. Sie gelten als Saatkörner des alten Karmas, als Keime unglücklicher Gedanken, Worte und Taten, die man nicht wieder in die ewig fruchtbare Scholle des Daseins säen will, wo sie unweigerlich sprießen, wachsen und sich vervielfältigen. Man lässt sie lieber vertrocknen. Man durchbohrt sie, fädelt sie auf einen roten Faden und trägt sie als Schmuck. Sie sind die Narben der verheilten Verwundungen, die der Pilger auf dem Weg zum Kailash im geistigen Kampf erworben hat. Er trägt sie wie ein Bhairava seinen Kranz aus Totenschädeln, denn für die Dämonen ist ein solcher Überwinder wahrlich ein Schrecken. Die Giftschlangen und das Tigerfell, die Shiva trägt, sind – ähnlich den Rudraksha-Nüssen – umgewandelte Negativität (nämlich der umgewandelte Todeszauber, welche die erzürnten Waldeinsiedler gegen Shiva richteten).

Die fünf verwachsenen Fruchtblätter teilen die Rudraksha-Nuss in fünf Felder. Diese gelten als die fünf Gesichter Shivas. Ein Gesicht ist das der Schöpfung (Srishti), ein zweites ist das der Erhaltung (Sthiti), ein drittes das des Zorns und der Zerstörung (Samhara), ein viertes ist das der Verhüllung (Tirobhava) und das fünfte schließlich ist das freundliche Antlitz der Offenbarung, Gnade und Erlösung (Anagraha). Wer also auch nur eine fünfrillige Rudraksha bei sich trägt, dem ist Shiva immer gegenwärtig.

Die fünf Gesichter der Rudraksha-Nuss erinnern den Hindu aber auch an die fünf Köpfe, die der Schöpfergott Brahma am Anfang der Zeit trug. Der fünfte Kopf des ersten Brahmanen war ein Götterfresser! Es war der Kinderfresser – wie der Uranos in griechischer Mythologie –, der alle eben geschaffenen Geschöpfe wieder verschlang. Da die Wesen leben wollten, flehten sie den großen Vishnu an, er möge sie vor dem Moloch-Brahma schützen. Doch Vishnu, der nur aus Güte und heller Reinheit (Sattva) besteht, getraute sich nicht, seine Hand gegen den Urbrahmanen zu erheben. Da trat Rudra hervor, der mit dunkler Kraft *(Tamas)* erfüllt ist, und spaltete den grauenerregenden Kala-Bhairava aus sich heraus. Ohne mit der Wimper zu zucken, säbelte dieser das Haupt Brahmas mit einem einzigen Streich seines Fingernagels ab.

Nun sollte man wissen, dass das Töten eines Brahmanen die allerschlimmste Freveltat ist – schlimmer noch als das Töten einer Kuh. Wer einen Ritter erschlägt, kann mit tausend Kühen Wergeld sühnen; wer einen freien Bürger erschlägt, kann sich mit hundert Kühen freikaufen; wer dem Knecht das Leben nimmt, kann mit zehn Kühen sein Gewissen beruhigen. Brahmanen-Mord ist jedoch unsühnbar!

Der Schädel Brahmas blieb an Bhairavas linker Hand kleben, und eine Höllenfurie, »die Rächerin des Brahmanen-Mordes«, flatterte ihm nach, wohin auch immer sich der ruhelose Mörder wandte. Von Unrast getrieben, schmutzig und zerlumpt, wanderte er von Land zu Land. Manchmal begleiteten ihn ein schwarzer Hund und eine Horde böser Geister. Er benutzte den Schädel Brahmas als Bettelschale. Wer ihm zu essen gab oder gar den Großen Gott in ihm erkannte, der wurde gesegnet. Die meisten jedoch mieden ihn wie die Pest und hetzten ihre Hofhunde auf ihn.

Eines Tages erreichte er die Flussbiegung, dort wo der Ganges noch einmal kurz in nördliche Richtung fließt. Als er die leuchtende Stadt Kashi erblickte, fiel der Schädel von seiner Hand, und die Rachefurie fuhr kreischend in die Unterwelt zurück. Die unsühnbare Schuld war gesühnt, die Last abgelegt. Da erschien Shiva, segnete Bhairava und verhieß ihm: »Bhairav, hier in dieser Stadt, wo ich als Vishveshvara, als »Herr des Alls«, throne und wo die milde Annapurna als Königin herrscht, hier sollst du, weil du so schrecklich und unerbittlich bist, der oberste Magistrat, Richter und Gendarm sein. Man wird dich fürchten und weil du die Übeltäter zerdrückst, den ›Zermalmer‹ nennen; weil du die Vergehen tilgst, wird man dich den ›Sündenfresser‹ nennen.«

Daraufhin schlug Shiva seine Handtrommel und tanzte als König der Tänzer (Nataraja) einen seiner wunderschönsten Tänze, wobei sämtliche Götter aus den Himmeln und alle Nagas (»Schlangenfürsten«; Abb. S. 322) aus den Unterwelten stiegen, um die Wonne eines Shiva-Darshanas zu erleben. Bhairava aber spaltete sich in vierundsechzig Gestalten, denen jeder Respekt zollt und gerne aus dem Weg geht, denn oft erscheinen sie als schnauzbärtige Polizisten in Khakiuniformen und mit locker sitzenden Bambus-Schlagstöcken (Lathi). Eine Rudraksha-Nuss mit fünf Rillen hilft dementsprechend, Todschlag zu sühnen, und hält auch den Lath-Bhairava, den Lathi-Träger, vom Leibe.

Als Shankar-John zum Ganges ging, um seine Rudraksha-Nuss zu baden und zu weihen, hob plötzlich ein mächtiger Wind an. Das Wasser schlug Wellen mit weißen Kronen wie das Meer. Hals über Kopf flohen die Menschen vor der sich vom Norden her rasch nähernden, blitzenden und donnernden, schwarzen Regenwand. Die Verkäufer von Seifen, Pulvern, Parfümen und Ölen schlugen hastig ihre Bretterbuden zu. John konnte gerade noch eine Phiole Öl für seine Rudraksha bekommen. Als er die Nuss am menschenleeren Gestade dreimal in den heiligen Fluss tauchte, hatte der Sturm ihn erreicht. Im Windschatten einer Mauer rieb er die Nuss mit Öl ein. Plötzlich rannte ein Sadhu vorbei und rief ihm zu: »Shiva, Shiva, Shiva! Das musst du dabei sagen!«, und ebenso plötzlich spannte sich ein herrlicher Regenbogen über den Ganges. Lauter Staunen überwältigte Shankar-John in diesem Moment.

Ursprüngliches

Begegnet einem ein filzhaariger, nackter Sadhu, der nur mit Asche und einer Nussperlenkette geziert den Weg zum »Herrn der Höhlen« (Shiva-Guheshvara) zurückgefunden hat, muss man unweigerlich an einen Steinzeitmenschen denken. Shiva ist – ganz im Sinne des lateinischen »primus« – der Primitive, der Erste.

Die hinduistische Tradition nennt die vorgeschichtlichen Urwaldbewohner *Kiratas.* Im Ramayana-Epos erscheinen sie als Tiermenschen, als Wer-Tiger, die sich von rohem Fleisch und Fischen ernähren. Es ist also nicht verwunderlich, dass sich der wilde Gott gelegentlich auch als Kirata zeigt.

Die folgende Legende erzählt von der Begegnung Arjunas mit solchen wilden Ureinwohnern. Die meisten von uns kennen Arjuna aus der *»Bhagavad Gita«* (»Gesang des Erhabenen«; das sogenannte »Evangelium« des Hinduismus) als den Krieger, der sich weigert, an der bevorstehenden großen Schlacht zwischen den Heeren verfeindeter Fürsten teilzunehmen, da er auf der Gegenseite Verwandte, ehemalige Freunde und auch einige seiner Lehrer sieht. Es stellt sich heraus, dass sein Wagenlenker, der ihm dient, kein anderer als Krishna (Vishnu) selber ist. Krishna offenbart dem Zaudernden sein wahres Wesen und belehrt ihn: »Dein Dharma als Krieger ist es, zu kämpfen, und die, die du tötest, sind schon tot. Tue deine Pflicht!«

Was uns hier als unannehmbare Anstiftung zur Gewalt erscheint, ist aber – wie auch Mahatma Gandhi sagt – lediglich ein treffendes Symbol für den täglichen Kampf, der im Menschen stattfindet zwischen Lug und Wahrheit, zwischen dem Ego und der höheren Natur.

Wie Arjuna seine Zauberpfeile erlangte

Der erschöpfte Bogenschütze Arjuna, durch seine Feinde in Bedrängnis geraten, begehrte unfehlbare Pfeile. Um diese zu erlangen, begab er sich in den Büßerhain, formte ein Shiva-Linga aus Lehm und verehrte es mit Blumen, Gesang und Tanz. Die Glut seiner Andacht wurde so stark, dass die Blätter an den Bäumen zu verdorren drohten. Erschrocken baten nun auch die anderen Asketen Shiva, er möge Arjunas Wunsch – was auch immer dieser sei – erfüllen.
Der Aufruhr rüttelte Mahadeva aus seiner Versenkung. Er entschied sich, da ihn die Hingabe erfreute, dem Wunsch nachzukommen, aber erst wollte er den Mut des Kriegers prüfen.
Arjunas Gebete wurden gestört, als plötzlich ein riesiges Wildschwein durch den Hain krachte. Entsetzt flohen die anderen Asketen. Arjuna aber zückte seinen Bogen und schoss auf das schnaubende Biest, welches in Wirklichkeit ein böser Dämon war, der sich daran ergötzte, Einsiedler bei ihrer Meditation zu stören. In genau demselben Augenblick, als sein Pfeil das Wildschwein durchbohrte, traf ein anderer Pfeil das stürzende Tier. Da erblickte Arjuna einen wilden Kirata-Häuptling, umgeben von einer Schar jubelnder Kirata-Weiber.
»Hurra, unser Häuptling hat das Wildschwein erlegt!«, kreischten sie lauthals.
»Ihr irrt, mein Pfeil hat es zur Strecke gebracht!«, entgegnete Arjuna.
Das war der Auftakt zu einem immer hitziger werdenden Streit. Arjuna schoss auf den Wilden. Dieser aber zerschoss seine Pfeile, derweil sie noch durch die Luft schwirrten. Als sein Köcher leer war, hieb Arjuna mit dem Schwert auf den Fremden ein. Doch die Waffe zersplitterte, als wäre sie aus Glas. Zornig riss der Held einen Baum aus, um ihn auf den Schädel des Kiratas

niederkrachen zu lassen. Dieser aber packte ihn und wirbelte ihn durch die Luft, als sei er eine Stoffpuppe. Unsanft fiel Arjuna neben dem Lehm-Linga zu Boden. Er warf diesem Zeichen Shivas ein Gebet zu und fühlte, wie frische Kraft seine Glieder stärkte. Doch als er aufblickte, verwirrten sich ihm die Sinne. Die Blumen, die das Linga schmückten, prangten nun im schwarzen Haar des Kiratas. Dieser nahm nun Shivas Gestalt an, die Häuptlingsfrau verwandelte sich in Parvati, und die übrigen Kiratas wurden zu den Geistern und Guhls, die Shivas Gefolge ausmachen. Der Große Gott segnete den Bogenschützen und gab ihm die magischen Pfeile, die er sich gewünscht hatte.

Das Primitive ist Grundlage aller späteren Zivilisationserscheinungen. In der folgenden nepalesischen Legende von der Volkszählung unter den Kiratas zeigt sich Shiva als Kulturstifter. Da die Zivilisation jedoch ein unnatürlicher Zustand ist, in welchem sich der Mensch immer weiter von seinen instinktiven Wurzeln entfernt, erweist sich dieser »Fortschritt« als brüchige und labile Errungenschaft. Wie in der biblischen Geschichte vom babylonischen Turmbau droht ständig der Zusammenbruch. Um dem abzuhelfen, schickt Shiva Schamanen sowie Medizinmänner und -frauen, die als Söhne und Töchter Gottes den Zugang zum Ursprünglichen offenhalten.
(Zur Erläuterung muss noch gesagt werden, dass im östlichen Nepal tatsächlich ein Schamanentum praktizierendes Bergvolk lebt, sino-tibetanischen Ursprungs, das sich selbst als Kirata – »Menschen mit der Natur von Löwen« – bezeichnet.)

Warum es Schamanen gibt

(Aufgezeichnet von Eugen Jung)

Am Anfang menschlicher Kultur bewohnten alleine Leute aus dem Geschlecht der Kirata die Hügel am Fuße des Himalajas; man redete eine einzige gemeinsame Sprache, die von allen Stammesangehörigen verstanden wurde.
Im Lauf der Zeit vergrößerte sich der Stamm und breitete sich aus; als Magara wurden jene bekannt, die westwärts zogen, während man die in Richtung Osten gewanderten Leute Shyarpas und Khumbus nannte. Angehörige dieser Sippschaften bewegten sich noch weiter ostwärts und wurden daher als Vorfahren der heutigen Koches, Meches und Limbus betrachtet. Schließlich ließen sich Dhimals und Tharus in den sich nach Süden öffnenden Tälern nieder. Auf diese Weise vollzog sich die Besiedlung des gesamten Landes.
Es kam eine Zeit, da spielte Shiva mit einem Gedanken: Zu seiner Erbauung wollte er die Zahl aller ihm treu Ergebenen wissen. Und so erging Weisung an den ranghöchsten Stammesführer der Kiratas, sich unverzüglich mit einer Volkszählung zu befassen.
Noch am gleichen Tag sandte der Stammesfürst an alle die verschiedenen Sippen Boten aus mit dem Befehl, sich im größten Tal des Landes zu versammeln. Jedermann war aufgefordert, mit einem Stein zu erscheinen. Aus allen Himmelsrichtungen strömten daraufhin die Leute herbei; einige schleppten gewaltige Brocken, andere trugen eher kleinere Steine mit sich, während die Kinder mit Kieseln daherkamen.
Als all diese Steine von den verschiedenen Stämmen zu entsprechend vielen kleinen Hügeln aufgeschichtet waren, entschied der ranghöchste Fürst, dieses Ereignis mit dem Bau eines gewaltigen, den Himmel berührenden Turmes zu feiern. Bauleute aus den

jeweiligen Stämmen erhielten verschiedene Seiten des Bauwerkes zugewiesen und die Arbeit ging flink voran. Solange die einzelnen Stämme die ihnen übertragenen Aufgaben unter sich selber aufteilen konnten und ihre eigenen Sprachen gesprochen wurden, ging alles gut. Aber als der Turm in die Höhe wuchs und dadurch immer enger wurde, sahen sich die Hunderte, ja Tausende zählenden Kiratas der unterschiedlichen Stämme gezwungen, zusammenzuarbeiten. Nun prallten die gegensätzlichen Vorstellungen aufeinander und schließlich entstanden unüberwindliche Schwierigkeiten. Die Gemüter erhitzen sich zusehends und es herrschte Verwirrung vor, wie eine Arbeit auszuführen sei, da sich jede Gruppe der Bauleute in einer anderen Sprache unterhielt.

Schließlich fielen die verwandten Stämme sogar übereinander her. Das wilde Handgemenge brachte Hunderten von Stammesleuten der verschiedenen Geschlechter schwere Verletzungen oder den Tod. Bald stürzte der bereits errichtete Teil des Turmes auf die Streitenden nieder und begrub eine noch viel größere Zahl von Bauleuten unter sich.

Shiva der Herr vernahm vom Unheil, das seinen Anhängern widerfahren war. Um unter den befehdeten Stämmen wieder Frieden zu stiften, sandte er seinen eigenen Sohn als göttlichen Vermittler und Botschafter zur Erde hinab. Durch Shivas Sohn kehrte alsbald wieder Friede ein. Da er über die besondere Gabe eines Medizinmannes verfügte, heilte er die Wunden vieler verletzter Menschen und rettete zahllose Leben. Daraufhin kamen die Häuptlinge der verschiedenen Stämme zusammen und beschlossen, den göttlichen Vermittler und Medizinmann einzuladen, künftig als Wache über Frieden und Eintracht unter den Sippschaften in ihrer Mitte zu verweilen. Der göttliche Friedenstifter und Heiler sah die großen Nöte der Erdenbewohner und erkannte den Mangel an Medizinmännern und Medizinfrauen; deshalb erfüllte er aus Mitgefühl ihre Bitte.

Shivas Sohn lehrte den Stammesfürsten das Wissen vom Landbau und, neben vielen anderen Dingen, wie Knoblauch und Ingwer zu ziehen seien, da diesen Pflanzen große Heilkräfte innewohnen. Den Anführern riet er, dieses Wissen unter den Stammesangehörigen zu verbreiten. Seine eigenen Nachkommen unterwies er, die künftigen Medizinmänner als Mittler zwischen den Göttern und den Menschen auszubilden. Diese göttlichen Vermittler wurden zu ihren eigenen Stämmen zurückgesandt und unter Namen bekannt, die von Ort zu Ort verschieden sind. Sie alle sind die Stammväter der heutigen Bunthings, Bijuwas, Lamas, Gyabrings oder wie immer man die Schamanen nennt.

Die Götter gestalten die Landschaft

Als Shiva, der lang ersehnte Bräutigam, nicht zur günstigen, von den Astrologen vorherbestimmten Stunde zur Hochzeitsfeier erschien, da wurde die Jungfrau Parvati traurig.
»Ach«, schluchzte sie, »mögen alle die bunten Speisen und der schön gefärbte Reis zu Sand und Stein werden!«
Shiva holte sie zwar später ab, aber den bunten Sand und die vielfarbigen Steine kann man noch immer an der Südspitze des Subkontinents am Strand von Kanya Kumari bewundern.

Als Bhairava, der den Urbrahmanen ermordet hatte und als Ausgestoßener die Erde bewandern musste, endlich zur heiligen Stadt Benares kam, da fiel der Schädel seines Opfers von seiner Hand. Beim Aufprall des Totenkopfes entstand eine tiefe Mulde im Boden. Das Wasser sammelte sich darin und formte den Teich Kapala Mochan, in dem noch heute Schwerverbrecher und Mörder sich die Sünden vom Leib zu waschen versuchen.

Ein See entstand aus den vielen Tränen, die Vishnu vergoss, als dieser Shiva mit Satis (Umas) Leiche gewahrte. Vor Schmerz heulend und irre tanzend, trug Shiva den verkohlten Kadaver überall mit sich herum. Vishnu, der den Anblick kaum ertragen konnte, griff immer wieder zur Wurfscheibe (Chakra) und zerstückelte die Leiche. Aus den einzelnen Stücken, die hier und dort auf die Erde fielen, entstanden die Heiligtümer der Göttin. Ihre Scheide fiel ins Katmandu-Tal, dort wo heute der Guheshvari-Tempel (Guhe = Vagina, Höhle) steht.

Legenden dieser Art ließen sich nach Belieben weiter aufzählen. In allen traditionellen Gesellschaften werden die natürlichen landschaftlichen Begebenheiten, die Berge, Wälder, Flüsse und Seen, als das Wirken der Übersinnlichen gedeutet. Egal ob in Australien, wo jede Quelle und jeder Stein von den Taten totemistischer Traumzeitvorfahren zeugt, oder ob bei uns in Europa, wo bis ins Mittelalter alle geografischen Merkmale auf das Poltern der Naturteufel oder das Wunderwirken der Heiligen zurückgeführt wurden, überall erkannte man der Landschaft eine tiefere, »seelische« Dimension zu, die die neuere, rein naturwissenschaftliche Betrachtungsweise vermissen lässt. Die Erde ist eben Ort des Götterschaffens, ist heilig und nicht bloß toter Stoff, der blindlings mechanischen Gesetzen folgt.

In der folgenden nepalesischen Legende vom Rohtang-Pass erscheint der wilde Gott in seiner ursprünglichen, vedischen Gestalt als Herr der Naturgewalten und Winde; in zweiter Instanz zeigt er sich in menschlicher Gestalt als Magier, der – wie Castanedas Don Genaro – zum schamanistischen Sprung ansetzt.

Rohtang-Pass, Himalaja

Die Legende vom Rohtang-Pass

(Aufgezeichnet von Eugen Jung)

Man sagt, vor langer Zeit habe es noch keinen Einschnitt in der langen nepalesischen Bergkette, die Lahaul von Kulu trennt, gegeben. Die Leute von Lahaul waren sehr traurig, weil Wind und Vögel ihnen erzählt hatten, es gebe jenseits der Berge eine andere Welt, die reich an Handel sei. Immer und immer wieder versuchten sie daher, einen Weg dorthin zu finden, aber es gab keinen. Ganz enttäuscht glaubten sie schließlich, der Herr der Schöpfung habe es vielleicht nicht gewollt, dass sie über diese Berge hinübergelangten. Dann aber kamen ihnen wieder die fantastischen Erzählungen des Windes und der Vögel über die wunderbaren Handelsmöglichkeiten im Süden in den Sinn. So beschlossen sie endlich, Shiva den Herrn zu bitten, ihnen bei der Suche nach einem Weg über die Berge behilflich zu sein.
Der Priester opferte eine in blühendem Alter stehende Jungfrau. In diesen Tagen war es nämlich äußerst ehrenvoll, zu opfern, ja sogar geopfert zu werden. Im Übrigen war es die einzige Möglichkeit, mit Shiva Kontakt aufzunehmen. Der Priester versetzte sich in Trance, um mit Shiva zu sprechen und ihn zu bitten, den Bewohnern von Lahaul zu erlauben, die Bergkette zu überwinden. Shiva aber war ärgerlich, dass die Leute sich erst an ihn gewandt hatten, als es ihnen unmöglich war, aus eigener Kraft einen Weg zu finden. Daher antwortete er nicht.
Der Priester und die Leute waren sehr traurig – in jenen Tagen waren nämlich die Leute sehr gläubig – und hielten es gar nicht für eine gute Sache, wenn Shiva ärgerlich war. So opferten sie einen Jüngling und eine weitere Jungfrau, und der Priester bat noch einmal inständig um eine Antwort.
Shivas Zorn legte sich, als er diese einfachen und herzensguten

Leute sah, die seine Hilfe erbaten, und so sagte er: »Ja, du und deine Leute dürfen über die Berge gehen.«
Der Priester antwortete: »Machtvoller Gott, es gibt keinen Weg. Lange haben wir einen gesucht und keinen gefunden. Wie sollen wir über die Berge gelangen?«
Shiva antwortete: »Wahrlich, das war sehr schlecht von euch, selbst einen Weg zu suchen. Wir wollen es aber vergessen und ich werde euch einen Weg bis in die Ebene hinunter schaffen.«
Der Priester und alle Leute warfen sich dankbar zu Boden und bezeugten dem Allmächtigen ihren Respekt.
»Gebt aber acht auf die Winde«, warnte Shiva, »denn wenn ich mit meiner Peitsche die Bergkette zertrenne, werden sie alle freigelassen. Diese Winde tauchen plötzlich auf und sind sehr stark und werden immer und ewig bleiben. Passt auf, dass ihr nicht von ihnen erfasst werdet und zugrunde geht.«
Der Priester dankte Shiva und erklärte den Leuten, was geschehen werde. Shiva selbst schickte Boten aus, um die Bewohner im Süden zu warnen.
Jedermann in Lahaul und Kulu versteckte sich, damit er nicht von Shiva erfasst werden konnte, wenn er mit ganzer Macht und Gewalt daherkam. Shiva nahm nun seine Peitsche und schlug immer und immer wieder auf die Bergkette ein. Da war ein schreckliches Donnern zu vernehmen, begleitet von so kräftigen Sturmwinden, dass sogar die Berge darob erzitterten. Gewaltige Felsbrocken gerieten in Bewegung und stürzten donnernd zu Tal.
Schließlich legten sich Stille und Finsternis über das ganze Land. Alle Vögel und Tiere, ja sogar die Felsen und die Sonne standen schweigend vor seiner Majestät, dem Gott Shiva.
Nach einer guten Weile fassten die Leute wieder Mut und verließen zaghaft ihre Häuser. Und was offenbarte sich ihnen: der Rohtang-Pass. Die Leute von Lahaul beeilten sich, die Passhöhe zu erklimmen, aber als sie oben ankamen, erfasste sie große Rat-

losigkeit, denn da war kein Weg auf der anderen Seite, der ins Tal führte.

Als Sterblicher verkleidet erschien Shiva noch einmal, um ihnen den Weg zu weisen. Er sagte den Leuten, sie sollten ihm zuschauen. Nun setzte er zu einem mächtigen Sprung an und wie er durch die Luft flog, öffnete sich unter ihm der Weg. Dieser Weg führte zum Dorf Manali.

Shiva aber hatte offensichtlich seinen Sprung falsch berechnet und landete kopfüber in der Nähe des Dorfes Manali. Bis heute ist dort die Erde etwas verfärbt und erhöht – man nennt diesen Ort heute den Hügel von Manali. Nahe dabei liegt auch ein Felsen, der an diesen gewaltigen Sprung erinnert. Die Leute von Manali bauten zu Ehren Shivas einen Tempel um diesen Felsen herum, hatten sie doch durch sein Eingreifen fruchtbare Handelsbeziehungen mit Lahaul anknüpfen können. Shiva jedoch ging mit gebrochenem Schädel von dannen.

Viele Leute eilten von nun an in beiden Richtungen über den Pass. Einige von ihnen aber vergaßen in ihrem hektischen Treiben die Warnung Shivas vor dem Wind, so sicher und leicht zu bewältigen schien ihnen der Rohtang-Pass. Wegen ihrer Sorglosigkeit mussten viele auf der Passhöhe ihr Leben lassen, erfroren oder ausgetrocknet vom Wind. Bis zum heutigen Tag bezahlen die Leute diesen höchsten Preis für ihren Übermut.

Die Bewohner von Kulu erinnern sich noch heute lebhaft an einen klaren und sonnigen Oktobertag im Jahre 1869, als einige Leute, die aus Lahaul zurückkamen, auf der Passhöhe von einem plötzlich aufkommenden Sturmwind erfasst und weggeschleudert wurden. Siebzig von ihnen verloren ihr Leben.

XIII. Der magische Urmensch

Eines Tages, wenn die Menschen
das Himmelszelt ergreifen
und es sich wie ein Tuch
um die Lenden wickeln,
werden sie dann das Ende
ihrer Leiden erfahren,
ohne Shiva, den Gott, zu kennen?

Shvetashvatara Upanishad,
400 v. u. Z.

Das Gastjahr war vorüber. John und Cindy hätten sich schon längst wieder an ihrem College zurückmelden sollen. Aber ihnen hatte sich eine neue Welt erschlossen und der bloße Gedanke an die Staaten und den Way of Life bedrückte sie. Also verflossen Tage und Wochen. Monate wurden daraus und schließlich wussten sie kaum mehr, welches Kalenderjahr es war. Die fällige Erneuerung ihrer Aufenthaltsbewilligung – eine jener zahlreichen Forderungen einer Welt, der sie kaum mehr angehörten – ließen sie verstreichen. Als sie dennoch einmal in eine Polizeistreife gerieten und ihre Passdokumente vorzeigen sollten, da zog Shankar-John schweigend eine verschlissene »Bhagavad Gita« aus der Tasche und hielt sie dem Uniformierten hin. Die Beamten, die wieder einmal gehofft hatten, ihren mageren Gehalt an westlichen Visasündern aufbessern zu können, falteten die Hände zum Namaste und ließen sie unbehelligt.

Mal in einer Palmhütte an der Küste, mal in einer Lehmhütte im Dekkan, mal in einer Billigpension Unterschlupf findend, zogen sie, immer einfacher lebend, durchs Land. Im gewissen Sinne waren sie den »Euro-Sadhus«, den jungen Zivilisationsflüchtlingen, die damals durch Indien streiften, ähnlich geworden. Wie diese durchwanderten sie nicht nur die physikalische Geografie, sondern Seelenlandschaften. Immer tiefer gingen sie in diese hinein. Inneres und Äußeres verschmolzen dabei zur Einheit. Shankar-John, am Ganges-Ufer sitzend, formulierte es folgendermaßen:

Die Augen geschlossen, die Augen geöffnet:
Sag, wo liegt der Unterschied
zwischen diesem Fluss,
aus rosigem Morgennebel geboren,
vom lila Abenddunst verschluckt,
der nun golden in der Sonne glitzert,

und jenem Strom, der meinen Geist durchflutet?
Ganga, Zauberin, was birgt du wundersame Bilder!

Des Öfteren versenkten sich die beiden Träumer in das Bild von Shiva und Shakti in tantrischer Verschmelzung (Maithuna), welches die »unio mystica«, die Einheit von allen Gegensätzen, darstellt. Oder sie betrachteten die Ikone Shankar-Shivas, der – filzmähnig, die Glieder eingerieben mit der Asche verloschener Leidenschaftsfeuer, geraden Rückens und still in sich gekehrt – auf dem einsamen Eisgipfel des Weltenberges das All meditiert. Auch das Gegenbild Shankars, der im Flammenkranz tanzende Nataraja, der König der Tänzer, der – ausgelassen und dennoch das Gleichgewicht wahrend – das Werden und Vergehen tanzt, wurde Gegenstand ihrer Betrachtung. John und Cindy dachten nicht viel über diese Ikonen nach, in denen indische Seher Undarstellbares darzustellen versuchen. Sie ließen die Bilder einfach auf die Seele wirken. Wenn John dennoch darüber sinnierte, erkannte er als Ethnologe, dass es sehr alte Bilder sind – Imaginationen, die aus den Anfängen der Menschheitsgeschichte stammen, als die Menschen noch Jäger und Sammler waren, als Schamanen durch Trance und durch Tanz »Welt« und »Wirklichkeit« ins Bewusstsein hoben. Die Ikonen sind Spiegel der Ursprünge, an denen alle Völker, nicht nur die Hindus, teilhaben. So ist es möglich, dass sie auch im Abendländer verborgene Saiten zum Klingen bringen.

John erkannte, dass Shiva älter ist als der historische »Proto-Shiva«, den der Archäologe Sir John Marshall aus dem trockenen Schlamm des Industals hervorbuddelte. Das vor rund fünftausend Jahren in Speckstein geschnitzte Abbild zeigt einen ithyphallischen, Hörner tragenden »Herr der Tiere« im Yogasitz, umgeben von Schlangen, Gazellen, Büffeln und Raubkatzen. Shiva ist auch älter als der mit den Indoariern aus den asiatischen

Steppen eingewanderte Rudra, der als Herr der Winde (Pranas) und Sturmgeister (Maruts) der Gebieter über die Atmenden und Nichtatmenden, über die Lebenden und die Toten ist. In Shiva entdeckte John den verzückten Geisterseher und den maskierten Tiertänzer der Höhlenmalereien seiner eigenen altsteinzeitlichen Vorfahren wieder. Er erkannte in ihm das Urbild des halb männlichen, halb weiblichen, durch die Luft schwebenden, Schlangen aufhebenden, sich in Tiere verwandelnden, Dämonen zertrümmernden, heilkundigen, zauberträchtigen, göttlichen Menschen. Sein Antlitz war allen naturverbundenen Stämmen von Sibirien bis Südamerika, von Afrika bis Australien vertraut. In Indien wurden alle diese archaischen Eigenschaften auf Shiva übertragen und werden in ihm bis zum heutigen Tage verehrt. In Indien ist er noch immer der große Zauberer mit der Trommel. Er ist der Schamane, dessen asketische Anstrengungen (Tapas) ihn so brennend heiß werden lassen, dass er nackt im Schnee sitzen, in eisigen Gletscherbächen baden oder, umgekehrt, im Flammenkranz tanzen und über glühende Kohlen laufen kann. Seine magische Hitze brütet das Welten-Ei aus und sein hitziger Furor zerstört die Welt wieder. Als Herr der Seelen spricht er mit den Tieren und den Toten. Als Gebieter der Geister führt er wilde Tänze auf Knochen- und Leichenplätzen auf. Als Bürge des Lebens, dessen Symbol der Phallus (Linga) ist, weilt er, in ewiger Wonne vereint mit seiner Gefährtin, der Herrin der Höhle, der Tochter der Berge (Parvati), seiner Muse und der Mutter des Alls. Als Aushadhishvara ist er zugleich Herr der Pflanzen, insbesondere der Heil-, Gift- und Zauberpflanzen.[12]

Als die Stämme ihre Tiere einzäunten, statt sie zu jagen, und Knollen pflanzten, statt sie zu sammeln, als sie zu sesshaften Bauern wurden und sich schließlich hinter Stadtmauern verbargen, da wurde der unberechenbare Zaubergott der Jäger, Fischer und Sammler den Menschen unheimlich. Schließlich erhob sich der persische Prophet Zarathustra und predigte mit lauter Stimme die

Vision einer nüchternen, arbeitsamen, bäuerlichen Gesellschaft, die dem Guten ergeben und dem Bösen feind war. In dieser moralisierenden Prophetenvision, die zur Grundlage des Judentums, Christentums, des Islams und schließlich auch des Marxismus werden sollte, wurde die Ekstase ebenso wie die Askese verdammt und die alten Götter, insbesondere Shiva, zu Teufeln erklärt.[13]

Es war einfach, den Dreizack, das Zepter des alten Schamanengottes, in die Teufelsgabel umzudeuten und seinen ekstatischen Tanz auf den Leichenverbrennungsplätzen, wo er den Wahn der leiblichen Existenz zerstört, zum Teufelstanz in der schwefeligen, stinkenden Hölle zu verkehren. Das Raubtierfell, in das er sich hüllt, machte man zum abscheulichen Haarpelz des Satans. Die hauchdünne Mondsichel in seiner wirren Mähne wurde zu Teufelshörnern. Die Schlangen, die sich an ihn schmiegen, blieben nicht länger Ausdruck seiner tiefen Weisheit und Heilkraft – wie etwa die Äskulapnattern –, sondern Sinnbilder sündhafter Versuchung. Sein aufrechtes, wonnehaft von der Scheide (Yoni) der Göttin umklammertes Glied (Linga), seine Faulenzerei, sein Betteln, sein ständiger Drogenrausch – allesamt wurden sie aufs Gründlichste verdammt.

Sein Sturz signalisierte den Aufbruch in ein dunkleres Zeitalter, in das Kali Yuga, das Eisenzeitalter Platons. Da trübte sich der Spiegel des menschlichen Geistes und man verstand den Sinn der Imaginationen der alten Seher (Rishis) nicht mehr. Man wusste nicht mehr, dass der Beischlaf des Götterpaares die Einheit von Himmel/Erde, Geist/Materie oder Sein/Bewusstsein darstellte. Vergessen hatte man, dass Shivas Faulenzerei ein Bild der tatenlosen unbefangenen Innenschau ist. Vergessen hatte man, dass seine Bettelei seine ständige Bitte an die stolzen Seelen ist, ihm alle ihre Taten zu weihen und sich dadurch der Folgen bösen Karmas zu entledigen. Entfallen war die Erkenntnis, dass der Rausch Götterflug ist, welcher den Geist in die höchsten Gefilde heben kann.

Für immer und ewig sollte der archaische Gott in die tiefste Hölle, in die finsterste Gruft des Unterbewussten verbannt werden. Dort aber rumort und rumpelt er in immer bedrohlicherer Weise. Mögen die Oberpriester des Ego sich von den technologiebegabten Gnomen noch so raffinierte Ketten schmieden lassen, um ihn fester zu binden, immer wieder droht er sie zu zerreißen. Man frage die Künstler, Seher und Beobachter unserer Zeit: Immer erschreckender, immer boshafter grinst seine Visage aus dem dunklen Verlies hervor. Zuletzt wird er als Kala-Bhairava, als »schwarzer Terror«, ausbrechen und alle Machenschaften hinwegraffen. Nichts und niemand wird ihn aufhalten können!

Nackt, pechschwarz, mit Totenschädeln behangen, tanzt der tollwütige Gott den Untergang des Zeitalters der Zersplitterung. Einer seiner sechs Arme schleudert den blitzenden Dreizack erdwärts, ein anderer schwingt das blutige Richtschwert, eine Hand packt das Haupt des geköpften Ego-Dämons beim Schopf. Mit ihm tanzen die Horden der Rudras, die mal als Sturmgötter (Maruts), mal als Dämonen *(Asuras)* und gelegentlich als Menschen erscheinen. (Man braucht sie sich nicht unbedingt als ausgerastete Heavy-Metal-Rocker oder mit Teufelsgabeln und Totenschädeln tätowierte Hells Angels vorstellen.)

Shivas sanfte, liebliche Gefährtin Parvati nimmt dabei die Horrorgestalt Kalis an. Kali ist die alles verschlingende Zeit, die wie eine Meute Schakale über ihre gefallenen Opfer herfällt. Im Blutrausch enthauptet sie sich gar selbst und säuft das Blut, das ihrem eigenen Hals entspringt.

Dennoch, inmitten wütender Zerstörung zeigt Bhairava-Shiva mit einer Hand auf sein Herz, als sage er: »Hier findest du Schutz! Hier im Auge des Sturms verweile, derweil die Welt vergeht und eine neue entsteht!« Zugleich will eine andere, wie zum Gruß offen ausgestreckte Hand andeuten: »Fürchte dich nicht! Identifiziere dich nicht mit dem Trugbild der Zerstörung und des Todes! Ich bin du selber!«

Diejenigen, die seinen Rat annehmen, werden noch immer Mahadeva, den Gott der Götter, als friedlichen, in sich ruhenden Shankar, als wohlwollenden Shiva und als freundlichen Shambhu erfahren. Für sie bleibt er der lachende Gott, der Spender der Wonnen, der Seligkeit und des Rausches. Für sie bleibt sein feuerspeiendes Scheitelauge das Auge der Weisheit und Wahrheit, welches alle Illusionen vernichtet. Für sie ist Bhairavas Wahnsinnstanz nur eine von Shankars Meditationen, nur ein Aspekt von Natarajas majestätischem Freudentanz.

Alle diese »Wirklichkeiten« sind simultan. Shiva tanzt gleichzeitig die Schöpfung und die Zerstörung. Die Hindus leben eben nicht in einem sich linear abspulenden Universum, das mit der Schöpfung beginnt und mit dem Jüngsten Tag aufhört. Nein, in just diesem Augenblick geht die Welt unter und im selben Moment wird sie neu erschaffen. Nataraja hält das Feuer der Zerstörung und Läuterung in der einen – und rasselt die Handtrommel, deren Klang den kreativen Tanz der Atome in Bewegung setzt, in der anderen Hand. Besteht nicht der wahrhaft kunstvolle Tanz aus dem ständigen Verlust des Gleichgewichts und dessen sofortigem Wiederauffangen? Im kosmischen Tanz Shivas stürzt das Universum augenblicklich ins Chaos und wird gleichzeitig wieder in die kosmische Leichtigkeit gehoben.

Verweilen wir noch etwas länger am flackernden Lagerfeuer und lauschen in der Vollmondnacht dem Trommeln und Zaubergesang des alten Stammesschamanen. Seine Rhythmen erfassen die Zuhörer wie eine Flamme das trockene Holz, lassen sie träumend in die Tiefen blicken oder lassen sie vor lauter Begeisterung entflammen, sodass auch sie zu hüpfen und zu tanzen anfangen. Ein ganzes Universum trommelt der Zauberer hervor, bevölkert es mit Göttern, Geistern, Dämonen, Trollen, Elfen und magischen Tieren. Mit unsichtbaren Händen erfasst er ihre Hauchgestalten, mit Kraftworten ruft er sie hervor ins Dasein und lässt sie gegenständlich werden. Der echte Schamanentanz und das Schamanenlied sind – wie es Völkerkundler noch erleben können – kraftgeladen! Es ist nicht bloße Unterhaltung, die dann der Realität wieder weichen muss. Der Schamane ist der Schöpfer der Wirklichkeit an sich. Das Herbeigezauberte bleibt Grundlage für weitere Träume, Gedanken, Entscheidungen und Erwartungen; es erschließt den Sinn im Dasein.

Wenn Shiva, der kosmische Schamane, seine Trommel rührt und sein Lied anstimmt, dann – so heißt es – tanzen alle Wesen mit. Brahma, der »Veden«-kundige Schöpfergott, schlägt die Zimbeln dazu. Die Schwanenjungfrau Sarasvati, die geliebte Muse inspirierter Dichter, pflückt die Saiten ihrer Laute (Vina). Indra flötet. Die rot gewandete Glücksgöttin Lakshmi summt dazu, während die vom Duft der Blüten lebenden himmlischen Gandharvas (Engel) im Chor singen, die lieblichen Apsarasas (Himmelsnymphen) kunstvolle Reigen drehen und die Schlangenfürsten, die Nagas, ihre Häupter hin und her wiegen und leise dazu zischen. Selbst die Dämonen brüllen, furzen und wackeln mit den Ohren vor lauter Freude. Unseren Augen und Ohren erscheint das alles als das Wirbeln der Galaxien, der Reigen der Sterne, der Fluss der Jahreszeiten, das Ebben und Fluten der Meere, das Rauschen der Wälder, das Jubeln, Zwitschern, Summen und Brummen der Tiere, das Plätschern der Bäche, das Knistern des Feuers, das sanfte Fallen des Schnees. Beim Anblick werden Heilige und gottestrunkene Bhaktas von der Lust ergriffen und berauschen sich ebenfalls am Schwerttanz des Lebens. Als Berserker tollen sie durchs Dasein, bis die Walküren sie freiküssen. Als Derwische wirbeln sie aus den Fesseln der Tatenverkettung (Karma). Als Surfer reiten sie beglückt den Wellenkamm zwischen Leben und Tod, die sich augenblicklich wandelnde Messerschneide des Hier und Jetzt.

Dabei tanzt Nataraja leichtfüßig auf dem Rücken eines hässlichen Zwerges. Der Wicht ist Muyalaka (»der Rücksichtslose«),

Sinnbild des niederträchtigen, im Staub (des blinden Materialismus) wühlenden Ego. Er dient dem Tänzer als Unterlage. Apasmara, »der Fallsüchtige«, wird er ebenfalls genannt, denn die Blindheit seiner (unserer) Eigensucht lässt ihn (uns) dauernd stolpern und in den Dreck fallen.

Wie alle Zauberer und Schamanen nimmt Shiva gelegentlich Tiergestalt an. Besonders als Hund, Vogel oder Stier streift er gerne durch die Welt. Eine Legende erzählt, dass ihn einmal Brahma besuchen wollte, um ihn anzubeten. Shiva, solcher lästigen Störungen müde, verwandelte sich blitzschnell in einen Stier und stieß schnaubend in den Erdboden hinein. Dabei blieben ihm aber seine Hinterläufe in Kedara am Fuß des Himalajas stecken, sein Glied kam in Benares zum Vorschein, wo es noch immer als das selbst erstandene Licht-Linga im Goldenen Tempel angebetet wird, und seine Hörner ragten in einem Wald im Katmandu-Tal aus dem Boden, wo heute der Tempel des Herrn der Tiere (Pashupatinath) steht.

Shivas Hörner, die als Mondsichel am Nachthimmel leuchten, sind sogleich das Gefäß, das Trinkhorn, welches mit götterberauschendem Soma, dem Trunk der Unsterblichkeit und der Inspiration, überquillt. Ein uralter Symbolismus kommt darin zum Vorschein. Immer wenn es sich um vernunftübersteigenden Rausch, Begeisterung sowie physische, seelische oder geistige Befruchtung handelt, dann erscheint der gehörn- und geweihtragende Gott – den Hindus noch immer als Shiva-Pashupati verehren – als Pan, Cernunnos, Odin, Dionysos, Serapis, Amun oder als Bock der Hexen. Sogar Moses, der Schwängerer des Geistes eines kleinen Wüstennomadenvolkes, erschien mit Hörnern, als er vom Berg der Gottesoffenbarung herunterstieg. Die paläolithischen Schamanen, die indianischen und afrikanischen Büffeltänzer, die die Fruchtbarkeit der Herden herbeitanzten, die Perchten der Alpenvölker und andere naturverbundene Menschengruppen setzten sich in »lunarer« Ergriffenheit und rituell mit dem phallischen Gott und seiner Gefährtin, der Höhlenfrau oder Bergmutter, in Verbindung. Den Tieren gleich, fanden sie den Pfad durch den finsteren Wald, in den Bauch der Berge, wo sie dem Beischlaf des »Herrn der Tiere (und Seelen)« mit der ewig jungfräulichen Urmutter beiwohnten. Indem sie zum Einklang mit den Göttern der Tiefen kamen, gelangten sie ebenfalls mit ihren eigenen tierischen Instinkten und Kräften in Einklang. (Durch die Brille der Wissenschaft betrachtet, könnte man sagen, die Schamanen haben gelernt, den Neocortex, jene Zitadelle der Vernunft und des Ich-Bewusstseins, willentlich zu dämpfen, um vorübergehend die entwicklungsgeschichtlich älteren Gehirnfunktionen zur Geltung kommen zu lassen.) Das harmonisierende Verbinden von Oben und Unten, das Ganzwerden, ermöglicht es den Jägern erst, mit der »Gruppenseele« der Tiere in sympathische Beziehung zu treten. Geschieht dies, dann gibt der »Herr der Tiere« oder die »Tiermutter« einzelne Exemplare der Gattung frei, damit die Jäger sie erlegen können.

Ein typischer, vom Übermaß an Bildung und Information deformierter Mensch der Moderne mag sich wenig unter einer innerlichen Zwiesprache mit den animalischen Mitbewohnern unserer Erde vorstellen – es sei denn als poetische Metapher. Höchstens mit dem überfütterten Dackel, der Hauskatze oder dem Wellensittich kommt noch eine echte artüberschreitende, seelische Kommunikation zustande. Die Sennerin auf der Alm mit ihren Kühen – oder der Knastbruder, der telepathisch mit einer Fliege verkehrt –, sie bringen es noch zustande. Für die archaischen Jäger der mehrere Millionen Jahre währenden Steinzeit war jedoch die Fähigkeit, sich mit den Tieren zu verständigen, von lebenswichtiger Bedeutung. Kein Wunder, dass der gehörnte Gott des Waldes und der Berge ihr Freund und Meister war. Noch immer lehrt er seinen Sadhus und Heiligen die Sprache der wilden Geschöpfe.

Pashupati ist aber nicht nur der Behüter der Tiere der freien Natur, sondern auch der »inneren Tiere«, der seelischen Triebe und Leidenschaften. Als Chandrashekhara, »der Mondträger«, ist Shiva Quell aller lunaren Kräfte, der Träume und Imaginationen sowie der natürlichen inneren und äußeren Zeitrhythmen, der Ebbe und Flut, der Biorhythmen der Organismen. Als Spender der Sexualität ist er der Guru der tantrischen Einweihung. Es heißt, wann und wo immer die sinnliche Vereinigung auch stattfindet, es sind einzig und allein Shiva und Parvati, die den Liebesakt vollziehen – alles andere ist nur ein Ineinanderpressen des Fleisches, welches physische und seelische Leiden schafft.

Der Archetypus erscheint oft in den bewegten Träumen der Frau vor und während ihrer Monatsblutung, wenn sich ihr Bewusstsein von der Oberfläche abkehrt und in die organischen Tiefen ihres Körpers bis in die sich erneuernde Gebärmutter hinabsteigt. In diesen Tiefen begibt sie sich in die Höhle – den Bereich, der in unserer Kultur zur Frau Holle gehört –, wo die Keime der ungeborenen, noch nicht manifestierten Seelen gehütet werden. Gebärmutter und Eileiter, deren Form stark an das Hirschgeweih erinnern, erscheinen in solchen Träumen als der Hirsch, auf dem die Waldgöttin in der Vollmondnacht ausreitet, als wilder Stier – das Reittier Shivas – oder gar als der gehörnte, geheime, schwarze Buhle (der »menstruale Animus«), von dem der biedere Ehemann nichts weiß.[14] Unterdrückt die Frau ihre Ahnung von der unheimlichen Begegnung mit dem Bock, dann straft sie die oft beklagte menstruale Depression oder gar die Hysterie.

Dieser geheime Liebhaber ist der uralte Maien-Gott, der Bock der wilden »nachtfahrenden Weiber«, die sich gelegentlich der zivilisatorischen Bevormundung entziehen. Er ist der Boogy der englischen Hexen; seine Musik ist der Boogie-Woogie, der das Hirn abschaltet und die Hüften kreisen lässt und von dem der vom Pariser Kultursnobismus ausgebrannte Henry Miller prophezeite, er werde die dekadente Zivilisation hinwegblasen: »Madame, ich blase Sie um und um, Sie werden sich winden wie 'ne Schlange.«[15] Bock – ebenso wie Boogie – hat jedoch weniger mit dem geilen Ziegenbock zu tun als mit dem slawischen Bog (Gott) und dem indischen Bhagwan, »dem Spender«. Bhagwan ist einer der 1008 Namen Shivas und darf als Anrede eines Heiligen, der seine Wesensidentität mit Shiva erfahren hat, benutzt werden.

Der männliche Schamane hat seine weibliche Empfindsamkeit ebenso zu entwickeln wie die Schamanin ihre männliche Härte. Shiva, der Guru magischer Menschen, ist eine Ardha-Nari, er ist »halb Frau«. Wie die Menstruierende, die die Tiefen ihres Leibes auslotet, oder wie der Wolf, der die äußersten Grenzen der Wildnis durchstreift, so bewandert der Schamane und der Shiva-Sadhu instinktsicher den Mikrokosmos wie auch den Makrokosmos. Yogische Übungen, zeitweilige Abgeschiedenheit, Handhabung der Mondkräfte und die Zauberkräuter helfen ihm auf dem Weg zum Selbst (Shiva). (Es gibt aber auch asoziale Zauberer, die sich dabei in Werwölfe oder Wer-Tiger verwandeln. Schon die »Veden« berichten von den Vratyas, den »Ausgestoßenen«, die im Gefolge des wilden Rudra-Shiva gegen alle arischen Sitten und Gebräuche verstoßen, sich mit Tierfellen bekleiden, Gifte trinken, das Fleisch ihrer Opfer essen, sexuelle Ausschweifungen praktizieren und sich auf Friedhöfen aufhalten.)

Der wahre Schamane und Shaiva (Shiva-Anhänger) findet sich selber in allem Tierischen wieder. Der vom Ego gefürchteten kreatürlichen Verletzlichkeit, der treibenden Wollust, der Raserei, dem Rausch, der Krankheit und dem Sterben kann der Schamane in die Augen sehen. Die von der Zivilisation tabuisierten »tierischen« Ausscheidungen – Kot, Harn, Schweiß, Schleim, Blut, Eiter, Auswurf – stoßen ihn nicht ab. Nur deswegen ist er Heiler! In allem erkennt er sich selbst und den göttlichen Urgrund (Shiva) wieder.

Die innere Verbundenheit des magischen Menschen mit den Tieren kommt äußerlich in der wilden Haartracht, die sich jeder Schere oder jedem Rasiermesser erwehrt, ebenso zum Ausdruck wie in den gehörnten Masken, dem geflügelten Kopfschmuck und den Fellen und Pelzen, in die er sich hüllt. Shiva ist Jatadhari, »der Filzhaarige«, dessen von Sonne und Wind gelb gebleichte Haarsträhnen, auf dem Haupt getürmt, von einer Kobra zusammengehalten werden.

Felle, Federn, Hörner und der eigene Haarschopf gelten bei Naturvölkern oft als Sensoren, als Antennen, die in die feinstoffliche, ätherische Natur hineinspüren. Löwenmähnig erscheinen die heil- und kräuterkundigen »wilden Menschen«, die im Mittelalter in den Wäldern hausten. Noch immer verstecken die Indianer ihre medial begabten Kinder vor den weißen Autoritäten und lassen ihnen die Haare lang. Bei den Germanen und Kelten galt das Rasieren und Haarstutzen als Zeichen der Knechtschaft und Unterwerfung. (Bei den christlichen und buddhistischen Mönchen dagegen als Zeichen der Demut.)

Gewobene Stoffe, Bronzerasierklingen und Metallscheren gehören, wie auch Sesshaftigkeit, schon dem Neolithikum und der folgenden Metallzeit an – Shiva ist aber vor allem im Ursprünglichen zu Hause: Seine Getreuen, die Sadhus, Sadhvis und nackten Babas, türmen das ungekämmte Haar auf wie er und legen die Spuren der Zivilisation wieder ab. Sie trennen sich von Kaste, Familie, Besitztum, Amt und Würde. Mag sie noch so bedeutend gewesen sein, sie lösen sich von ihrer sozialen Stellung, um – gegen den Strom schwimmend – wieder zum Ursprung zu gelangen.

Kristalle und Edelsteine ebenso wie die an Kieselsäure reichhaltigen Haare und Hörner sind mit den von den Sternen einstrahlenden, feinstofflichen Kräften (Planeten- und Tierkreiseinwirkungen) sympathisch verbunden. Das wussten schon die alten Schamanen, die sich mit solchen Steinen behängten; oder sie bekamen sie wie in Australien von Traumzeitwesen in ihre

Körper hineingepflanzt und trugen sie mit sich herum. Noch immer schmückt sich die Zigeunerin wie die Frau der herrschenden Bourgeoisie mit Eindruck erweckenden Klunkern. Und die Hellseher mit ihren Kristallkugeln und die Silikon-Chip-Zauberer der Elektronikindustrie wissen ebenso von der Strahl- und Sendekraft des Kieselkristalls. Selbstverständlich ist auch Shiva Träger solcher Powersteine. Sie bedecken ihn wie tausend Augen. »Ich verneige mich vor *Sada-Shiva,* der eine Edelsteinkrone trägt und mit Diamanten und Kristallen übersät ist«, heißt es im Gesang Shiva-Kavacham (»Shivas Harnisch«). Ja, Shiva ist – in Vorwegnahme des buddhistischen diamantenen Leibes – selber ein Bergkristall, hell, durchsichtig und strahlend. Auch sein Glied, sein Linga, wird als ein zum Diamanten verdichteter Blitzkeil *(Vajra)* beschrieben, der sich im Schoß (Yoni) der Göttin verbirgt. Die vielen selbst erstandenen (»svayambhu«) Lingas der Erde, die Felsen, Feldsteine und Tropfsteine der Höhlen, die auch in diesem dunklen Zeitalter noch immer Gottes Anwesenheit bezeugen, waren einst im »Goldenen Zeitalter« (Sat *Yuga*) leuchtende Edelsteine, entstanden aus dem feurigen Samen, den Shiva verspritzte.

Die hier angedeuteten Eigenschaften bringen uns auf die Spur eines wahrhaft archaischen Gottes. Vriddhaya, ein weiterer seiner 1008 Namen, bedeutet »der Allerälteste«. Viele seiner Kennzeichen – Handtrommel, Feuer, Faustkeil (Linga), Speer, Dreizack, Beil, Zauberstab (Khatvanga), Büffelhorn, Raubtierfelle, Schlinge – gehören zu den Waffen und Werkzeugen der ältesten Steinzeitmenschheit. Auch der erste Genosse der jagenden und sammelnden Wildbeuter, der Hund, begleitet Shiva, wenn dieser als Jäger, Meister der Tiere oder Totengott auftritt.

Dieser alte Schamanengott wandert noch immer im finsteren Wald des kollektiven Unterbewusstseins der Menschheit. Wie anders ist der ausufernde Hexenwahn und Teufelsglaube des Mittelalters und die anschließende Faszination der Aufklärer und Romantiker von dem naturverbundenen, nackten »edlen Wilden«, der dem dekadenten Geck in Seidenstrümpfen und Puderperücke entgegengestellt wurde, zu erklären? Wie anders ist die anhaltende Popularität des in Raubtierfelle gehüllten, langhaarigen Naturburschen Tarzan zu verstehen? Tarzan redet mit den Tieren, wie es nur Pashupati tut. Er liebt Jane in einer unverdorbenen, spontanen Art und Weise, wie der tantrische Meister Shiva. Was Wunder, dass diese schriftstellerische Fantasie des Edgar Rice Burroughs in 58 Sprachen übersetzt wurde, eine Gesamtauflage von über 50 Millionen erreichte und seit 1918 regelmäßig verfilmt wird. Shiva – noch immer tanzt er über die Bühne, und Millionen Rock-'n'-Roll-Freaks jubeln ihm zu.

Was bedeutet dem Vriddhaya-Shiva, dem Allerältesten, schon die knapp fünftausendjährige Stadtzivilisation, deren Hohepriester ihn ständig verleumden und verteufeln? Was ist für ihn schon die scheinbar so erdrückend mächtige Industriegesellschaft, deren Funktionäre – die kaltherzigen Technokraten – ihn nicht mal mehr verteufeln, sondern glatt verleugnen? Wie ein flüchtiger Nebengedanke, wie eine blubbernde Blase auf dem Strom seiner Meditation wird diese Fata Morgana zerplatzen.

In dieser Kali-Yuga-Zeit, wo Materialismus, Neid, Habgier und Hader die Menschheit blind machen, gibt es noch einige wenige, die die kosmische Sichtweise beibehalten haben und sich ihrer fundamentalen Wesensidentität mit Shiva bewusst sind. In Indien sind es die filzhaarigen, wild ausschauenden Heiligen, die die staubigen Straßen des Subkontinents bewandern und von Dorf zu Dorf ihre Märchen erzählen. Sie erinnern uns an das Goldene Zeitalter, als die Menschen noch schlicht und weise waren und mit Mahadeva und der Göttin unmittelbar verkehren konnten. Zu dieser Schar gehörten nun auch Ganga-Cindy und Shankar-John.

Siddhas und Bhaktas

Den heiligen Goraksha, auch Gorakhnath genannt, gab es wirklich. Er wurde im 1. oder 2. Jahrhundert in Nordindien geboren und gilt als Begründer des *Hatha-Yoga*. Diese Art von Yoga, die inzwischen auch im Westen bekannt ist, besteht aus körperlichen Übungen und Atemkontrolle, um Geist und Körper in Einklang zu bringen. Von der Geburt dieses Meisters erzählt folgende Legende:

Shiva, der in der Gestalt des Bettelmönches Matsyendranath durchs Land zog, begegnete in einem Dorf einer Frau, die tief betrübt war. Als er sie nach ihrem Kummer fragte, klagte sie, dass sie keine Kinder bekommen könne. Da gab er ihr eine Handvoll Asche. Diese sollte sie einnehmen, dann würde ihr Wunsch in Erfüllung gehen.

Die Nachbarn, die zugehört hatten, lachten: »Wie kannst du so leichtgläubig sein und einem Bettler solchen Unsinn glauben?«, verspotteten sie die Frau. Da warf sie die Asche einfach auf den Misthaufen.

Zwölf Jahre später kam der Wandermönch wieder durch das Dorf und erkundigte sich bei der Frau, wie es ihrem Sohn gehe. »Ich habe keinen Sohn«, sagte sie, aber dann erinnerte sie sich an die Asche, die sie weggeworfen hatte.

Der Bettelmönch stocherte mit seinem Stock im Misthaufen herum, schob Mist und Stroh beiseite, und siehe da, da saß ein zwölfjähriger Junge, versunken in tiefste Meditation. Als die Frau das Kind umarmen wollte, stieß der Bettler sie zur Seite und nahm den Jungen mit. Er gab ihm den Namen Goraksha, was »Rinderhirte« bedeutet, und machte ihn zu seinem Schüler.

Goraksha wurde selber zum großen Meister. Noch heute wird er in Indien und vor allem Nepal verehrt.

Auch *Allama Prabhu* ist eine historische Persönlichkeit, ein Dichter, geboren in Karnataka im 11. Jahrhundert in einer Familie von Tempelsängern und -tänzern. Er war Anhänger der Lingayat-Sekte, die Shiva in der Form eines Lingas anbeten. Obwohl tausend Jahre ihr Verweilen auf Erden trennen, bringt die folgende Geschichte sie dennoch zusammen.

Der diamantene und der geistige Leib

Mancher Yogi dünkt sich schon weit auf dem Pfad zu Shiva. Da war zum Beispiel der berühmte Goraksha, der Größte der Siddhas, der Verkünder des Hatha-Yoga und Meister der Alchemie und des Tantra. *Seine unvergleichliche Zauberkraft hatte er von Avalokiteshvara, der Schutzgottheit Nepals, empfangen. Avalokiteshvara hatte nämlich einst in der Gestalt eines Fisches Shiva und Parvati belauscht, als sich diese bei einem Spaziergang am Meeresstrand über die Geheimnisse der 84 Siddhakräfte unterhielten. Dank dieser Geheimnisse hatte Goraksha unzählige Wunder vollbracht. Er konnte seinen Leib verlassen und im Körper eines anderen alle Freuden der Welt genießen, ohne sich dabei zu beflecken. In Kämpfen gegen Dämonen verwandelte er sich einmal in eine Fliege, einmal in eine Kröte und einmal sogar in ein Stück Eisen. Er konnte seine Hand viele Meilen ausstrecken, konnte fernsehen, fernhören und sogar die Toten wieder ins Leben zurückrufen. Einmal schüttelte er Kokosnüsse von einer Palme, trank sie aus, aß ihr Fleisch und zauberte sie unversehrt wieder an den Baum zurück. Am stolzesten war er jedoch auf seinen unvergänglichen, unverwundbaren Diamantenkörper.*

Eines Tages, als er in Südindien wanderte, traf er dort auf den Shiva-Bhakti Allama. Dieser war einst ein Tempeltrommler gewesen, der sich in die schöne Tempeltänzerin Kamalathe verliebte. Ihre Liebe war so vollständig, dass Leute sagten, sie sei »wie das Meer, ohne Anfang, Mitte oder Ende.«

Doch eines Tages wurde die Geliebte von einem Fieber dahingerafft. Der untröstliche Allama rannte wie ein Wahnsinniger durchs Land, ihren Namen rufend. Viele Jahre stromerte er, bis er eines Tages in einer Sandwüste über eine aus dem Boden ragende, kleine, runde, hell leuchtende Ausstülpung stolperte. Wie die Brustwarze seiner Geliebten Kamalathe, ja wie die der Göttin selber, sah dieser Höcker in seinen fiebernden Augen aus. Da sie aus purem Gold bestand, grub er mit seinen Händen und entdeckte, dass es die Spitze der Kuppel eines verschütteten Tempels war.

Als er das Bauwerk völlig ausgegraben hatte, stieß er achtlos die Tür auf. Dort saß ein uralter Yogi. Er trug eine Nussperlenschnur (Rudraksha-Mala) um den Hals und Schlangen als Ohrringe und saß, in tiefe Trance versunken, vor einem Linga. Während Allama verblüfft dastand, erwachte der Yogi, reichte ihm das Linga in die Hand, verschied und zerfiel zu Staub. Augenblicklich wurde Allama erleuchtet! Als gottestrunkener, vor Liebe übersprudelnder Bhakta zog er, Shiva lobpreisend, durchs Land. Die Menschen hielten ihn für Mahadeva selber.

Eines Tages begegneten sich der stolze Siddhi-Meister Goraksha und der ehemalige Tempeltrommler. »Hier«, sagte Goraksha, sich seiner Zauberkraft brüstend, »hier, nimm dieses scharf geschliffene Schwert, schlag mit aller Kraft zu und sieh, ob du mich halbieren kannst!«
»Ich bin friedfertig«, entgegnete Allama.
»Ach, mach nur! Wenn du mich verletzt oder mich tötest, dann soll dich keine Schuld treffen, dann übernehme ich die Verantwortung«, sagte der Hatha-Yoga-Meister aus dem Norden.
Da nahm Allama die Aufforderung an. Mit mächtigem Hieb schlug er zu. Doch das Schwert zerschellte krachend am Diamantenleib des Siddha. Nicht ein einziges Haar wurde Goraksha dabei gekrümmt! Alle, die es sahen, waren stark beeindruckt.
Da sagte der Trommler: »Nun, großer Siddha, versuche du es mit mir. Sieh, ob du mich halbieren kannst!«
Der Zauberer sammelte alle seine Kräfte. Das Schwert zischte durch den Körper, als sei er aus Luft. Der mächtige Hieb hinterließ jedoch nicht die geringste Spur.
Da erkannten alle Jünger und Zuschauer, dass Allama »leer« war und einen geistigen Leib besaß, während Goraksha seinen sterblichen Körper bloß in einem diamantenen Panzer eingekerkert hatte. Allama lachte und sang diese Worte:[16]

Deine Alchemie läutert Metalle – nicht aber das Wesen!
Dein Yoga klärt den Körper – nicht aber die Seele!
Deine gewandten Reden bilden wunderbare Wortketten,
leider können sie den Geist nicht umschreiben.
Du meinst, wir gleichen einander;
ich bin du,
aber du bist nicht ich!

Eine ähnliche Geschichte erzählt vom weisen Mankanaka, der sich ebenfalls weit fortgeschritten dünkte. Der Rishi, der in einem Hain im Himalaja meditierte, hatte sich viele Verdienste durch seine strenge Askese und seinen selbstlosen Gottesdienst erworben. Als er einmal den Boden um einen Shiva-Linga herum mit einem Büschel Kusha-*Gras*[17] *fegte, schnitt er sich mit dem scharfen Grasblattrand in den Finger. Als er merkte, dass grüner Pflanzensaft anstelle von rotem Blut aus der Schnittwunde tropfte, geriet er in Verzückung.*

»Mächtig, mächtig müssen meine Bußübungen gewesen sein, dass selbst mein Blut geläutert ist!«, jubelte er, vor Freude tanzend. »Wie die Pflanze mit ihrem grünen Saft, so nehme ich unmittelbar das OM auf, das von der Sonne herabströmt!«

Alle Pflanzen, Tiere und Geister des Büßerhains freuten sich mit ihm und bewunderten ihn.

Ein fremder Brahmane kam des Weges und fragte nach der Ursache der Aufregung. Stolz zeigte Mankanaka auf die Schnittwunde. Der Fremde nahm ebenfalls ein Kusha-Grasblatt, schnitt sich in den Finger und – siehe da – weiße Asche rieselte aus der Öffnung.

Da erkannte der Weise seinen Guru – es war Shiva selber – und wusste, dass sein Weg noch nicht zu Ende war.

Shiva Aashirvad

XIV. Das Erwachen der Schlange

Die einzige geistige Aufgabe des Menschen besteht in der Erkenntnis der Wahrheit.

Shankaracharya,
788–820 n. u. Z.

Oft saßen Ganga-Cindy und Shankar-John mit wandernden Sadhus am Fluss oder im Schatten alter Pipal-Bäume, teilten Reis, Chapati und manchmal ein Chillum mit ihnen und nahmen gelegentlich an den Pujas teil, wenn sie der Morgensonne Wasser opferten. Einige der Sadhus waren hochbetagt, aber ihr durch Yoga geläuterter Körper besaß noch jugendliche Spannkraft. Sadhus sind freie Seelen, sie lachen und scherzen viel; sie gaben Ganga und Shankar Anlass, mitzulachen. Manchmal gingen die Unterhaltungen sehr tief und berührten sie, sodass es ihnen schien, als sei es Shiva-Mahadeva selber, der ihnen gegenübersaß und sie, jenseits der Schwelle ihres kulturell programmierten Denkens und Wahrnehmens, in eine magische, von Göttern durchwobene Welt führte. Die Sadhus ließen sie Seins-Ebenen erkennen, in denen das Alltagsbewusstsein in das magisch-instinktive Traumwissen der Tiere übergeht und wo dieses wiederum in die Stille des planetarischen Überbewusstseins der Pflanzen eintaucht. Alles sei Bewusstsein, wurde ihnen gelehrt, alles sei Sat-Chit-Anand – »Sein-Bewusstsein-Wonne«. Das sei die Grundlage – nicht nur, wie man im Westen glaubt, Materie und Energie, wie es die Formel $E = mc^2$ suggeriert. Sogar Steine und Mineralien seien letztendlich eine Form des Bewusstseins, das man erfahren könne, wenn man in sich versunken und reglos, wie das diamantene Linga im Lotus-Yoni, in die tiefste Meditation gehe. So tief ging die Meditation der beiden selbstverständlich nicht, aber was sie erfuhren, war befreiend, ja man könnte sagen erlösend für sie.

Als sie auf dem Weg zum morgendlichen Bad am Ufer des Ganges an einem großen Feigenbaum vorbeiliefen, hatten sie das Gefühl, als blickte der Baum sie an, als hätte er Augen. Dann sahen sie, dass ein uralter, verwittert aussehender Sadhu mit langem weißem Bart und verfilzten Haaren, die bis zur Erde reichten, unter dem Baum saß und sie anschaute. Mit der Hand winkte er sie zu sich. Ganga und Shankar gingen zu ihm hin, in der Erwartung, er wolle ihnen etwas sagen, aber er lächelte nur selig entrückt. Auch als sie ihn ansprachen, sagte der Alte nichts und lächelte nur. »Vielleicht will er etwas Geld«, dachte Shankar und kramte in der Tasche, um einige Blechmünzen herauszufischen. Als er ihm die Rupien geben wollte, kullerten die Münzen von der offenen Handfläche über den Boden. Der Sadhu lächelte einfach weiter.

Ein kleiner Junge, sauber geschrubbt und mit frisch geöltem Haar, kam hinzu und sagte: »Ach, dieser Baba weiß gar nicht mehr, was Geld ist!«

»Seit achtzehn Jahren sitzt der Baba schon unter diesem Baum. Jeden Tag, Winter und Sommer. Nur zum Bad geht er am Morgen in den Ganges, sonst sitzt er da«, klärte sie ein anderer auf.

»Achtzehn Jahre! Merkwürdig. Wir sind schon oft hier vorbeigegangen und haben ihn vorher nicht bemerkt«, dachte John beim Weitergehen, halblaut vor sich hin redend. »Der Alte scheint tatsächlich Teil des Baumes geworden zu sein, als wäre seine Seele mit der Seele des Baumes verschmolzen. Es ist, als schaute der Baum durch ihn dem Getriebe am Ganges-Ufer, den Kühen, Hunden und Menschen zu. Und derweil reist der Geist des alten Sadhu über die Baumwurzeln bis in die Erdtiefen und über das Blattwerk bis ins himmlische Licht. Er erfährt eine Entgrenzung und eine gewaltige Bewusstseinserweiterung durch den Baum. So ähnlich muss es Siddhartha geschehen sein: Er setzte sich vierzig Tage fastend unter einen Baum wie diesen und wurde zum Buddha, zum Erleuchteten!«

»Das wäre bei uns zu Hause kaum möglich«, kommentierte Ganga-Cindy, »da kämen irgendwelche besorgte Gutmenschen oder Sozialarbeiter und würden ihm mit Einweisung in die Psychiatrie und mit Psychopharmaka zu helfen versuchen. Hier dagegen sehen die Menschen so jemanden als einen Heiligen, bringen ihm etwas Obst oder Reis zu essen und verehren ihn.«

Jedes Mal, wenn Cindy und John an dem Baum vorbeigingen, fühlten sie den Sog seiner Augen. Sie schienen tief in sie hineinzuschauen. Es wurde ihnen fast unheimlich, sodass sie den Baum umgingen. Später jedoch setzten sie sich gelegentlich zu dem Sadhu, schlossen die Augen und nahmen Teil an seinen Meditationen. Oft kamen die Tiere, die Vögel, Eichhörnchen und Affen, die im Baum wohnten; sie waren zutraulich und ließen sich von dem Alten aus der Hand füttern.

Solche Begegnungen verwandelten John und Cindy. Sie trugen nur noch indische Kleidung und fingen an, den indischen Traum zu träumen. Sie sahen immer mehr aus wie die gestrandeten Blumenkinder, die ausgestiegenen Rucksackreisenden oder – wie der indische Schriftsteller Khushwant Singh sagte – die »lunatic fringe«, die Spinner am Rande der westlichen Gesellschaft, die in den Sechzigern und Siebzigern ins indische Land gespült wurden. Ein indischer Freund stellte John schmunzelnd eine Frage: »Sag, warum seht ihr, wenn ihr in Indien versandet, immer aus wie Jesus Christus?«

Dem Außenseiter scheint der shivaitische Weg der Wandlung ein unwahrscheinlich schwieriger zu sein. Um die harte Ego-Schale zu knacken, damit das Erkenntnislicht die Finsternis erhellen kann, scheint es, als fügten sich die Fakire und Asketen die schwersten Entbehrungen und Leiden zu. Sie hungern, dürsten, frieren, üben Enthaltsamkeit, sitzen wochenlang, ohne sich zu rühren, oder verrauchen, in Nachahmung ihres Gurus Mahadeva, Unmengen von Hanfkraut, das sie in den Augen Unwissender zu Narren macht und das sie selber »Unmatti« (Verrücktheit), »Siddhi« (Zauberkraft), »Shivapriya« (Shivas Geliebte), »Harshini-Weed« (Kraut des Gottes der Totenfeiern), »Vijaya« (Sieg) oder »Himmelstor« nennen.

Die wahren Yogis sind jedoch weder verrückt noch drogenabhängig, noch leiden sie absichtlich. Ihre Konzentration auf das Eine-ohne-ein-Zweites ist so vollkommen, dass sie sich in einem wonnehaften Zustand befinden und dabei die weltlichen »Freuden« leicht vergessen. Dass solche Yogis und Yoginis – ganz objektiv gesehen – außergewöhnliche Fähigkeiten entwickeln, zum Beispiel parapsychologische Begabungen oder bewusste Kontrolle über die autonomen Körpervorgänge, über die glatte Muskulatur, über Herzschlag, Verdauung, Drüsenaktivität, Sexualität, Körpertemperatur und Schmerzempfinden, von denen Mediziner lange annahmen, sie seien dem Willen entzogen, ist auch skeptischen Wissenschaftlern nicht entgangen. Da man in einem materialistischen Zeitalter materiell fassbare Gründe dafür sucht, schloss man einige dieser Wundermenschen an Elektroenzephalogramme und andere Messinstrumente an. So wurde festgestellt, dass die beiden Hälften ihres Hirns mit schönen, gleichmäßig langwelligen Alphawellen oder hochfrequentierten Thetawellen, anstelle der für den Wachzustand üblichen Betawellen, pulsieren. Auch wurde offensichtlich, dass die Yogis es lernen, bewusste Kontrolle über Funktionen auszuüben, die jenseits des Bereichs der dominierenden Großhirnrinde liegen. Absichtlich können sie das entwicklungsgeschichtlich viel ältere limbische System (Mittelhirn) beeinflussen. Ja, sogar noch tiefer bis in den ältesten Kern des Hirns, den R-Komplex und Hirnstamm, erlauben ihnen ihre esoterischen Übungen zu dringen. Diese Teile des Nervensystems, die wir mit den Lurchen und Kriechtieren als gemeinsames vorgeschichtliches Erbe teilen, regeln automatisch Fortpflanzungs- und Erhaltungstrieb, Herzschlagrhythmus, Blutkreislauf und Atmung. Da die Atmung die Schwelle zwischen den willkürlichen und unwillkürlichen Körperfunktionen ist, wird besonders auf sie geachtet. Wie Geigenvirtuosen mit ihren Stradivaris, so gehen die Schüler des großen Yogis Mahayogi-Shiva mit ihrem Nervensystem um. Sie werden nicht von dessen Automatismen beherrscht, sondern lernen Schritt für Schritt, es zu beherrschen.

Als Gegenpol des in sich verkapselten Ego, welches in den Wucherungen der Großhirnrinde seine physische Grundlage findet, ist das ältere Primitivhirn sympathisch mit den Rhythmen und Pulsen der großen Natur verbunden. Die Biorhythmen sind Spiegelungen und Abwandlungen der makrokosmischen Rhythmen (Tag/Nacht, Mondphasen, Jahreszeiten usw.). Das Althirn (Reptilienhirn) ist offen gegenüber »ätherisch-astralischen« Schwingungen, auch wenn diese sich noch gar nicht auf sinnlich-physikalischer Ebene manifestiert haben. Diese Offenheit bedeutet, dass – sofern weder Gedanken noch die Ablenkung durch die nach außen gerichteten Sinne dazwischenkommen – mediale, transpersonale, außersinnliche Wahrnehmungen und Fähigkeiten aller Art zum Vorschein kommen. Dazu gehören Präkognition, Telepathie, das Aufspüren von Energien und Heilkräften und andere magische Begabungen, die dem hartgesottenen Materialisten wie Ammenmärchen vorkommen.

Zu den Kräften, die den Yogis nachgesagt werden, gehören: das Vermögen, den eigenen Leib zu verlassen und in andere Körper einzudringen, zu fliegen und zu schweben, die Sprache der Tiere, Pflanzen und Geister zu verstehen, winzig klein oder riesig groß zu werden, Macht über die Elemente, über Winde, Regen und Stürme auszuüben, Feinde durch einen einzigen Blick zu bannen, durch Wände zu gehen und ferne Gegenstände zu sehen, sich in Tiere zu verwandeln und viele mehr. Siddhi – so nennt man diese wunderbaren Zauberkräfte. Der rechtschaffene Yogi strebt sie jedoch nicht absichtlich an; sie fallen ihm auf seiner Pilgerschaft zu Shiva automatisch zu.

Ebenso wie die Großhirnrinde die unmittelbaren sinnlichen Eindrücke und das nimmer endende Fließen der Gedanken dem Bewusstsein zuspiegelt, so dient das archaische Stammhirn als »Empfangsapparat«, welcher die Urbilder, die das All durchfluten, wahrnimmt. Wer in diesen Tiefen wach wird, dem bevölkert sich die Welt wieder mit den Göttern und Geistern. Wie Shankar-Shiva, so sitzen seine langhaarigen Verehrer an abgelegenen Orten der Einsamkeit, in den Wäldern, den Mooren, auf Stelzen im Ganges oder in einer Höhle und lauschen und schauen.

Die aufgeblähten, hellwachen Kobras, die Shiva als Schmuck dienen, sind Zeichen der Siddhi-Meisterschaft. Die Ruhe des Siddhi-Meisters reizt weder das innere noch das äußere Reptil. Nur so können sie – wie auch die Klapperschlangentänzer der Zuni-Indianer oder die vom Heiligen Geist besessenen Pfingstchristen West Virginias – Vipern und Nattern aufheben, ohne Furcht, gebissen zu werden.

Aber noch tiefer, als es die Gehirnwissenschaftler auch nur ahnen, vermag der wahre Yogi seinen Geist in die Leibestiefen hinein zu versenken. Bis an die Wurzel der Wirbelsäule, bis in die äußersten Ganglien kann er dringen. Sein Fahrzeug ist dabei der Lebensatem *(Prana),* an den er, in perfekter Konzentration, seinen bewussten Geist heftet. Vorsichtig stimmt er den mondhaften Atem, der durch die linke Nasenhöhle einströmt, mit dem sonnenhaften Atem ab, der durch die rechte Nasenöffnung in den Körper fließt. Auf den Schwingen des Sonnen- und Mondatems schwebt er sachte zum Wurzelgrund unter dem Rückgrat, berührt die dort schlummernde Urschlange (Kundalini) und streichelt sie wach. Behutsam hebt das regenbogenfarbene, schillernde Kriechtier sein juwelengekröntes Haupt und erinnert sich seines hohen Ursprungs. Gefüttert mit Lebensatem, windet sich die Kundalini nun vorsichtig durch den ätherischen Kanal (Sushumna), der das Rückgrat durchläuft, nach oben. Von einer Ebene zur anderen schlängelt sich das giftige Reptil durch die feinstofflichen Energiezentren (Chakras) des Leibes. Bei ihrer Berührung fangen diese zu vibrieren an und blühen auf wie Lotus-Blüten, die die warme Sonne wachküsst. Allmählich verwandelt sich die Schlange dabei in eine herrliche Jungfrau. Sie ist die leuchtende Göttin selber. Sie ist Shivas Shakti, seine welt- und illusionsschaffende Zauberkraft. Als aschebedeckter, wandernder Yogi ist Shiva, ihr Bräutigam, zu ihr in die Tiefen gestiegen und nimmt sie nun mit zum Kailash-Gipfel. Es ist ihre Hochzeitsreise, die durch alle Sphären des Universums führt.

Die untersten Chakras, die sie durchqueren, sind wild, dunkel (»tamas«) und voll unbändiger Chaoskraft. Aber mit jedem Schritt werden sie lichter, reiner und geistiger, bis schließlich das Stirn-Chakra oder Feuer-Chakra (Ajna) erreicht ist, jenes Auge der Weisheit. Dieses Scheitelauge Shivas ist zugleich der alchemistische Ofen, in dem das Gold geläutert wird, der Laserstrahl, den alle Dämonen fürchten, der Scheiterhaufen des Vergänglichen und der Tanzplatz, auf dem Kali ihre Tänze tanzt.

Jenseits des Feuer-Chakras, unterhalb der Schädeldecke, erhebt sich der blanke Gipfel des Weltenberges, das Kronen-Chakra *(Sahasrara)*. Hier auf dem Kailash, auf einem Hochzeitsbett aus sanftem, weißem Schnee, aus der weißen, reinen Asche des im Weltenbrand verglühten Karmas, vereinen sich Gott und Göttin, vereinen sich das Allbewusstsein und die Urkraft. Ihre Wonne vernichtet alle Gegensätze! Das All wird Licht – es ist die Erleuchtung! Untrennbar verschmolzen, als Linga im Yoni, weilen sie hier im ewigen *Sat-Chit-Ananda* (Wahrheit, Weisheit, Wonne). Von diesem Zustand kündet die »Mundaka *Upanishad*«:

Der Freude entsprießt alle Schöpfung,
durch Freude wird sie erhalten,
zur Freude bewegt sie sich hin
und in die Freude kehrt sie zurück!

Selbstverständlich ist auch dieses Bild nur eine Vorstellung, denn die Sahasrara, dieser tausendblättrige Lotos, ist »leer«, eigenschaftslos, jenseits geschaffener Zeit, Raum oder Gestalt. Es ist das Nirwana, das »Nichts«, das übrig bleibt, wenn das Weltenfeuer erloschen ist.

Diesen Göttergang im menschlichen Mikrokosmos nachzuvollziehen, nicht die gesteigerte Sexualität, ist das wahre Ziel tantrischer Liebesrituale. Diese innere Hochzeit, nicht die Erlangung der Siddhi-Power, ist Ziel yogischer Selbstzucht. Es kennzeichnet den Zustand der erlösten Seele (Jivan*mukti*), die nicht mehr dem kaltblütigen Terror der nackten Existenz ausgeliefert ist und die die schillernde Illusion des Lebens und Sterbens durchschaut hat.

Wünsche dir etwas

Der Jivanmukti, der »lebende Erlöste«, der seine Shiva-Natur erkannt hat, wird kaum noch Wünsche hegen - egal wie seine Lebenssituation auch aussehen mag. Ihm gehört ja schon alles, keine Trennung zwischen sich und dem Universum nimmt er wahr, keinen Unterschied zwischen Samsara und Nirwana. Was soll er noch begehren?

In den meisten Seelen - auch denjenigen der Frommen - zetern jedoch ständig die Dämonen, die sich zu kurz gekommen wähnen. Immer wieder richten sie Wünsche an Gott, verkennend, dass jeder neue Wunsch eine weitere Fessel ist, die fester an das trughafte Werden und Vergehen bindet. Shiva aber ist freundlich. Er kann nicht Nein sagen. So gewährt er schließlich alle Bitten. Er gewährt sie, bis der Seele die Einsicht kommt, dass das Wünschen, geboren aus einem beschränkten Bewusstsein, nur Leiden bringt.

In dem folgenden nepalesischen Märchen erkennt ein Töpfer, dass die Zerbrechlichkeit - seien es Töpfe, die Körper oder unsere Vorstellungen - sinnvoll zum Ganzen gehört.

Der Töpfer

(Aufgezeichnet von Eugen Jung)

Es lebte einst ein Töpfer von angeborenem gottesfürchtigem Wesen. Er war so fromm, dass er selbst seine Mußestunden der Verehrung Shivas des Allmächtigen widmete. Täglich besuchte er den Dorftempel, nahm an den Ritualen teil, beachtete die Fastenregeln und spendete den heiligen Männern Almosen. Er galt als ehrlicher Handwerker, der große Sorgfalt auf seine Arbeit verwandte. Die Gefäße aus seiner Werkstatt waren ihrer guten Beschaffenheit wegen begehrt. Trotzdem plagte ihn noch ein Kummer: Sosehr er sich auch mühte, seine Töpferwaren blieben zerbrechlich.
Eines Nachts, als der Töpfer auf seinem Lager schlummerte, erschien ihm in seinem Traum Shiva der Herr und richtete die Frage an ihn: »Töpfer, möchtest du wirklich irdene Gefäße herstellen, die niemals brechen?«
»Ja, mein Herr, mein ganzes Leben lang strebe ich nach diesem höchsten Ziel. Wenn ich dies je erreichen könnte, wäre ich der glücklichste Mensch«, antwortete der Töpfer.
»Überleg es dir gut«, warnte ihn Shiva, »falls du zum Schlusse kommst, dass du später nichts bereuen wirst, könnte ich dir deinen Wunsch wohl erfüllen.«
Der Töpfer entgegnete entschlossen: »Mein Herr, ich werde es nicht bereuen.«
»Dein Wunsch sei erfüllt!«, sprach Shiva und verschwand.
Am anderen Morgen eilte der Töpfer als Erstes zu seiner Werkstatt – neugierig, Shivas erwiesene Gunst auf die Probe zu stellen. Aus frischem Ton fertigte er sogleich einen Topf und ließ ihn in der Sonne trocknen. Wie nun das Gefäß erhärtet war, schleuderte er es mit all seiner Kraft gegen einen Felsen. Und siehe da – es war wirklich unzerbrechlich! Entzückt darüber

verkündete er seine Entdeckung im Dorf und in der Umgebung – und damit wurde er über Nacht berühmt. Sein Geschäft blühte. Hunderte von Leuten aus nah und fern besuchten seine Werkstatt, denn offensichtlich hatte jedermann eine Schwäche für seine unzerbrechlichen Töpferwaren.
Doch die Zeiten änderten sich. Die Jahre zogen vorüber und allmählich gerieten seine unzerbrechlichen Töpfereien in Vergessenheit. Immer weniger Leute zeigten sich in seiner Werkstatt. Alle seine Kunden waren zufrieden mit den einmal erstandenen Gefäßen, und niemand benötigte Ersatz. Es dauerte nicht lange, da wurde der Töpfer der erwiesenen Gunst überdrüssig.
Nach einer Weile wollte Shiva erfahren, wie es seinem treuen Anhänger erging, und daher erschien er ihm wiederum im Traum: »Mein lieber Mann, die Erfüllung deines Wunsches scheint dir nicht eitel Freude bereitet zu haben?«
»Oh Barmherziger, nimm deinen Segen zurück«, antwortete der Töpfer mit Tränen in den Augen, »ich habe mich übel geirrt, als ich glaubte, dass unzerbrechliche Waren Ansehen und Wohlstand eines Töpfers mehren würden. Ich möchte lieber zerbrechliche Gefäße machen und genügend davon verkaufen, um den drohenden Hungertod abzuwenden.«
»Sag nicht, du wärst nicht gewarnt worden«, entgegnete Shiva lächelnd. »Da du jedoch deinen Fehler einsiehst, gewähre ich dir deinen Wunsch auch diesmal.«
Seither sind irdene Gefäße zerbrechlich geblieben.
(Inzwischen ist die Legende wahr geworden. Die Herstellung unverwüstlicher Plastikbehälter hat die Töpfer-Kaste in die Armut getrieben.)

Der Gott, der nicht Nein sagen kann

Shiva ist, wie sein Name andeutet, friedlich, freundlich, unkompliziert und einfach. Er bedarf keiner großen Zeremonien, keiner aufwendigen Rituale, Tempel oder Opfer. Oft genügt es, nur seinen Namen zu nennen oder ihm eine Blume oder ein Blatt auf einen Stein zu legen. Er ist ein unschuldiger Narr, ein Bhola, der alle gerne glücklich sieht und niemandem eine Bitte verwehren kann. Diese Eigenschaft wurde ihm einmal fast zum Verhängnis:

Der Dämon Bhasmaka

Wieder einmal war Shiva völlig berauscht, nachdem er mehrere Krüge Bhang, die ihm seine Anhänger bereitet hatten, getrunken hatte. Der Dämon Bhasmaka nahm das zur Kenntnis. Wissend, dass Shiva in diesem Zustand nicht Nein sagen konnte, setzte er sich zu ihm und forderte frech: »Erfülle mir einen Wunsch.«
»Ja, gerne, welchen denn?«, fragte der Berauschte.
»Ich wünsche mir, dass ich mit der bloßen Hand jeden töten kann, den ich berühre«, antwortete der Dämon.
»Es sei dir gewährt«, antwortete Shiva-Bholonath unbekümmert. Sofort sprang der Dämon auf, um Shiva zu berühren, denn – wie es eben bei den Dämonen ist – er wollte selbst an Mahadevas Stelle treten, vor allem aber wollte er sich an der schönen Parvati vergreifen.
In letzter Sekunde erkannte der berauschte Gott, was da ablief. Er sprang auf und rannte, so schnell er konnte. Laut um Hilfe schreiend, stolperte er durchs Dornengestrüpp, über Stock und

Stein. Die Nattern, mit denen er seinen Lendenschurz festband, fielen zischend herunter, sodass er splitternackt war. Alle, die es sahen, die Götter, Geister und Menschen, lachten lauthals.

»Nein, es ist kein Scherz, es ist bitterernst! Helft mir! Bhasmaka will mich umbringen!«

Da lachten sie noch mehr. Wie kann jemand denn den Herrn des Universums umbringen?

Einzig Vishnu, der Erhalter des Universums, sein bester Freund, erkannte, dass es kein Scherz war. Mittels seiner Kraft der Illusion (Maya) nahm Vishnu die bezaubernde Gestalt der himmlischen Nymphe Mohini *an. Nur mit einem hauchdünnen Schleier angetan, ließ sie die Hüften sanft kreisen und die straffen Brüste verlockend auf und ab wippen.*

Der erotische Tanz tat seine Wirkung. Die Geilheit übermannte Bhasmaka, sodass er Shiva vergaß und nur noch eines im Sinn hatte. Mohini machte einen Schmollmund, lächelte, schaute ihm tief in die Augen und flüsterte: »Komm, tanz mit mir.«

Also tanzte Bhasmaka. Jede Bewegung machte er ihr nach. Sie hob ihren linken Fuß, er hob seinen linken Fuß. Sie bewegte ihren Bauchnabel, er tat genau wie sie. Schließlich berührte sie ihren Kopf. Als er ihr das nachmachte und er seinen eigenen Kopf berührte, zerplatzte dieser wie ein Luftballon und loderte in Flammen auf. Das war sein Ende. In seinem Wahn hatte er vergessen, dass jeder, der durch seine Hand berührt wird, zerstört wird.

Froschhochzeit

Auch Ravana, der juwelengekrönte, dämonische Zauberer aus Sri Lanka, war neidisch auf Shiva. Eigentlich hielt er sich für viel kultivierter und edler als diesen halb verrückten, dem Ganja verfallenen Narr. Er wäre doch viel würdiger als dieser aschebeschmierte Faulenzer, das Universum zu beherrschen und Parvati, die schönste aller Frauen, an seiner Seite zu haben. Ach, wie sehnte er sich nach der Wonne, die dieses Weib ihm bereiten könnte. Also ersann er eine List und machte sich auf den Weg nach Kailash. Er wusste, dass Shiva, wenn er berauscht war – und das war er praktisch immer –, nicht Nein sagen konnte. Als Geschenk brachte er dem beduselten Gott eine Laute (Vina), die dieser sogleich zupfte.

»Das klingt ja wunderschön«, freute sich Shiva, »was kann ich für dich tun?«

»Gib mir Parvati zur Frau«, forderte unverblümt der Dämonenfürst.

»Nun gut«, sagte Shiva, ohne viel zu denken, »du wirst sie beim Baden im Manasarovar-See, unterhalb vom Kailash-Berg finden.«

Die Ganas, die Geistwesen, die Shiva begleiten, waren entsetzt. Sie hasteten voraus, um Parvati zu warnen. Da nahm die Göttin einen Frosch aus dem Wasser und verwandelte ihn, einige Zauberworte sprechend, in eines der erotischsten Weibsbilder, die man sich nur vorstellen kann.

Als Ravana den See erreichte und die Nymphe am Ufer sah, verliebte er sich auf der Stelle. Er packte die vermeintliche Parvati, flog mit ihr zurück nach Sri Lanka und ließ eine aufwendige Hochzeitszeremonie durchführen.

Als er seine Braut in sein Gemach trug, verwandelte sie sich plötzlich wieder in einen ordinären quakenden Frosch.

Das Ohr der Kuh

Die kleine Ortschaft Gokarna befindet sich in der Provinz Karnataka, südlich von Goa, direkt am Meer. Der Name Gokarna bedeutet »Kuhohr« (Go = Kuh, Karna = Ohr), denn hier soll Shiva, nachdem er lange Zeit das Innere der Erde durchwandert hatte, durch das Ohr einer Kuh wieder in die Außenwelt geschlüpft sein. Aber nicht nur das macht Gokarna zum viel besuchten Pilgerort, sondern hier, im Tempel, steht ein besonders mächtiges Linga, das Atma-Linga – es besitzt die Kraft der göttlichen Seele. Wie es in die kleine Stadt kam, erzählt folgende Geschichte:

Ravana, der Dämonenfürst aus Sri Lanka, war ein großer Verehrer Shivas. Einst pilgerte er nach Norden in die schneebedeckten Berge, um am Fuße des Kailash Bußübungen zu machen. Anschließend begab er sich zu Mahadeva und bat um das Atma-Linga, das ihn unbesiegbar machen würde.

Shiva, der nicht Nein sagen kann, holte das Linga aus seinem Herzen hervor und gab es seinem dämonischen Anhänger mit den Worten: »Lass es auf dem Weg zurück nach Lanka auf keinen Fall den Erdboden berühren, denn es wird sich verwurzeln und niemand wird es fortbewegen können.«

Die Götter, die gesehen hatten, was geschehen war, waren entsetzt. Mittels der Kraft dieses Lingas würden die Dämonen bei jeder Auseinandersetzung mit den Göttern den Sieg davontragen. Vishnu beriet sich mit dem verschlagenen Ganesha, wie sie dem Dämonenfürsten seine Beute streitig machen könnten.

Auf seinem Flug nach Süden hielt der Dämon die machtvolle Steinsäule so fest, wie es nur ging. Der Weg war lang, aber er flog fast in Gedankenschnelle und würde seinen Palast vor dem Abend erreichen. Als er gerade über Karnataka am Meeresstrand entlangflog, da setzte Vishnu seine Täuschungsmacht (Maya) ein und ließ es erscheinen, als wäre es schon Abend und die Sonne ginge gerade unter. Da hatte Ravana keine Wahl, er musste halten, denn es war Zeit für die Abendandacht. Nur konnte er das Abend-Puja zu Ehren Mahadevas nicht durchführen, wenn er nicht beide Hände frei hatte. Glücklicherweise kam ein Junge daher, der ordentlich und verantwortungsvoll aussah und zur Kaste der Brahmanen gehörte. Dieser Junge – in Wirklichkeit war es Ganesha – sagte, er wäre bereit, derweil das wertvolle Linga zu halten.

»Es darf auf keinen Fall den Erdboden berühren!«, schärfte ihm Ravana ein. »Wenn es zu schwer ist und du es nicht mehr halten kannst, dann rufe drei Mal und ich komme sofort.«

Noch ehe der Dämonenfürst mit dem Puja begann, rief Ganesha drei Mal ganz schnell Ravanas Namen und ließ das Linga fallen. Es wurzelte sofort an. Der Dämon war wütend und stürzte sich auf den Jungen. Dieser nahm die Gestalt einer Kuh an und versank in den Erdboden. Ravana erwischte gerade noch das Ohr der Kuh, ehe sie verschwand, und riss ein winziges Stück davon ab. Das ist ein weiterer Grund, warum der beliebte Pilgerort »Kuhohr« heißt.

XV. Der Flug der Wildschwäne

Hei, die wilden Wandervögel
ziehen wieder durch die Nacht,
schmettern ihre alten Lieder,
dass die Welt vom Schlaf erwacht.

Wandervogellied von Alf Zschiesche

Eine Reise führte Ganga-Cindy und Shankar- John nach Goa. Dort im Süden der kleinen Provinz fanden sie ein ruhiges Dorf, wo es kaum Touristen gab und wo sie das Meer und den grünen Dschungel genießen konnten. Meistens kauften sie ihr Gemüse, Reis und was sie sonst brauchten, auf dem Markt und kochten ihr Essen selbst auf dem kleinen Kerosin-Kocher, den sie in ihrem Gepäck hatten. Diesmal gingen sie aber zum Abendessen in eine bescheidene, mit Kokosnusspalmwedeln bedeckte Hütte direkt am Strand, auf dem handgemalt das Wort »Hotel« stand (Hotel bedeutet meistens »Restaurant«). Ein freundliches junges Paar, das sich als Josef und Maria vorstellte, kochte am offenen Feuer, derweil ihr kleiner, etwa zweijähriger Sohn mit einigen Welpen auf dem Sandboden zwischen den wackeligen Tischen und Stühlen spielte. Ein hochgewachsener, bärtiger Mann und zwei langhaarige jüngere Gesellen saßen am Nachbartisch. Sie hatten eine überaus starke Ausstrahlung. Sie sahen aus, als seien sie dem »Herrn der Ringe« entsprungen, wie ein inkognito reisender König mit seinen zwei Knappen. Außer ihnen waren keine anderen Gäste da.

Nach einer Weile kam der »König« herüber und setzte sich zu John und Cindy an den Tisch: »Nun sind wir zu fünft«, sagte er bedeutungsvoll, »wir haben lange nach euch gesucht!«

Was er damit meinte, wurde erst in den folgenden Tagen klar, nachdem sie sich jeden Abend bei Josef und Maria mit ihnen getroffen hatten. Wim – so hieß der König – erzählte, er sei Art-Direktor in Holland gewesen, aber allmählich in der dekadenten Koks- und Perversionsszene versumpft. An seinem 33. Geburtstag hatte er sich das Leben nehmen wollen. An dem Tag, in einer kleinen Kapelle in der Amsterdamer Altstadt, hatte er ein überwältigendes mystisches Erlebnis: Die Gottesmutter kam und führte ihn in den höchsten Himmel. Er erfuhr, dass er in Wirklichkeit der vor zweitausend Jahren gekreuzigte und nun wiedergeborene Jesus Christus sei. Von nun an zog er durch die Welt, um seine

Jünger zu suchen. Seine zwei Gefährten seien niemand anders als Johannes und Thomas; und nun habe er in John und Cindy auch Maria Magdalena und Petrus wiedergefunden. Sie seien berufen, ihm zu folgen und auf höchster spiritueller Ebene mitzuwirken.

Er erzählte weiter, wie sehr er sich freue, dass man in den letzten zweitausend Jahren ihm zu Ehren überall Kirchen, Klöster und Kapellen gebaut habe. Einmal wollte er in den Vatikan, aber da er nur mit einer kurzen Hose bekleidet war, hätten sie ihm den Zutritt verwehrt. Er lachte. »Wenn die wüssten, wen sie da vor sich hatten! Aber ich habe ihnen vergeben. – Klar, man hat mich in Holland psychiatrisch begutachtet und für verrückt erklärt. Und nun bekomme ich staatliche Unterstützung. Aber ich kriege mein Leben bestens hin. Mein Geist ist kristallklar«, fügte er erläuternd hinzu.

Tatsächlich hatten Wim und seine zwei Jünger ein außergewöhnliches Charisma. Dass er wie Christus aussah, war den einfachen Dörflern im christlichen Goa nicht entgangen; immer wieder sah man, wie sie sich vor ihm niederknieten und sich segnen ließen.

In diesen Tagen schwoll Cindy am ganzen Körper an. Besonders das Gesicht war wässrig aufgedunsen, sodass ihre Augen wie kleine Schlitze aussahen. Sie machte sich keine besonderen Sorgen. Nicht nur weil Indien sie abgehärtet hatte, sondern weil sie in Amerika einmal in den Giftsumach (poison ivy) geraten war und ähnliche Symptome gehabt hatte. John dachte sich, wenn Wim wirklich der wiedergekehrte Jesus sei, dann sollte er sie auch heilen können.

»Jesus« kam auch – seine Jünger nicht, denn sie hatten Angst, angesteckt zu werden –, legte seine Hand auf und murmelte Zauberworte.

Nach einigen Tagen ging die Schwellung zurück. Cindy glaubte, dass er sie womöglich geheilt hatte; John dachte eher, dass die Ödeme von alleine weggegangen waren.

Eines Abends, wieder bei Josef und Maria, schaute Wim John mit einem seltsamen Leuchten in den Augen an. Alle Grenzen missachtend, die John um seine Persönlichkeit zog, betrat Wim dessen Seelenraum: »Nun, da du an einer Schwelle stehst, was willst du tun? Willst du die absolute Herrlichkeit, den Seelenrausch? Willst du im Blitz- und Donnerschlag die Grenzen der Unsterblichkeit stürmen und in die Ewigkeit hinein explodieren? Oder ...«, seine Stimme senkte sich und nahm einen abschätzenden, verächtlichen Ton an, »oder willst du lieber als alter, wenn auch vielleicht verehrter Mann im Bett sterben?«

Die Sonne versank gerade blutrot im Meer, schwarze Krähen zogen kreischend über die Palmen zurück zu ihren Nestern im Dschungel, und die Wildhunde am Strand heulten schaurig. Auf einmal schien »Jesus« kein Jesus mehr zu sein, sondern der wilde Shiva. Oder noch eher: Shiva in der Gestalt eines Odin, jenes Zauberers und Gottes der Berserker, den die Raben und Wölfe begleiten. Steppenwolfs Ballade »Born to be wild« – »... erfasse die Welt in liebender Umarmung, schieß all deine Waffen zugleich und explodiere ins All!«[18] – kam John in den Sinn. Nein, tief in seinem Inneren wusste er, dass er noch andere Aufgaben im Leben hatte, als sich im ekstatischen Rausch zu verabschieden.

Bald darauf befanden sich Ganga und Shankar in den grünen Nilgiri-Bergen, wo es ihnen besonders gut gefiel. Im Urwald, nicht weit von einem Dorf argloser Adivasi, zogen sie in eine einfache Blätterhütte und ließen ihre Seelen ungehindert die Weiten durchmessen.

Eines Abends ging Ganga noch einmal zur Quelle, um Wasser zu holen. Im Zwielicht erblickte sie ein friedlich grasendes Dschungelrind (Gaur), dahinter einen Leoparden. Auf Samtpfoten schlich er sich an den Gaur heran und setzte zum Sprung an. Doch als er die Frau mit dem Krug gewahrte, hielt er inne und blickte ihr direkt in die Augen. Ein Strahl lilafarbener Energie schoss aus den Amethyst-Augen der Raubkatze und badete Ganga für einen Moment im Meer der Ewigkeit. Derweil entsprang der Gaur. Der Zauber löste sich auf und der Leopard verschwand im grünen Blätterdickicht. Ganga schöpfte Wasser. Sie wusste, sie hatte ein Kind empfangen.

Später, als sie, den klaren Nachthimmel betrachtend, mit Shankar auf dem Blätterbett lag, erwähnte sie die Begegnung. Nach einer Weile sagte Shankar: »Wie die Wandervögel ziehen Shivas Bhaktas, wohin auch immer Mahadeva sie sendet. Auch wir leben nicht mehr für uns selbst. Wir könnten hier bleiben, aber nun, da uns eine andere Seele begleiten wird, spüre ich, dass wir noch etwas zu erledigen haben. Wir gehen nach Amerika zurück. Auch wenn es dort schwer sein wird, sich im ständigen Shiva-Bewusstsein zu üben, sollten wir nicht vergessen, dass Shiva überall ist und dass man überall zu leben vermag.«

Sie schwiegen und verloren sich in den Tiefen des Sternenhimmels.

In hinduistischer Sicht liegt Shivas Thron, der Weltenberg Kailash, im hohen Norden an der Spitze und gleichzeitig in der Mitte des Alls. Viele glauben, der Nordstern (Dhruva), dieser ruhende Himmelspol, sei die leuchtende Spitze des Weltenberges oder der Weltensäule (Linga), welche als Pfeiler das Sternenzelt trägt. Seit dem Paläolithikum setzten die Jägervölker diesen Stern dem »Wind-Auge« (Rauchfang) des Nomadenzeltes gleich, durch das die Götter, Geister und Ahnen ein- und ausfahren. Noch immer gilt der Nordstern bei vielen schamanischen Völkern der nördlichen Halbkugel als Wipfel des Weltenbaumes, dessen Äste mit den unzähligen Himmeln und Höllen besiedelt sind: Der magische Mensch vermag sie mit den Flügeln des Geistes zu durchfliegen, derweil der Unerleuchtete von Täuschungen gefesselt, erdgebunden verharrt.

Der Nordstern gilt ebenfalls als *Parama*-Shiva, der Höchste, der als allsehendes Auge das ihn wirbelnd umkreisende Weltall schaut. Wie der Sternenhimmel, der sich ständig um den Fixstern Polaris (Nordstern) dreht, so umkreist die in Myriaden Zauberschleier gehüllte Maya ihren göttlichen Gemahl. Unbeweglich, in wonnevolle Betrachtung der tanzenden Kurtisane versunken, verharrt der meditierende Gott. Er ist das kosmische Linga selber, in tantrischer Vereinigung mit dem pulsierenden universellen Yoni. Dabei entspringt seinem verfilzten Haarknoten ein mächtiger Strom: das Wasser der Weisheit, des Lebens und der Inspiration. Als Parvatis Schwester, als die Himmelsjungfrau Ganga, wird dieser Strom in Flussgestalt personifiziert. Als Milchstraße dem irdischen Auge sichtbar, überquert sie das Himmelsgewölbe; sie trägt die schlummernden Lebenskeime hinab zur Erde, spült die Asche der Verstorbenen in die Unterwelt und führt die Seelen wieder aufwärts zum göttlichen Ursprung. An ihrem Ufer, in unmittelbarer Nähe des Nordsterns, sitzen sieben graubärtige Seher: die Ur-Rishis. Man kann sie als die sieben hellsten Sterne des Großen Wagens (Ursa major) erkennen. Als Jünger des Ersten aller Gurus geben auch sie sich der tiefsten Einkehr hin. Weiter südwärts, im Tierkreis zwischen dem Stier und dem Widder, entdeckt man die dicht aneinandergedrängten Frauen der Rishis; es sind die sieben Schwestern, die Plejaden (Krittikas). Shivas Sohn Karttikeya (Skanda), der Dämonentöter, ist nach ihnen benannt. Denn sie gelten – wie auch Ganga und Parvati – als die Mütter des ersehnten Weltenretters.

Dazu kam es, als Shiva im Coitus interruptus seinen Samen vergoss. So heiß war der Feuersamen, dass ihn Parvati nicht ertragen konnte. Die kühle Ganga aber war bereit, ihn auszutragen. Er reifte in ihrem kühlen Schoß heran und als er dann geboren wurde, setzte die Flussgöttin das strahlend schöne Kindlein im Schilf am Flussufer aus – gerade dort, wo die sieben Schwestern badeten. Jede der Schwestern wollte es an sich reißen und liebkosen. Da ließ sich der kleine Karttikeya sechs Köpfe wachsen, damit er an ihren Brüsten gleichzeitig säugen konnte. Die Rishis, die das sahen, verdächtigten ihre Frauen der heimlichen Unzucht und verstießen sie.

An der Milchstraße entdeckt man auch die großartige Konstellation des Großen Schwans (Cygnus). Zielstrebig scheint der Vogel dem Nordstern entgegenzufliegen. Er ist Sinnbild der Paramahamsas (Sanskrit: Parama = höchste, *Hamsa* oder *Hansa* = Wildgans), der Wildschwäne und Wildgänse, die die Weiten der Welt durchmessen und deren Flug von Norden nach Süden und wieder zurück den Wandel der Jahreszeiten, den Atem des Erdorganismus spiegelt. Im Schatten des Gletschergipfels des Kailash liegt der Manasarovar-See, auf dessen stillen, blau leuchtenden, kristallklaren Gewässern sich die edlen Zugvögel ausruhen, wenn sie ermüdet vom langen Flug zum brodelnden Südrand der Welt zurückgekehrt sind. Oft steigt Parvati, die milde Gefährtin des Yoga-Gottes, hinab zum See, um die Wildschwäne zu füttern, ihnen die daunigen Nacken zu kraulen und den Geschichten ihrer mühevollen, abenteuerreichen Wanderungen zu lauschen.

»Hamsa« oder »Paramahamsas« werden auch diejenigen Yogis genannt, die durch perfekte Atembeherrschung die Höhen geistiger Klarheit erreicht haben. Der Manasarovar-See, auf dem sie sich nach ihrem Flug ausruhen, ist der klare Spiegel ihres geläuterten Bewusstseins.

»Ham-sa-Ham-sa-Ham-sa …«, so hört sich das Rauschen der Schwingen der großen Wildvögel an. »Ham-sa-Ham-sa …«, so rauscht ebenfalls das ständige Ein- und Aushauchen der Lungenflügel. Der Rhythmus des Lebensatems lässt sich auch als »Sa-ham-Sa-ham-Sa-ham …« hören. Sa'ham oder So'ham bedeutet so viel wie »Er-ich-Er-ich, ich bin Er … Ich bin Shiva, So'ham, Shivoham!«

Den Wildgänsen und Schwänen sagt man nach, sie könnten mit Wasser gemischte Milch mit ihren Schnäbeln wieder voneinander sondern. Ebenso kann der klare Geist eines Paramahamsas die Wahrheit von der Täuschung sondern und dabei erkennen, dass es keine Trennung zwischen Gott und Geschöpf, zwischen dem Ich und dem Du gibt, sondern nur das Shivoham, das »Ich bin Shiva«.

Der Paramahamsa oder der Shiva-Sadhu beschmiert seinen Körper mit der reinen Asche des Scheiterhaufens oder der des ausgerauchten Chillums. Das Weiß des Pulvers ist die Farbe des Todes, aber auch der Reinheit und Weisheit. Er hat seine karmischen Makel im Leichenfeuer geläutert. Er hat Shivas Feuerauge durchflogen. Die Asche ist sein Schwanengefieder. In etlichen indogermanischen Sagen erscheint der Zauberer – zum Beispiel Wieland der Schmied –, der echte Schamane oder der erlöste Gottesmensch im Gefieder dieser Vögel.

Ein Yogi, der zum Paramahamsa geworden ist, entwickelt wahrlich weltgestaltende Macht. Man nehme als Beispiel den bengalischen Heiligen Paramahamsa Rama Krishna (1834–1886; er ist derjenige, dessen Foto John als das Abbild eines Halbidioten belächelte, als er es zum ersten Mal im Hotel in Varanasi zu Gesicht bekam). Rama Krishna, ein einfacher Tempeldiener im Kali-Tempel zu Kalkutta, ohne Schulbildung, wirkte in der Tat einfältig – und dennoch, er schaute Gott in Gestalt der göttlichen Mutter überall und in allem und geriet dadurch in fortwährende Ekstase. Unter den vielen Jüngern, die sich um ihn sammelten und seinen Worten lauschten, befand sich auch Vivekananda (1863–1902). Vom Geist Rama Krishnas erfüllt, sprang er in Kanya Kumari, an er Südspitze Indiens, ins tosende Meer, schwamm hinaus auf einen umbrandeten Felsen und meditierte tagelang über das OM. Als ein Paramahamsa kehrte Vivekananda wieder ans Festland zurück. Er flog auf Schwanenflügeln nach Amerika, wo er beim Chicagoer Weltparlament der Religionen (1893) die *Vedanta* (die Einheit von Gott und Seele) verkündete und die Neugeist-Bewegung und Theosophie befruchtete. Einer seiner Nachfolger, Paramahamsa Yogananda (1893–1952) erschien 1920 im erdbebenschwangeren Südkalifornien, jenem Hexenkessel, der zu Recht den Namen von Kali, der Göttin der Zerstörung und Umwandlung, trägt. Hier verkündete er auf feschen, orangefarbenen Werbeschriften, wie man die Kundalini weckt, den Atem beherrscht und die Seelenruhe findet. Ein Labsal für viele vom Stress getriebene, entwurzelte und seelisch verwirrte Kalifornier! Direkt oder indirekt beeinflusste er Künstler und Schriftsteller wie Alan Watts, Aldous Huxley und andere. Swami Yogananda hat wahrscheinlich mehr als alle anderen dazu beigetragen, dass die von Kalifornien ausgehende Hippie-, Ökologie- und New-Age-Bewegung mit Botschaften der Liebe, des Friedens, der Einkehr, der fleischlosen Ernährung, der sanften Geburt und der Meditation ins Rollen kam. Es ist die aufgegangene Saat der Meditationen Rama Krishnas!

Makrokosmos und Mikrokosmos entsprechen einander. Das in den Sternen gezeichnete Drama, die Dialektik zwischen dem unbeweglichen Nordstern und dem immer kreisenden Südhimmel, in dem Shiva als wilder Jäger (Sharva) mit seiner Hundemeute im Orion erscheint, findet seine Spiegelung im menschlichen Leib. Kailash ist die Schädeldecke, der kühle, ruhende Bewusstseinspol am Gipfel der Wirbelsäule. Nach indischer Auffassung ruht hier der Geist wie der allsehende Adler auf dem Wipfel des Weltenbaums. Wird die Ruhe des Meditierenden gestört, dann zieht es ihn hinab, er verlässt den Mittelpunkt, setzt den Fluss der Gedanken in Bewegung, lässt die Stimme ertönen und agiert mit seinen Gliedern. So gelangt er immer tiefer in die brodelnde, hitzige Aktivität, die den Südpol des Leibes kennzeichnet und in dessen Dunkelheit die Shakti-Schlange die Zeugung und Zerstörung (Verdauung, Wut usw.) bewirkt. Der Süden ist übrigens auch das Reich des schillernden, zehnköpfigen, dämonischen Zauberers Ravana.

Der Zauberer will den Kailash-Berg versetzen

Jeden Tag pilgerte der zauberkundige Ravana zum Kailash-Berg. Dabei häuften sich seine Verdienste ins Unermessliche. So wurde er immer mächtiger, zugleich aber immer anmaßender. Schließlich konnte er sogar die Götter in seine Dienste pressen. Agni, der Feuergott, musste für ihn kochen, Varuna, *der Meeresgott, ihm die Wasserkrüge schleppen, Vayu, der Windgott, seinen Palast sauber fegen und* Kuvera, *Gott der Schätze hütenden Gnomen, musste ihm das in den Bergen verborgene Gold und Silber aushändigen. Allmählich jedoch wurde es dem kupferäugigen Titanen zu unbequem, jeden Tag den beschwerlichen Pilgerweg zu machen. Es wäre doch viel einfacher, den Weltenberg wie einen lockeren Zahn an der Wurzel auszureißen und ihn im Süden in seine Hauptstadt Lanka zu verpflanzen.*
Kailash stöhnte und bebte, als der Unhold an ihm zerrte. Aufgeschreckt und verängstigt klammerte sich Parvati an den Arm ihres Gatten. Doch dieser tauchte kaum aus seiner wonnevollen Versenkung auf. Wie eine winzige Ameise drückte er den Asura mit seiner kleinen Zehe in den Staub und hielt ihn so zehntausend Jahre gefangen.

Um die persönliche Ganzheit zu erlangen, gilt es, diese beiden Pole – das reine, reglose Bewusstsein *(Purusha)* mit der unbewussten Kraft *(Prakriti)* – zu vermählen. Die Paramahamsas, deren verwegener Flug den Norden mit dem Süden verbindet, haben das vermocht. Deswegen begleitet sie die göttliche Muse, die Schwanengöttin Sarasvati, die Mutter der Veden, wohin sie auch fliegen. Und da sie die Höhen und die Tiefen kennen, können sie uns auch die Mär davon verkünden und uns ihre Einsichten in Form von Märchen, Sagen oder Gleichnissen vermitteln.

XVI. Sieg der Göttin

Aus dir wird das All geboren;
du bist es, die die Welt erschafft,
du bist es, die sie behütet, oh Devi,
und du bist es, die sie wieder verzehrt.

Devi-Mahatmya,
»Hymne der Herrlichkeit der Göttin«, 6. Jh.

Der Kampf zwischen Gut und Böse, zwischen den Göttern und Titanen (Asuras) auf dem Schlachtfeld der Seele und in der Welt ist ein nimmer endender. Immer wieder gelingt es einem Finsterling, alle Macht an sich zu reißen und dabei die Himmlischen von ihren Götterthronen hinab in die ärgsten Nöte zu stürzen, sodass sie, obdachlos und verachtet, durch eine zur Wüste verkommene Erde ziehen müssen. Allein das Selbst, Shiva, ist über den wechselnden Streit, der wie Schuss und Kette den Schleier der Weltenillusion webt, erhaben, er lässt sich nicht stören. Nur selten greift Mahadeva ein, denn das allwaltende Karma-Gesetz belohnt jeden gleich, entsprechend seinen Taten.

Es ist Shivas Shakti, die Göttin, die dann aktiv wird und die kosmische Harmonie wiederherstellt. Die »Skanda Purana« berichtet zum Beispiel von dem Asura Durga (»der Unnahbare«), in dessen Augen die Schöpfung unvollkommen erschien und der Verbesserung, des »Fortschritts« bedurfte. Einmal an die Macht gelangt, verbat der ehrgeizige Weltenherrscher sofort die Ausübung der wahren Religion, des Santana Dharma, und verordnete, dass man ihn und nur ihn allein anbete. »Du sollst keine anderen Götter neben mir haben!«, ließ er auf Tafeln verkünden.

Da sich die Brahmanen nicht länger getrauten, die heiligen »Veden« zu rezitieren oder ihre Pujas auszuführen, geriet die Natur in arge Unordnung. Die Magier, die ihm zu Diensten waren, jagten die Wolken hin und her, sodass sich das Wetter veränderte. Flüsse wurden nach Gutdünken umgeleitet. Der neue Herr der Welt ließ werken und bauen, sodass die Sterne im Staub und Rauch verblichen und die Sonne ihre Hitze verlor. Die Jahreszeiten verschoben sich – es gab Blumen und Obst im Winter. Zwar brachte die geschundene Erde Rekordernten hervor, aber nur aus Furcht vor der Willkür der Dämonen.

Als Shiva das Seufzen der Geschöpfe vernahm, sandte er Shakti aus, um das Dharma wiederherzustellen. Der Zorn der Göttin ballte sich zur Gestalt eines Löwen, der ihr als Reittier diente. Die anstürmenden Riesen rissen die Bäume ganzer Wälder aus, um mit den Stämmen die Löwenreiterin zu erschlagen. Da entsprang der Stirn der zornigen Göttin die schwarze Kali, deren Feueratem sämtliche tobende Monster vertilgte.

Seit ihrem Sieg schmückt sich die große Göttin, die sonst als die milde Parvati erscheint, mit dem Namen des gefallenen Asura: Als Durga verehrt man sie, wann immer sie als hehre Kriegsmaid auf dem Löwen erscheint.

Ein Mädchen rettet die Welt

Oft ist Shiva so tief in seine Meditation versunken, dass es ihm eigentlich egal ist, ob sich der eine oder der andere der Dämonen (Asuras) anstrengt, die Weltherrschaft zu übernehmen. Was in der Welt geschieht, ist ja sowieso ein Traum, der mit der Zeit verfliegt. Shiva ist einfach meditativer Zeuge all dessen, was sich abspielt.

Oft ist es seine Gefährtin, die Göttin, die ein mitfühlendes Ohr für die Klagen und Gebete der Geschöpfe hat, und wenn ihr Gatte es nicht fertig bringt, in das Geschehen einzugreifen und es wieder zu ordnen, dann muss sie es eben tun. Ihr Wesen ist schließlich Shakti, sie verkörpert die kosmische Energie, die Dinge bewegt. Auch in Zukunft wird das so sein.

Sumbha und Nisumbha

In der »Markandaya Purana« wird von dämonischen Asketen erzählt, die sich gegen Ende des letzten Zeitalters (Tetra Yuga) zum Range der »Masters of the Universe« aufschwangen. Sumbha und Nisumbha hießen diese Asuras, deren Machthunger sie zu zehntausend Jahren der grässlichsten Selbstquälereien trieb. Ohne Selbsterbarmen hockten sie in glühendster Sommerhitze zwischen vier Feuern und standen in bitterster Winterskälte Tag und Nacht im eisigen Wasser.

Die Götter fürchteten ihren unbeugsamen Willen und bangten um ihre Throne. Indra, der blitzführende Götterkönig, ersann eine List, die bei ehrgeizigen Asketen fast immer wirkt. Um sie von ihrem Vorhaben abzulenken, schickte er zwei der allerlieblichsten Himmelsnymphen (Apsarasas) in den Büßerhain. Der Liebesgott Kama, milde Frühlingslüfte, Kuckucke und Nachtigallen begleiteten die Verführerinnen.

Als die Blütenpfeile aus Kamas Bogen die eisigen Dämonenherzen durchbohrten, verfielen die Dämonen augenblicklich dem wollüstigen Verlangen. Fünftausend Jahre frönten sie der Fleischeslust, doch dann dämmerte es ihnen, dass die Himmlischen sie um die Früchte ihrer Anstrengungen hatten bringen wollen. Sie verstießen die Nymphen und gingen noch unerbittlicher vor als zuvor.

Kopfüber hängten sie sich über kochende Wasserkessel, sodass ihnen das Blut gerann. Und zuletzt schnitten sie sich Stück für Stück das Fleisch vom eigenen Leib und opferten es Shiva, bis sie schließlich nur noch blanke Skelette waren.

Nun konnte Mahadeva nicht anders, als persönlich vom Weltengipfel zu ihnen herunterzusteigen. In der Gestalt des Schöpfers Brahma fragte er die Asketen: »Was wünscht ihr, meine Söhne?«

»Die Unsterblichkeit!«, verlangten sie ohne Zögern. »Wir wollen die Gebieter der Ewigkeit sein!«

»Nun gut, dann bringt mir als letztes Opfer euren mächtigen Stolz. Blast die illusionäre Flamme eurer Eigensucht aus!«, antwortete der Mondgekrönte.
Aber gerade das vermochten sie auf keinen Fall zu tun. Also mussten sie sich mit der Herrschaft über die drei Welten – Himmel, Erde und Unterwelt – zufrieden geben.
Mit dem Antritt ihrer Herrschaft begann das gegenwärtige dunkle Zeitalter, in welchem die Götter als staubbedeckte Bettler oder als Ausgestoßene unerkannt auf Erden wandern, während die Dämonen, angetan mit den Schätzen der Welt, selbstherrlich protzen. Bald jedoch werden die angesammelten Verdienste der Asuras erschöpft sein. Dann wird Shivas Shakti, die Mutter der Geschöpfe, von Mitleid bewegt, die Bösewichte fällen. Es wurde geweissagt, dass die Göttin als barfüßiges Bauernmädchen erscheinen wird. Einen Tonkrug auf dem Kopf tragend, wird sie auf einer Landstraße dahergewandelt kommen. Ihr jugendlicher Liebreiz und ihre Reinheit entgeht den vielen Spähern der Herrscher nicht. Mit Blick auf Belohnung hasten sie davon, ihren Herren Bericht zu erstatten. Die Dämonenfürsten, von unendlichen Grausamkeiten immer mehr gelangweilt, versprechen sich einen neuen Kitzel. Welch ein Entzücken, ein derartig unschuldiges Ding zu vernaschen! Mit schmeichelhaften Worten lädt man sie zum Palast. Das Volk werde sie umjubeln, anbeten. Man werde sie zum Star, ja zur Königin machen! Die Reichtümer der Welt lägen ihr zu Füßen!
Das Mädchen aber lacht die Boten nur aus. Als man sie zum Mitkommen zwingen will, wird ihr Gelächter so schallend laut, dass den Häschern die Knochen bersten. Die beunruhigten Herrscher schicken ganze Armeen, sie zu fangen. Da nimmt sie die Gestalt Kalis an und vertilgt die anrückenden Dämonenheere wie reife Mango-Früchte und macht so der Illusion der weltlichen Macht ein jähes Ende.

Nun stellt sich die Frage, wie es denn möglich ist, dass Dämonen sich des Universums bemächtigen können. Es ist deshalb möglich, weil auch ihnen der Weg zu Shiva, der Quelle aller Macht und Herrlichkeit, nicht verwehrt bleibt. Shiva ist das Selbst aller Wesen – auch der Dämonen – und wer sich dem Selbst zuwendet, dem fließt automatisch Kraft zu. Andererseits, wer sich von ihm abwendet, dem wächst womöglich die Illusion der Macht, aber in Wirklichkeit wird er immer schwächer.

Es gibt viele Arten der Zuwendung, entsprechend der persönlichen Veranlagung und dem Karma, das man mit sich herumträgt. Für reine, kindliche Seelen ist das Bhakti-Yoga, die liebende Hingabe, der einfachste Weg zu Shiva. Der Bhakta kann Gott als einen Vater, eine Mutter, als Kindlein in den Armen, als Freund oder Liebhaber lieben und dienen und ihm alle Gefühle, Gedanken und Taten widmen. In diesem dunklen Zeitalter genügt es, nur den göttlichen Namen zu »chanten«, um die Seele zu befreien. (»Chant the name of the Lord, and you'll be free!«, singt George Harrison[19].) Kühlere Geister dagegen wählen den Weg des Raja-Yoga, das Yoga der Selbstbeherrschung, der Meditation und der Konzentration auf Shiva. Wiederum andere, denen weder das Wallen in Gefühlen noch die Nabelschau zusagt, bevorzugen das Yoga der rechten Tat, das Karma-Yoga. Uneigennützig gehen sie ihren Pflichten nach, opfern ihre Energien dem notwendigen Schaffen, ohne sich dabei um persönlichen Gewinn oder Verlust zu kümmern. Sie widmen die Früchte ihrer Anstrengungen einzig und allein dem höheren Selbst. Intellektuelle, die von Büchern und gedanklichen Glasperlenspielereien nicht lassen können, widmen sich dagegen dem Jnana-Yoga, indem sie versuchen, ihren Geist ganz auf die höheren Wahrheiten der Shiva-Gnosis zu lenken. Für jene wiederum, die vor allem über einen starken Willen verfügen, ist die Entsagung, Kasteiung, Enthaltsamkeit und Bußübung der geeignete Weg, die Sünden zu tilgen und zum Shiva- Darshana (Anblick, Wesensschau) zu kommen. Egal aber, welchen Pfad man nimmt, immer wird die Forderung gestellt, die Ich-Bezogenheit, die Berechnung und den Eigennutz Stück für Stück zu opfern und sich nur auf Shiva zu konzentrieren. Die Dämonen bevorzugen allgemein den Weg der brutalen Selbstkasteiung, denn er führt schnell zu Resultaten.

Fast alle alten Kulturen kannten die Macht des Opfers und der Askese. Schon die Schamanen der Steinzeit gingen diesen Weg, um die Geister zu bewegen und die Wünsche zu erfüllen. Obgleich die Völkerkundler des vorigen Jahrhunderts den baldigen Untergang und die völlige Assimilierung der Indianer vorausgesagt hatten, gewinnen die amerikanischen Ureinwohner zusehends wieder an Macht und Einfluss. Warum ist das so? Ein bekannter Medizinmann erklärte es damit, dass noch immer die aus dem Paläolithikum stammenden Riten vollzogen werden. Noch immer begeben die Indianer sich in die Schwitzhütte und gehen in die Wildnis, wo sie vier Tage und Nächte lang weder essen noch trinken oder schlafen. Medizinlieder singend, warten sie auf Visionen. Wenn sich am vierten Tag die Übersinnlichen noch nicht gezeigt haben, dann opfern sie etwas vom eigenen Blut oder sogar ein Fingerglied. Blut und Fleisch haben eine besonders starke Macht, die Geister anzuziehen. Auch in altsteinzeitlichen Höhlenmalereien entdeckt man hier und da Handabdrücke, an denen Fingerglieder fehlen und die auf ähnliche Riten schließen lassen. Noch immer lassen sich Prärie-Indianer zur Sommersonnenwende mit Haken durch Brust und Rücken an den Sonnenbaum, den »Weltenpfeiler«, binden, um den sie dann bis zur völligen Erschöpfung tanzen. Derartige Kasteiungen oder »Selbstopfer« locken die Seele aus dem Leibesgefüge heraus und lassen übersinnliche Wirklichkeiten sichtbar werden. Götter und Geister können erscheinen, Anweisungen geben und Wünsche gewähren.

Die alten Hirten und Bauernkulturen pflegten dagegen das stellvertretende Opfer. Die Indoeuropäer und auch die vedischen

Inder opferten ihren kostbarsten Besitz: Hengste, Stiere, Widder, Ziegenböcke oder Eber – in der Reihenfolge. Sie taten es nicht etwa, um Sünden zu sühnen, sondern weil die Schöpfung selbst ein Opfer der Götter war. Die Götter oder das Urwesen, der Ur-Stier, der Ur-Riese, haben sich als Opfer hingegeben. Das vedische Opfer galt als Wiederholung und Wiederherstellung der Kraft des Ur-Opfers. Erst in späteren Zeiten diente die Opferzeremonie immer mehr dazu, die Götter zu erpressen, sie zu zwingen, den Stamm mit Sieg, Reichtum, Rindern, Gesundheit oder Nachkommenschaft zu segnen. In mutterrechtlichen Pflanzenkulturen waren es oft Jünglinge, die – wie Saatknollen oder Samen zerstückelt und begraben – der Erdgöttin geopfert wurden. Täglich opfern noch heute die Brahmanen Blumen, Milch, Weihrauch und Wasser, und die indischen Hausfrauen bröseln noch immer unter Anrufung der Götter geringe Mengen Reis, Mehl oder Butter in das Kochfeuer, um den Segen für ihre Familien weiterhin zu wahren.

Die Fakire und Yogis, die man am Ganges-Ufer, in himalajischen Bergtälern und an anderen Tirthas (Schwellen zur geistigen Welt) antrifft, machen sich selbst zum Opfer, um Shiva zu erreichen. Sie sitzen auf Dornen, glühenden Kohlen oder Nagelbetten. Sie durchbohren ihre Haut mit spitzen Shiva-Dreizacken, strecken den Arm in die Höhe, bis er sich zur dürren Vogelklaue zurückbildet, oder leisten Shiva den Schwur, ein Leben lang auf einem Bein zu stehen – welches dann wie eine Melone anschwillt. Wiederum andere geben ihre Stimme an den Gott der Asketen zurück und schweigen, bis ihre Stimmbänder verkümmert sind. In Rishikesh lebte bis vor Kurzem ein Yogi, der berühmt wurde, weil er sich – Shiva zur Ehre – einen mehrere Kilo schweren Stein an den Hodensack hängte.

Es dauert nicht lange, dann scharen sich Verehrer um einen solchen Büßer. Obwohl er dem äußeren Anschein nach ein bedauernswürdiger Narr ist, der weder Familie noch weltliche Güter besitzt, spüren die Mitmenschen immerhin die Ausstrahlung seines außerordentlich eisernen Willens.

Wer willentlich solche Qualen auf sich nimmt, der kann den unendlich langen Weg zum göttlichen Ursprung abkürzen. Schritt für Schritt vernichtet er sein Haften an der Welt und ihrem Schein. Indem er sich ganz auf Shiva konzentriert, entledigt er sich rasch der Folgen alter Tatenverstrickungen. Die Askese ist ein Feuer, welches das Karma aufzehrt. Ein wahrer Büßer schreitet mit Siebenmeilenstiefeln dem Seins-Grund entgegen. Er ist fast schon identisch mit Shiva. Deswegen kann er, obwohl noch im Körper, wie eine Gottheit verehrt werden. Einen solchen Selbstüberwinder störe man jedoch auf keinen Fall, denn die aufgestaute Büßerkraft kann sich im schrecklichen Fluch entladen, kann aber andererseits auch wahrhafte Wunder bewirken.

Da ein *Jiva,* eine Einzelseele, von Verkörperung zu Verkörperung schreitet, können sich die Früchte der Entsagung über viele Tausende von Inkarnationen ansammeln. Dabei kann der Wille immer eiserner werden und der Berg der Verdienste schließlich so hoch wie der Kailash selber. Nun ist Shiva gezwungen, dem Büßer zu erscheinen und ihm seinen Wunsch zu gewähren. In diesem Moment kann der Asket sein letztes Opfer darbringen und sich selbst aufgeben. Wie ein Tropfen Wasser, der ins Meer fällt, kann er in Shiva eingehen. Der Tropfen, dieser kleine Mikrokosmos, erlischt. Aber könnte man nicht ebenso gut sagen, der Tropfen nimmt das unendliche Meer in sich auf und wird zum All-Einen?

Andererseits steht es dem Büßer frei, diese Selbstaufgabe zu verweigern und, auf seine angehäuften Verdienste pochend, sich alle seine Wünsche in Erfüllung gehen zu lassen. Letzterer Versuchung erliegen die Dämonen immer. Sie bleiben Dämonen, weil sie nicht bereit sind, ihr eigenständiges (illusionäres) Ich dem Selbst zu opfern. Es käme ihnen gar nicht in den Sinn, denn sie fürchten ihren »Tod« und gelüsten danach, unbeschränkte Siddhi-Mächte zu besitzen und ihre Machtfülle voll auszukosten.

Schließlich könnten wir uns noch fragen, wer diese Dämonen sind, die Shiva Opfer bringen und sich ihm dennoch widersetzen. Sie repräsentieren nicht nur unser persönliches Ego, sondern ebenso das kollektive Ego, das sich in Weltanschauungen, Zeitgeister, Religionen und Ideologien einkleidet, die Gedanken, Gefühle und den Willen der Menschen kolonisiert und dabei der Seele den Blick auf das wahre Selbst verwehrt. Wie viel wurde für »Gott«, »Freiheit«, »Fortschritt«, Demokratie, Marxismus, Nationalsozialismus, Zionismus, Islam, The American Way of Life – die Zahl ist Legion – malocht, gelitten, geopfert, geblutet. Kali, die schwarze Göttin, wird sie alle verspeisen! Shivas Lila!

Shiva, das wahre Selbst in uns, in unserem Herzen, gibt sich nicht zufrieden mit einem nicht authentischen Leben. Unser göttliches Selbst will, dass wir werden, wer wir sind. Das falsche Selbst legen wir als Opfer zu seinen Füßen. Die »Upanishaden« mahnen uns, das eigene Dharma zu erfüllen, und nicht ein fremdes:

Besser, das eigene Dharma schlecht machen,
als fremdes Dharma gut zustande zu bringen.

XVII. Alle Wege führen nach Hause

Am Anfang glichen sie einander.
Diese jedoch liebten die Wahrheit,
jene den eigenen Vorteil.
Diese wurden zu Göttern,
jene zu Dämonen.

Satapatha Brahmana
(»Brahmana der hundert Pfade«), 1 Jh. v. u. Z.

Es war Zeit, Indien zu verlassen. Sie hätten bleiben können, klar, irgendwie ist das in dem riesigen Land Indien immer möglich. Aber sie spürten in ihrem Inneren, dass ihr indisches Dharma abgelaufen war. Außerdem wurde das Geld knapp.

Nach einer ausgedehnten Reise durch Südostasien flogen sie von Japan aus nach San Francisco. Sie wurden gleich von der Zoll- und Immigrationsbehörde ins Visier genommen. Was sie so lange im Ausland getan hätten? Wieso sie das Visum für Indien überschritten hätten? Wovon sie gelebt hätten? Man filzte sie und ließ sie gehen.

Sie kannten San Francisco noch aus der Hippie-Zeit als eine besonders bunte, geile, aufregende Stadt. Damals, als landesweit auf jedem Radiosender Scott McKenzies Lied »When you are going to San Francisco, be sure to wear some Flowers in your hair« spielte, waren auch sie für kurze Zeit nach Haight-Ashbury gegangen, um die aufkeimende »Alternativkultur« soziologisch zu erfassen. Sie fanden es »cool«. Doch nun, nach all den Straßenhändlern, Garküchen, spielenden Kindern, wiederkäuenden Kühen, Ochsenkarren, Rikschas, Bettlern, Gottessuchern, streunenden Hunden, Hühnern, schwarzborstigen Schweinen und überhaupt den Düften und Klängen, dem Gewühl und Gewimmel auf den Straßen der südasiatischen Städte, erschienen ihnen die breiten Straßen San Franciscos eher leblos und leer. Leer auch die Gesichter der Leute. Es kam John und Cindy vor, als herrschte eine seelische Hungersnot. Lauter ausgehungerte Seelen, eingespannt in sinnlosem Konsum, virtuellen Welten, Elektronik und Maschinen. Ein Katastrophenland.

Eines Morgens, als sie zufällig vor einer Schaufensterauslage mit einer grell-bunt neonbeleuchteten Kunststoffweihnachtskrippe standen, kamen sie mit einem jungen Schweizer ins Gespräch. Er hatte einen schweren Pontiac gekauft und damit den Kontinent überquert. Nun aber, als er ihn wieder verkaufen wollte, da er zurückfliegen musste, nahm ihm keiner den Straßenkreuzer ab. Die Papiere stimmten nicht. John, noch ganz in der indischen Mentalität gefangen, erklärte: »Wieso sollen Papiere ein Problem sein?«, und nahm ihm den Wagen praktisch geschenkt ab. Nun konnten sie sich auf den Weg nach Indiana machen. Eine lange Fahrt, die mehrere Tage dauern würde.

Auf der Ostseite der kalifornischen Sierra war es eisig kalt. Dichter, waagrecht treibender Schnee ließ die Fahrspur kaum mehr erkennen. In der Wüste von Nevada und Utah begegnete ihnen über Stunden hinweg kein anderes Fahrzeug. Erfrorene Antilopen hingen hier und da erstarrt an den Stacheldrahtzäunen. Zum Glück fuhr der Wagen gut; eine Panne wäre fatal gewesen. Obwohl die Heizung voll aufgedreht war, schlotterten John und Cindy in den dünnen Baumwollkleidern, die sie immer noch trugen. Es war der kälteste Winter seit Jahrzehnten.

Wenn nach endlosen Meilen ein Truckstop im Schneegestöber aufleuchtete, hielten sie, um aufzutanken und sich mit heißem Kaffee ein wenig aufzuwärmen. Die Trucker, schwergewichtig wie Angus' Rinder, starrten sie an, als kämen sie von einem anderen Planeten. John und Cindy kam es selber vor, als wären sie auf einem anderen Planeten gelandet. Die Rückkehr war ein richtiger Kulturschock.

In Indiana besuchte John das College, an dem er tätig gewesen war. Er hoffte, in seiner alten Funktion als Assistenzprofessor wieder einsteigen zu können. Seine alten Kollegen freuten sich, als er vorbeischaute.

»Mensch, John, wie geht's? Welcome home! Du warst ja lange weg« – so ähnlich begann das Begrüßungsritual. Wie es in Indien war, wollten sie wissen und erwarteten als Antwort, wie froh er sei, wieder in die »reale Welt« zurückgekehrt zu sein, und wie schmutzig, unhygienisch Indien sei, wie schlimm das Kastenwesen, die Unterdrückung der Frau, das Leiden der Unberührbaren, die Umweltverschmutzung, die Krankheitsepidemien … Als er ihnen von dem indischen Lebensgefühl und der Lebensfreude erzählen wollte und wie dünn dort der Schleier zu den anderen Dimensionen ist, schauten sie eher verdutzt.

»Du warst zu lange im Feld da drüben«, sagte einer der Freunde, »da ist es leicht, seine Objektivität zu verlieren.«

Auch der Dekan hatte ein Lächeln aufgesetzt. »Nett, dich zu sehen, John. Bist Rastafari geworden, was?« Dann schaute er John an, so etwa, wie man einen Jungen anschaut, den man bei einem Streich ertappt hat: »Du weißt, wir haben dich erwartet, als du mit deinem Sabbatjahr in Indien fertig warst. Aber was machtest du? Du bliebst fast zweieinhalb Jahre weg. Ich weiß, ihr Ethnologen kommt gelegentlich auf merkwürdige Ideen, aber meinst du nicht, es ist ein bisschen zu viel verlangt, dir die Stelle offen zu halten, zumal du dich nicht einmal gemeldet hast? Tut mir leid, aber wir haben schon einen anderen, der dafür qualifiziert ist.«

Dekan Hanson holte Luft, nahm einen Schluck Kaffee aus dem Styroporbecher, schob die Schale mit Schokokeksen in Johns Richtung und redete weiter. »Gegenwärtig ist die Lage auf dem akademischen Arbeitsmarkt schwierig. Damals als du anfingst, war Anthropologie ›in‹, jedes Institut riss sich um kompetente Kulturwissenschaftler. Nun aber ist der Markt gesättigt. Es gibt kaum offene Stellen. Aber weißt du was? Wir könnten dir eine Teilzeit-Dozentur freimachen. Bringt nicht viel ein, würde dich trotzdem über Wasser halten, bis sich wieder eine vollamtliche Stelle auftut. Was sagst du?«

Hanson nahm einen weiteren Schluck Kaffee und fuhr mit seinem Monolog fort: »Selbstverständlich geht das nicht, wie du jetzt aussiehst. Ich meine, mir ist das egal, aber wir haben schließlich einen ›dress code‹, eine Kleidungsempfehlung. Wir sollten ja Vorbilder für die Studenten sein. Locker und zwangslos ist in Ordnung, signalisiert genau die liberale Gesinnung, der wir uns verpflichtet fühlen. Längere Haare und einen gepflegten Bart, in

Ordnung, aber das Filzgestrüpp und der Rauschbart …, wirklich, John, das geht nicht!«

John hörte kaum mehr zu. Wie sollte er Dekan Hanson auch klarmachen, dass er, nachdem er von seiner schweren Krankheit in der Hütte am Ganges-Ufer genesen war, dem Gott der Götter, Mahadeva, versprochen hatte, ihm zu Ehren nie wieder das Haar zu schneiden oder den Bart zu stutzen? Und überhaupt, draußen in der warmen Sonne sangen die Vögel, die Bäume leuchteten zartgrün und aus allen Ecken sprossen die Frühlingsblumen hervor – da kamen ihm die Vorlesungssäle, ja der ganze hirnverkrampfte Campus recht eng und düster vor. Es zog ihn hinaus in die Natur.

Wie sollte er Cindy sagen, dass er nicht an die Universität zurückkehren würde?

Sie war aber gar nicht aufgeregt, als er mit ihr sprach. Sie freute sich auf das Kindlein, das auf dem Weg zu ihnen war. Sie wusste tief in ihrem Inneren, dass Kinder wiederkehrende Seelen sind, die ihr eigenes Karma mitbringen und ihr eigenes Dharma haben, und das verändert immer die Situation der Eltern – es ändert sie zum Besten.

Bildmotive aus der hinduistischen Götterwelt

Agni

Annapurna

Ardhanarishvara

Bhairava/Bhairab

Brahma

Daksha

Devi

Durga

Ganesha

Ganga in Shivas Haar

Garuda

Hanuman

Indra

Kali

Kama

Karttikeya
(Skanda)

Krishna

Krishna

Lakshmi

Lakshmi

Naga

Nandi bei der heiligen Familie

Parvati

Rama und Sita mit Hanuman

Rama und Sita

Ravana

Sarasvati

Shakti

Surya

Uma

Vishnu

Yama

Glossar

Adi-Guru: der erste, ursprüngliche geistige Lehrer.

Adivasi: die als primitiv geltende Stammesbevölkerung, die außerhalb des hinduistischen Kastensystems steht.

Agni: der Feuergott.

Ahamkara: Ego, der Ich-Sinn; die der Schöpfung zugrunde liegende Eigensucht.

Ahimsa: Gewaltlosigkeit.

Ajna-Chakra: »Drittes Auge«, dessen Feuerstrahl die Illusionen verascht; Wirbel spiritueller Energie aus der Stirnregion.

Allama Prabhu: südindischer Dichter und Shiva-Verehrer des 12. Jh.s.

Ananda: höchste Wonne.

Ananta: Schlange der Unendlichkeit.

Annapurna: Göttin der Nahrung.

Apsarasas: himmlische Nymphen und Tänzerinnen; Verführerinnen der Asketen.

Ardhanarishvara (ardha = halb, Nari = Frau, Ishvara = Gottheit): Shiva und Parvati in einer Person; die androgyne Gottheit.

Arya (Arier): »die Edlen«; Eigenbezeichnung der vor ca. 4000 Jahren in Indien einfallenden indoeuropäischen Nomaden.

Ashram: Einsiedelei; Wohnstätte von Asketen; Ort asketischer Erhitzung.

Asuras: Dämonen, Titanen, Gegengötter.

Avalokiteshvara: »der Herr, der herabschaut«, einer der bedeutendsten Bodhisattvas im Mahayana-Buddhismus.

Avatar: »Herabstieg« oder Inkarnation Gottes bzw. Vishnus.

Ayurveda: bewährtes traditionelles System indischer Heilkunde.

B

Basavanna: südindischer Philosoph und Dichter des 12. Jhs.; Gründer der Lingayat-Sekte, die Gott als Linga verehrt.

Bhagavad Gita: »Gesang des Erhabenen«; das »Evangelium« des Hinduismus; die Unterweisung, die Krishna als Wagenlenker dem Helden Arjuna erteilt.

Bhagvan/Bhagwan: »der Erhabene«.

Bhairava (nepalesisch: Bhairab): »der Schreckliche«; Shiva in seiner furchtbarsten Manifestation.

Bhakta: Verehrer, Anbeter, der in Liebe und Hingabe dem göttlichen Prinzip dient.

Bhakti: Gottesergebenheit, selbstlose Hingabe; Gottesliebe, wie sie ein Bhakta übt.

Bhang: Getränk oder Pastete aus den Blättern des indischen Hanfs; entheogenes Mittel.

Bharat/Bharata: Eigenbezeichnung für das Land Indien.

Bhola: einfach, unschuldig.

Bholanath: Shiva als Herr der Einfältigen, der Narren.

Bidi: handgerollte indische Zigarette; ein mit Tabak gefülltes Ebenholz-Hüllblatt (Diospyros melanoxylon); »Zigarette der Armen«.

Bilva (Bel): Holzapfelbaum (Aegle marmelos), der dem Shiva heilig ist und dessen dreizählig gefiederte Blätter die göttliche Trinität darstellen.

Bol/bolo: »Sprich!«

Bom Shiva (Bom Shiva, Boom Shiva, Bam Shiva): ekstatischer Ausruf, vergleichbar mit »Halleluja« oder »Praise the Lord«.

Brahma: der Schöpfergott, der aus seinen Meditationen die Welten hervorbringt.

Brahmane: Angehöriger der Priester- und Gelehrtenkaste.

C

Chai: aufgekochter, gewürzter, reichlich gesüßter Milch-Tee.

Chakra: »Rad«; Energiewirbel; einer der sieben spirituellen Zentren im Leib.

Chapati: ungesäuertes, frisch gebackenes Weizenfladenbrot.

Chappal: Sandalen.

Charpoy: Bettgestell mit hölzernem Rahmen und einer aus Seil geflochtenen Liegefläche.

Chillum/Chilam: Tontrichter, der dem Rauchen von Hanfkraut (Ganja) dient.

Chula: tragbarer Lehmofen.

D

Daksha: Halbgott und Mitschöpfer; Urpriester; Satis (Umas) Vater und Shivas Schwiegervater.

Darshana: »Anblick«; ein intensives Erlebnis der Erscheinung des Göttlichen.

Dasashvamedha: berühmtester Bade-Ghat in Benares, der Ort, an dem ein vedisches Zehnpferdeopfer (das = zehn, ashvamedha = Pferdeopfer) stattfand.

Deva: göttliches Wesen.

Devi: »die Göttin«, Shivas Shakti.

Dharma: das Gesetz; der rechte Weg; die heilige Pflicht.

Diwali/Deepvali: »Anordnung von Lichtern«, Lichterfest am 15. Tag des Monats Kartika (November); indische »Weihnacht«.

Dom: Angehöriger der unberührbaren Kaste der Leichenverbrenner.

Durbar: Platz oder Halle, wo ein Fürst seine Gäste empfängt.

Durga: »die Unnahbare«; die Göttin als dämonentötende Löwenreiterin.

Dussera (Dasara, Dashahara): zehntägiges Fest im Monat Ashvina (Oktober) zu Ehren der Göttin Durga oder (in Nordindien) zur Feier des Sieges Ramas über den Dämonen Ravana.

G

Ganas: die himmlischen Heerscharen.

Gandharvas: himmlische Sänger und Musikanten; Engel.

Ganesha: der elefantenköpfige Sohn Shivas und Parvatis; Herr der Widerstände; Beschützer der Gelehrten; Führer der Ganas.

Ganga: Göttin des Ganges-Stroms; Göttin, die in Shivas Haarknoten wohnt.

Ganja: getrocknetes Hanfkraut, das zu Shivas Ehren im Chillum geraucht wird.

Garuda: der himmlische Adler; Reittier Vishnus.

Ghat: Stufen, die zum Teich, Fluss, See oder Meer führen, wo man das heilige Bad nimmt.

Gundas/Goondas (englisch: goons): bezahlte Schläger.

Guru: »der Schwere«; spiritueller Lehrer.

H

Hamsa/Hansa: Wildschwan (oder Wildgans); das Reittier Brahmas; der in Atemkontrolle geübte, wandernde Asket.

Hanuman: der »Affengott«, ein göttlicher Krieger, Heiler und Bhakta, der einen Berg voller Heilpflanzen trägt.

Hara: Shiva als »Ergreifer«, als Zerstörer von Illusionen.

Hari: Bezeichnung für Vishnu oder Krishna.

Harijan: »Kinder Gottes«; die von Gandhi so benannten Unberührbaren.

Hatha-Yoga: System physischer Übungen zur Meisterung des Körpers.

I

Idli: gedämpfte Reiskuchen, die zum Frühstück gegessen werden.

Indra: vedischer Götterkönig, Blitzträger.

J

Jai Ram: heiliges Mantra; »Ruhm sei Gott (Rama)«.

Japa: rituelles Wiederholen eines Götternamens.

Jiva: die Einzelseele.

Jivanmukti: ein zu Lebzeiten erlöster, erleuchteter Mensch.

K

Kailash: heiliger Berg im westlichen Tibet; Shivas Thron, Mittelpunkt des Universums.

Kali: die schreckliche, schwarze Shakti Shivas; Personifikation der alles verschlingenden Zeit (»kala«).

Kali-Yuga: das dunkle, eiserne Zeitalter.

Kama: der Liebesgott (Kamadeva); die Lust.

Kamadhenu: die himmlische Kuh.

Karma: die Tat, deren Folgen das Schicksal bestimmt.

Karttikeya: Sohn Shivas und Parvatis; Skanda, der Kriegsgott mit dem Pfau.

Kashi: »die Leuchtende«; Benares; Shivas Lieblingsstadt.

Kimpurushas: vertierte Menschen.

Kirata: wilder Mensch, Ureinwohner.

Krishna: der schwarze Hirtengott; Inkarnation Vishnus.

Kriya: spontane Aktivität.

Kumari: Jungfrau.

Kund: heiliger Badeteich.

Kundalini: »die Aufgerollte«, die Urschlange im Mikrokosmos; die Energieballung im untersten Chakra.

Kurta: kragenloses Hemd.

Kusha: das während vedischer Riten verwendete heilige Gras (Eragrostis cynosuroides).

Kuvera/Kubera: Gott der Erdschätze und Elementarwesen; Pluto.

L

Lakshmi: Göttin des Glücks und Wohlstandes; Vishnus Shakti.

Lanka: Ort im Süden, wo die Dämonen hausen.

Lathi: Bambusschlagstock.

Lila: das spontane Spiel Gottes.

Linga/Lingam: das im Yoni ruhende Zeichen Shivas; Phallus; Steinmal.

Lungi: ein doppelt um die Hüften geschlungenes Baumwolltuch; männliches Kleidungsstück.

M

Mahadeva: »der große Gott«; Shiva.

Maithuna: die tantrische (sexuelle) Vereinigung des männlichen und weiblichen Prinzips.

Makara: das drachenartige Reittier der Göttin Ganga.

Manikarnika: der Hauptleichenverbrennungsplatz in Benares; berühmte Tirtha zur geistigen Welt.

Mantra: Kraftspruch; Weihe- und Zauberformel.

Mataji: »verehrte Mutter«.

Maya: die kosmische Illusion; Shivas Shakti; die vergängliche Welt der Namen und Gestalten, die das Spiel (Lila) Shivas ist.

Memsahib: im kolonialen Indien: respektvolle Anrede einer europäischen Frau (männlich: Sahib).

Mlecchas: unreine Barbaren.

Mohini: »die Täuschende«; die reizvolle, verführerische Gestalt einer himmlischen Jungfrau, die Vishnu annahm, um Dämonen abzulenken.

Moksha: die Erlösung von der Illusion; Ziel des Yoga-Weges.

Mukti: die Erlösung.

Murti: Ikone oder Idol; bildliche Darstellung des Göttlichen als Meditationshilfe und Mittel zur Erlangung des Darshanas.

N

Naga: Schlange; Schlangengottheit oder -dämon.

Namaste: Grußformel: »Verehrung des Göttlichen in dir«.

Nandi: Shivas Reittier, der weiße Stier; Symbol des Dharmas.

O

OM (AUM): die Ursilbe, deren Ton das Universum erhält; der erste Laut von Shivas Trommel; das »Tönen« der Sonne.

P

Paise: indisches Währungsmittel; Pfennig (100 Paise = 1 Rupie).

Palang: Tischbett; indisches Möbelstück, auf dem man schläft und isst sowie Gäste bewirtet.

Pandit: Gelehrter.

Parama: »der Höchste«.

Parvati: »Bergtochter«; Shivas Gemahlin; Shakti in ihrem gütigen, mütterlichen Aspekt.

Pashupati: »Herr der Tiere«; Shiva.

Pipal: der heilige Pappelfeigenbaum; Buddhas Erleuchtungsbaum; Bo-Baum (Ficus religiosa).

Pisachas: bösartige, fleischfressende, niedere Dämonen.

Prakriti: die Natur; die Göttin; die Gemahlin Purushas.

Prana: Atem, Lebensluft.

Prashad/Prasada: geweihte Speise (Süßigkeiten), die der Guru als Ausdruck göttlicher Gnade an die Verehrer aushändigt.

Pretas: Gespenster; Totengeister im Gefolge Shivas, denen keine Nachkommen opfern.

Puja: rituelle Gottesverehrung.

Puranas: »alte Geschichten«; Sammlung alter Mythen, Legenden und Riten.

Purusha: der makrokosmische Urmensch; der allbewusste Geist; Shiva.

R

Rakshasas/Rakshas: bösartige Dämonen, Teufel.

Rama: der ideale Herrscher, Besieger der Rakshasas; Gatte der göttlichen Sita; Avatar Vishnus; Held des Ramayana-Epos.

Ramayana: ältestes Epos der Sanskrit-Literatur; Erzählung von Sita und Rama.

Ravana: der zehnköpfige, zaubermächtige Dämonenkönig, Herrscher von Lanka.

Riksha: Fahrradtaxi.

Rishi: weiser Seher.

Rudra: »der Heulende«; Shiva als Sturm- und Windgott.

Rudraksha: »die Tränen Rudras«; die schrumpeligen, braunen Nüsse des Elaeocarpus-Baumes, aus denen die Perlen des shivaitischen Rosenkranzes gefertigt werden; die Schädel geköpfter Dämonen.

S

Sada-Shiva: das unvergängliche, höchste Prinzip.

Sadhu: »Heiliger«; Asket, dessen Ziel die Realisierung des göttlichen Selbst – Shiva, Vishnu oder auch Christus – ist.

Sadvi: heilige weibliche Entsprechung von Sadhu.

Sahasrara: Kronen-Chakra; der Kailash im Mikrokosmos.

Sahib: respektvolle Anrede für einen Europäer (weiblich: Memsahib).

Samadhi: »Sammlung«; Einswerden mit dem Selbst (Shiva); der Tod; der Ort, an dem ein Heiliger Moksha erlangte.

Samosa: frittierte, gefüllte Teigtasche; Schnellimbiss.

Samsara: Seelenwanderung; der leidvolle Kreislauf von Geburt und Tod.

Sanatana dharma: die ewige, wahre Ordnung; die ursprüngliche Religion.

Sannyas/Samnasa: Entsagung; letzte Lebensstufe.

Sannyasi/Sannyasin/Samnyasin: Mönch, Entsager; einer, der der Welt und ihrer Täuschung den Rücken kehrt.

Sarasvati/Saraswati: Fluss der Inspiration; göttliche Muse; Brahmas Shakti.

Sari: kunstvoll gewickeltes indisches Frauengewand.

Sat-Chit-Ananda/Satchitanand: »Wahrheit, Weisheit, Wonne«; Sein, Bewusstsein, Seligkeit; Name Gottes; Shiva-Bewusstsein.

Sati: »die tugendhafte Frau«; Shivas Gefährtin, Dakshas Tochter; freiwillige Witwenverbrennung.

Sattva: eine der drei Grundeigenschaften (»gunas«); Reinheit, Klarheit.

Sattvic/sattwisch: rein, voller Licht.

Shaiva: shivaistisch; Shiva-Verehrer.

Shakti: »die Kraft«; die Göttin; die Energie, die das All ist.

Shankar/Shankara: Shiva, der Friedvolle, der Heilbringer; Name des Heiligen und Philosophen Shankara (Shankaracharya), 7. Jh.

Shava: Leichnam.

Shiva: »der Gnädige«. Euphemistische Umschreibung des Mysteriums, das jenseits aller Eigenschaften ist; das höhere Selbst; der Zerstörer und Verwandler des Alls. Er hat unzählige Namen, aber in bestimmten Mantras und Verehrungsritualen werden 108 seiner Namen aufgezählt; auch die Rudraksha-Malas bestehen aus 108 Nüssen, wovon jede einen Namen Shivas darstellt. Hier nun einige der bekanntesten Namen Shivas:

~ *Aghora:* der Furchtlose
~ *Attahatta:* der Lacher
~ *Aushadhishvara (Oshadhishvara):* Gott (Ishvara) der Heil- und Zauberkräuter (Aushadhi)
~ *Bhagvan:* der Erhabene
~ *Bhairava:* der Schreckliche
~ *Bhava:* der Daseiende
~ *Bhola:* der Einfältige
~ *Bhuteshvara:* Herr der Geister
~ *Chandrashekhara:* der Mondgekrönte
~ *Dakshinamurit:* der nach Süden blickende Weltenlehrer
~ *Dhurjati:* Träger der verfilzten Mähne
~ *Digambhara:* der in Luft Gekleidete, der Nackte
~ *Gangadhara:* Träger des Ganges
~ *Girisha:* Herr der Berge
~ *Hara:* der Ergreifer, Vollstrecker
~ *Isa:* Herr
~ *Ishvara:* Herr (Shiva als persönlicher Gott)
~ *Jalamurti:* der im Wasser Erscheinende
~ *Kapalamalin:* der einen Kranz aus Schädeln trägt
~ *Mahadeva:* der große Gott
~ *Mahakala:* die große Zeit
~ *Mahayogin:* der große Yogi
~ *Maheshvara:* der große Herr
~ *Mrityunjaya:* Besieger des Todes
~ *Nataraja:* König der Tänzer

~ *Nilakantha:* Blauhals (Shivas Hals färbte sich blau, als er das ätzende Weltengift trank)
~ *Pashupati:* Herr der Tiere
~ *Rudra:* Heuler
~ *Shambhu:* der Fürsorgende
~ *Shankar:* der Friedfertige
~ *Sharva:* der Jäger
~ *Smarahara:* Zerstörer des Liebesgottes
~ *Sthanu:* der fest Stehende, die Säule
~ *Trilochana:* der Dreiäugige
~ *Ugra:* der Wilde
~ *Unmatta:* der Verrückte
~ *Vanapati:* Herr des Waldes und der Bäume
~ *Vrishavahana:* Stierreiter
~ *Vishwanatha:* Herrscher des Alls
~ *Vyomakesha:* dessen Haartracht der Himmel ist

Shivaratri: »Shivas Nacht«, Frühlingsfest; Hochzeitsfest von Shiva und Parvati.
Shivoham/Soham: »Ich bin Shiva«; shivaitisches Mantra.
Siddhi: Zauberkraft, paranormale Fähigkeiten der Yogis, Sadhus und Siddhas.
Sikh: Mitglied der durch Guru Nanak (1469–1538) gegründeten, aus dem Hinduismus hervorgegangenen Religion.
Sindur: rotes Farbpulver.
Sita: Ramas Gattin; Verkörperung der Göttin.
Skanda: Karttikeya, Gott der Krieger; Shivas und Parvatis Sohn.
Soma: Rauschtrank der Götter; Ambrosia.
Surya: Sonnengott.
Suttee: englisch für Sati, d.h. die Witwenverbrennung.

T

Tamas: die Grundeigenschaft des Dunklen, Trägen.
Tantra: »Gewebe, Zusammenhang«; Lehre und Praxis der mysti-

schen Vereinigung mit Gott, dargestellt im Koitus Shivas und Parvatis.

Tapas: asketische Hitze, Anstrengung.

Tirtha: »Furth«, Schwelle zur geistigen Welt; Wallfahrtsort.

Tripura: die dreifache Dämonenstadt (symbolisch für Leib, Seele, Geist), die Shiva mit einem Pfeil zerstört.

U

Uma: Shivas Gattin Parvati.

Upanishad/Upanishaden: Sammlung philosophischer Schriften, entstanden nach den Veden.

Urdhva-Linga: aufgerichtetes Linga oder »membrum virile«.

V

Vahana: Reittier oder Gefährt eines Gottes; die unter den Füßen liegende niedere (oft animalische) Natur eines Gottes, z. B. der Stier Shivas, der Löwe Durgas, die Maus Ganeshas oder Sarasvatis Schwan.

Vajra: Donnerkeil, Linga.

Varanasi: Benares, Stadt in Uttar Pradesh, zwischen den Flüssen Varuna und Assi gelegen.

Varuna: Meeresgott (einst vedischer Himmelsgott, verwandt mit Uranos).

Vayu: Gott der Winde.

Veda/Veden: »Weisheit«, indoarische Weisheitslehre.

Vedanta: »das Ziel der Veden«; die Lehre der Einheit Gottes und der Seele; Philosophie des Monismus.

Vetala: Vampir, Totengeist.

Videshi: Ausländer.

Vina: Laute.

Vishnu: Gott als Erhalter des Universums; der zweite Aspekt der Trinität neben Brahma (dem Schöpfer) und Shiva (dem Zerstörer).

Vishvakarman: der göttliche Weltenbaumeister.

Y

Yaksha (männlich)/**Yakshi** (weiblich): Baum- oder Naturgottheit; Dryade.

Yama: Totengott.

Yoga: »Joch«; Methode zur Beherrschung von Leib und Geist, zur Erlangung des Shiva-Bewusstseins.

Yogini: Hexe, Zauberin.

Yoni: Vulva; Behälter des Lingas; Göttin.

Yuga: Weltenzeitalter (z.B. Kali Yuga = das dunkle Zeitalter).

Shiva und Parvati;
Fragment aus dem Palast von Dungarpur, Indien

Anmerkungen

1 Zaehner, R.C.: *Der Hinduismus.* München: Goldmann, 1964

2 O'Flaherty, Wendy D.: *Shiva – The Erotic Ascetic.* Oxford, England: Oxford University Press, 1873

3 Daniélou, Alain: *Shiva et Dionysos.* Paris: Librairie Artheme Fayard, 1976

4 Shiva raubt die Seelen und tut alles, um diese zu ihrem wahren Selbst zu führen. Ähnlich wird auch Jesus »wie ein Dieb in der Nacht« wiederkommen (2. Petrus 3,10–12).

5 Zimmer, Heinrich: *Indische Mythen und Symbole.* Düsseldorf/Köln: Diedrichsverlag, 1972

6 Im Original: »Oh, East is East, and West is West, and never the twain shall meet, Till Earth and Sky stand presently at God's great Judgment Seat.«

7 Golowin, Sergius: *Götter der Atomzeit.* Bern: Morsinay, 1980

8 Diese für die westliche Mentalität so befremdlich wirkende Schar von Unholden sind »Imagos« der unerlösten Begierden und Untugenden des Gestorbenen.

9 Der Neem-Baum (Azadirachta indica), auch Nim oder Indischer Flieder genannt, ist ein wichtiges antiseptisches, desinfizierendes Heilmittel. Im indischen Volksmund gilt der Baum als »Heiler aller Leiden«. Die gekauten Zweige dienen als »Zahnbürste«, und Extrakte bieten einen wirkungsvollen Schutz gegen Insektenbefall der Ernte.

10 Stechapfel (Datura) ist selbstverständlich hoch toxisch. Es

wird nur in geringen Mengen dem Cannabis beigefügt. Vor Eigenexperimenten sei gewarnt! Siehe dazu W.-D. Storl: *Shiva, der wilde, gütige Gott.* Burgrain: KOHA, 2012, S. 277

11 Ramanujan, A.K.: *Speaking of Shiva.* Middlesex, England: Penguin Books, 1979, S. 163

12 Storl, Wolf-Dieter: *Von Heilkräutern und Zauberpflanzen.* Bielefeld: Aurum, 2004, S. 285

13 Als Sharva, der wilde Jäger, wird Shiva in der zarathustrischen »Avesta« ausdrücklich als Teufel (Daeva) erwähnt. Siehe dazu W.-D. Storl: *Shiva, der wilde, gütige Gott.* Burgrain: KOHA, 2012, S. 176

14 Bleakley, Alan: *Früchte des Mondbaumes.* München: Goldmann, 1987

15 Miller, Henry: *Der Koloss von Maroussi.* Reinbek bei Hamburg: Rowohlt, 1978, S. 134

16 Ramanujan, A.K.: *Speaking of Shiva.* Middlesex, England: Penguin Books, 1979, S. 147

17 Kusha Grass, auch als Dharba Grass (Desmostachia bipinnata oder auch Poa cynosuriodes) bekannt, wird schon in der »Rigveda« benannt, als Sitz für Priester und Gottheiten. Zeremonieplätze wurden damit ausgelegt und noch heutzutage werden Yoga-Matten aus dem Gras geflochten.

18 Originaltext: »Yea darling gonna make it happen, take the world in a love embrace, fire all of your guns at once and explode into space!«

19 George Harrison, aus dem Lied »Awaiting on You All« in dem Album »All things must pass«, 1971

Bildnachweis

- Shutterstock: Ornamente S. 2/3 u.a., 8 u.a., 14/15 u.a., 16 u.a., 19 u.a., 37 u.a.; Abb. S. 5, 40, 61, 117 u., 221, 232, 310 o., 311, 314, 316 u., 319, 20, 321, 324, 325, 326, 345
- Avik/Shutterstock.com: S. 121
- Neale Cousland/Shutterstock.com: S. 120 u.
- Jeremy Richards/Shutterstock.com: S. 119
- Jan S./Shutterstock.com: S. 118 o.
- Pal Teravagimov/Shutterstock.com: S. 118 u.
- Aleksandar Todorovic/Shutterstock.com: S. 120 o.
- Fotolia: S. 327
- W.-D. Storl privat: S. 169, 170
- Markus Koljonen: 331 o.
- KOHA: S. 322
- W.-D. Storl privat: S. 308, 310, 316 o., 317, 329, 330, 331 u.
- W.-D. Storl privat: S. 6, 21, 26, 66, 104, 109, 117 o.,134, 174, 177, 257, 309, 312, 131, 315, 318, 323, 328

Über den Autor

Als Feldforscher und »Visiting Scholar« ging der Ethnologe Dr. Wolf-Dieter Storl im Jahr 1982 nach Indien an die Benares Hindu University (BHU). Zwei Jahre lang lebte er mit seiner Frau in Indien, vor allem in Varanasi – die ersten neun Monate bei der Rajastan Mataji, dann begaben sie sich auf Pilgerfahrt zu den heiligen Orten zwischen Kanyakumari im Süden und den Bergen des Himalaja im Norden. Der promovierte Kulturanthropologe ist in Sachsen geboren und in den USA aufgewachsen. Seit 1988 lebt er als freier Schriftsteller im Allgäu.

www. storl.de

Wolf-Dieter Storl
Streifzüge am Rande Midgards
Geschichten aus meinem Leben

Taschenbuch, 336 Seiten
ISBN 978-3-86728-269-7

Was wir heute Natur nennen, nannten die germanischen Völker Midgard, Garten in der Mitte. Es ist der Wohnort für Menschen, Tiere, Pflanzen, Steine, Winde und Wasser. Jenseits von Midgard ist Utgard, die Außenwelt. Dort wohnen die Riesen, Alben, Totengeister, Zwerge und oberhalb davon die Götter. Zauberer – wir nennen sie heute Schamanen – waren die einzigen Menschen, die befähigt waren, ungestraft die Regionen Utgards zu bereisen. Nicht aus Neugierde oder zum Vergnügen reisten sie über die Grenzen des Alltags und des alltäglichen Bewusstseins hinaus, sondern zum Schutz der Gemeinschaft, zum Auffinden heilender Kräfte oder zur Abwehr dämonischer Einwirkungen. Heute wissen wir wenig über Utgard und seine Bewohner. Wir hegen den Aberglauben, dass es sich dabei lediglich um subjektive Fantasie, Einbildungen, Halluzinationen oder Hirnstoffwechselstörung handelt. Die Naturvölker und unsere Ahnen lehren uns des Besseren. In diesem Buch erzählt Wolf-Dieter Storl von persönlichen Erlebnissen mit Wesen, die ihm am Rande Midgards begegneten.

Wolf-Dieter Storl
Shiva

Der wilde, gütige Gott

Taschenbuch 320 Seiten
ISBN 978-3-86728-188-1

Shiva, »der Gütige«, ist nicht nur einer der vielen Götter. Er ist der Gott der Götter, der Urgrund allen Seins, die letzte und einzige Wirklichkeit. Die Welt und all ihre Geschöpfe entspringen seiner ekstatischen Meditation. Die unendliche, sich immer wandelnde Vielfalt der Schöpfung ist seine Shakti, seine weibliche Schöpferkraft.
Wie ein Kind, das sich in seinem Spiel verliert, verliert sich Shiva in seiner Lila, seiner tanzenden Shakti. So kommt es, dass viele Geschöpfe – insbesondere jene, die in menschlicher Gestalt auf Erden leben – ihr wahres Shiva-Wesen vergessen. Ihr Spiel wird todernst. Gefangen sind sie in Illusion und Wahn (Maya). Doch dann kommt Shiva, ihr eigentliches Selbst, daher und befreit sie von dem Wahn und lässt sie wieder in die universelle Wonne eintauchen.
Von diesem Shiva, wie er in der Vision indischer Weiser und Seher gesehen und verehrt wurde, wollen wir hier erzählen. Auch von dem Kraut, das er vor allem liebt, von Ganesh, dem mächtigen Elefanten, und von Nandi, dem weißen Stier, von Shivas weiblicher Gestalt als Parvati, der Mutter des Universums, vom Berg Kailash, von Ego-Dämonen, die uns in leidvollem Wahn verfangen, und vielen anderen Wunderwesen.

Wolf-Dieter Storl
Frau Holle und andere Pflanzenmärchen

Hörbuch-CD, 63.20 min
ISBN 978-3-86728-053-2

Zurück in die Welt der Kindheit entführt uns Wolf-Dieter Storl mit Unterhaltungskunst der besonderen Art: Märchen, Mythen und Pflanzengeschichten, die so nährend sind wie warme Bratäpfel. Frau Holle, die auch des Teufels Großmutter ist, schüttelt für uns das Winterkleid aus ihren Daunen, damit das nächste Jahr fruchtbar werden kann. Sie lebt unter den Wurzeln des Hollerbuschs, an den man Krankheiten hängen kann um sie loszuwerden. Zuhören, Staunen und Genießen!